원효의 눈으로 바라본 반야심경

원효의 눈으로 바라본
반야심경

· 강승환 편저 ·

운주사

들어가는 글

반야般若는 범어(산스크리트어) prajna의 음역으로 바야波若, 발야鉢若, 발라야發羅若 등으로도 쓴다. 지智, 지혜智慧, 명명明으로 한역하며 슬기, 밝음 등으로 국역한다. 법의 이치를 이해하는 지혜를 말한다.

보리菩提는 범어 bodhi의 음역이다. 각覺, 지智, 도道로 한역하며 깨침, 지혜, 도道 등으로 국역한다. 원효는 도의 마음(道心)이라 하니 깨침의 지혜를 말한다.

석가는 반야를 중시해서 29년간 설법했다.

『인왕경』은 이렇게 말한다. "크게 깨친 세존께서는 우리 대중을 위해서 29년간 마하반야, 금강반야, 천왕문반야, 광찬반야바라밀을 말씀하셨다."

곧 29년간 반야를 설법하셨으니 그 종류도 많고 내용도 다양함을 알 수 있다.

이 중 『마하반야바라밀경』과 『대반야바라밀다경』을 합쳐 『대품경大品經』이라 하며, 이를 토대로 원효元曉는 『대혜도경종요』를 지었다.

『마하반야바라밀경摩訶般若波羅蜜經』은 인도 구마라습(鳩摩羅什, 343~413)이 번역했는데 27권으로 되어 있고, 『대반야바라밀다경大般若波羅蜜多經』은 당 현장(玄奘, 602~664)이 번역했는데 4처處, 16회會, 275품品, 600권卷, 460여만 자字로 되어 있다.

〈『대품경』〉

『마하반야바라밀경(대품반야경)』: 인도 구마라습 역, 27권

『대반야바라밀다경(대반야경)』: 당唐, 현장玄奘 역, 600권

이『대품경』을 당 현장玄奘이 260자로 요약한 것이 『반야심경般若心經』인데, 갖춘 이름은 『마하반야바라밀다심경摩訶般若波羅蜜多心經』이다.

마하는 크다이고 반야는 슬기이며 바라밀다는 건너가다이니, 곧 큰 슬기로 건너가는 마음의 경전이 된다.

원효(元曉, 617~686)는 이『반야심경』을 풀이하여 『반야심경소般若心經疏』 1권을 지었는데, 이름만 전할 뿐 내용은 전하지 않는다.

근래 효당曉堂 최범술(崔凡述, 1904~1979) 스님이 이를 복원하기 위해 『원효성사반야심경복원소元曉聖師般若心經復元疏』를 짓기도 했다.

학자마다 견해가 다르나 원효대사는 대략 100종류 200여 권을 저술했다. 이 중 일부라도 남아 있는 것은 23종류 26권 정도이다.

이 중『반야심경』에 해당되는 글을 뽑아 5장, 곧 색色, 공空, 마음, 수행, 원융으로 구분해 배치한 것이 이 책이다.

〈원효의 남아 있는 저술 23가지. 기타는 제외함〉

소기(9) -『금강삼매경론』, 『대승기신론소』, 『대승기신론별기』(『별기』), 『범망경보살계본사기』, 『아미타경소』, 『보살영락본업경소』, 『중변분별론소』, 『해심밀경소서』, 『화엄경소』

6

종요(5)—『대혜도경종요』, 『무량수경종요』, 『미륵상생경종요』, 『법화경종요』, 『열반경종요』

자기 글(9)—『대승육정참회』, 『미타증성게』, 『징성가』, 『발심수행장』, 『십문화쟁론』, 『보살계본지범요기』, 『유심안락도』, 『이장의』, 『판비량론』

기타(3)—(집일)『금광명경소』, (집일)『승만경소』, 『산일문』

『반야심경』의 근본사상은 공空이다. 5온五蘊, 18계界, 12연기緣起, 4제四諦가 모두 공이다.

5온은 다섯 덩어리로 색수상행식色受想行識인데 우리 몸을 뜻한다. 곧 우리 몸이 공이다.

18계는 6근, 6경, 6식을 더한 것인데 이것도 공이다.

6근六根은 안이비설신의眼耳鼻舌身意 6가지 감각기관을 말하고, 6경六境은 색성향미촉법色聲香味觸法 6가지 바깥 대상을 말하며, 6식六識은 이에 따른 6가지 감각, 곧 보고, 듣고, 냄새 맡고, 맛보고, 느끼고, 아는 것이다. 이를 안식, 이식, 비식, 설식, 신식, 의식이라 하는데 이것이 공이다. 곧 우리 몸과 바깥 대상 그리고 인식작용이 모두 공이다.

12연기는 중생이 윤회하는 12가지 과정, 곧 무명, 행, 식, 명색, 육입, 촉, 수, 애, 취, 유, 생, 노사를 말하는데 이것도 공이다.

4제는 고집멸도苦集滅道인데 이것도 공이다. 곧 모두가 공이다. 따라서 지혜도 없고 얻을 것이 없다.

『반야심경』을 체득하면 내가 빈 것, 곧 인공人空을 얻어 아라한이 된다.

그러나 법공法空에 대한 견해는 들어 있지 않다. 법공은 우주가 공이라는 것인데 이를 알기 위해서는 『화엄경』을 봐야 한다. 하지만 너무 방대하므로, 의상대사(義湘大師, 625~702) 『법성게』를 보는 것이 좋다.

『법성게法性偈』의 갖춘 이름은 『화엄일승법계도華嚴一乘法界圖』로 30행 210자의 짧은 게송인데 여기에 우주에 관한 견해가 들어 있다. 법공까지 터득한 사람을 부처라 한다면 『반야심경』과 법성게를 모두 터득해야 부처라 할 수 있다.

여기의 『반야심경』 번역문은 2011년 10월 5일 조계종曹溪宗에서 발표한 것을 바탕으로 했다.

『법성게』는 가능한 3, 4조 운율에 맞도록 번역했다. 운율을 맞추기 위해 움직이지 않다(不動)는 고어古語 안 뮈다(不動)를 사용했다.

『반야심경』을 읽으면서 나를 당황케 한 글귀는 뒤에 나오는 진실불허고설眞實不虛故說이다.

반야바라밀다가 진실 되고 헛됨이 없기 때문에, 반야바라밀다 주문을 이야기한다는 것이다. 어떻게 공부해야 이런 말을 할 수 있을까? 이렇게 확언할 수 있을까?

거의 일생을 원효 글에 매달렸지만 나는 이런 말을 할 수가 없다. 확고한 내 것이 없다. 아직까지도 이 말이 무슨 뜻인가? 이런 뜻일까 저런 뜻일까 하고 망설인다. 결국 이 책도 미진한 글 풀이에 지나지 않는다.

　글귀는 본인의 저서 『한 권으로 만나는 원효전서』에서 인용했으며, 이 외에도 많은 분의 글을 참조했으나 일일이 기록하지 못함을 송구스럽게 생각한다.

〈마하반야바라밀다심경〉

관자재보살이 깊은 반야바라밀다를 행할 때, 오온이 공한 것을 비추어 보고 온갖 고통에서 건지느니라.

사리자여! 색이 공과 다르지 않고 공이 색과 다르지 않으며, 색이 곧 공이요 공이 곧 색이니, 수상행식도 그러하니라.

사리자여! 모든 법은 공하여 나지도 멸하지도 않으며, 더럽지도 깨끗하지도 않으며, 늘지도 줄지도 않느니라.

그러므로 공 가운데는 색이 없고 수상행식도 없으며, 안이비설신의도 없고, 색성향미촉법도 없으며, 눈의 경계도 의식의 경계까지도 없고, 무명도 무명이 다함까지도 없으며, 늙고 죽음도 없고 늙고 죽음이 다함까지도 없고, 고집멸도도 없으며, 지혜도 얻음도 없느니라.

얻은 것이 없는 까닭에 보살은 반야바라밀다를 의지하므로 마음에 걸림이 없고, 걸림이 없으므로 두려움이 없어서, 뒤바뀐 헛된 생각을 멀리 떠나 완전한 열반에 들어가며, 삼세의 모든 부처님도 반야바라밀다를 의지하므로 최상의 깨달음을 얻느니라.

반야바라밀다는 가장 신비하고 밝은 주문이며 위없는 주문이며 무엇과도 견줄 수 없는 주문이니, 온갖 괴로움을 없애고 진실하여 허망하지 않음을 알지니라.

이제 반야바라밀다주를 말하리라. 아제 아제 바라아제 아라승아제 모지 사바하(3번).

(조계종, 2011. 10. 5.)

〈摩訶般若波羅蜜多心經〉

觀自在菩薩　行深般若波羅蜜多時　照見五蘊皆空　度一切
관 자 재 보 살　행 심 반 야 바 라 밀 다 시　조 견 오 온 개 공　도 일 체

苦厄　舍利子　色不異空　空不異色　色卽是空　空卽時色　受
고 액　사 리 자　색 불 이 공　공 불 이 색　색 즉 시 공　공 즉 시 색　수

想行識　亦復如是　舍利子　是諸法空相　不生不滅　不垢不
상 행 식　역 부 여 시　사 리 자　시 제 법 공 상　불 생 불 멸　불 구 부

淨　不增不減　是故　空中無色　無受想行識　無眼耳鼻舌身
정　부 증 불 감　시 고　공 중 무 색　무 수 상 행 식　무 안 이 비 설 신

意　無色聲香味觸法　無眼界　乃至　無意識界　無無明　亦無
의　무 색 성 향 미 촉 법　무 안 계　내 지　무 의 식 계　무 무 명　역 무

無明盡　乃至　無老死　亦無老死盡　無苦集滅道　無智亦無
무 명 진　내 지　무 노 사　역 무 노 사 진　무 고 집 멸 도　무 지 역 무

得　以無所得故　菩提薩唾　依般若波羅蜜多故　心無罣碍
득　이 무 소 득 고　보 리 살 타　의 반 야 바 라 밀 다 고　심 무 가 애

無罣碍故　無有恐怖　遠離顚倒夢想　究竟涅槃　三世諸佛
무 가 애 고　무 유 공 포　원 리 전 도 몽 상　구 경 열 반　삼 세 제 불

依般若波羅密多　故得阿耨多羅三藐三菩提　故知般若波羅
의 반 야 바 라 밀 다　고 득 아 뇩 다 라 삼 먁 삼 보 리　고 지 반 야 바 라

密多　是大神呪　是大明呪　是無上呪　是無等等呪　能除一
밀 다　시 대 신 주　시 대 명 주　시 무 상 주　시 무 등 등 주　능 제 일

切苦　眞實不虛　故說般若波羅密多呪　卽說呪曰　揭諦　揭
체 고　진 실 불 허　고 설 반 야 바 라 밀 다 주　즉 설 주 왈　아 제　아

諦　波羅揭諦　波羅僧揭諦　菩提娑婆訶
제　바 라 아 제　바 라 승 아 제　모 지 사 바 하

<『법성게法性偈』>

본바탕은 둥글어 두 모습이 없으며
모든 것은 안 뮈어 본디부터 고요해.
이름 없고 꼴 없어 모든 것을 끊으니
깨치면은 아는 곳 다른 자리 아니다.
참 성질은 깊고도 아주 아주 묘해서
제 성질은 안 지켜 인연만을 따른다.
하나 안에 모두요 모두 안에 하나라
하나가 곧 모두요 모두가 곧 하나라.
작은 먼지 하나가 온 우주를 머금고
모든 먼지 똑같아 온 우주를 머금어.
한량없는 시간도 한 생각일 뿐이요
한 생각도 똑같아 한량없는 시간뿐.
아홉 세상 열 세상 서로 모두 같지만
어지럽진 않으나 구분되어 나눠져.
처음 마음 낼 때가 올바르게 깨친 때
삶 죽음과 벗어남 항상 함께 어우니.
진리 일함 어둑해 나눠짐이 없지만
부처 어짐 큰 사람 자리 되면 알아봐.
능한 사람 석가가 바다 슬기 빠져서
부처님 그윽한 뜻 뒤집어서 꺼내니
보배 비의 이로움 온 하늘에 꽉 차듯

사람 따라 그릇에 이로움을 얻어라.
닦는 이는 마땅히 본바탕에 돌아가
헛된 마음 끊어야 참된 진리 얻는다.
조건 없는 묘 꾀로 부처 뜻을 낚아채
능력대로 돌아갈 밑천거릴 얻어라.
이 짤막한 노래가 한량없는 보배니
진리 세계 궁전을 장엄하게 꾸며라.
참된 자리 드디어 한 가운데 앉으니
안 띈 것을 예부터 부처 부처 했구나.

法性圓融無二相	諸法不動本來寂	無名無相絶一切
證智所知非餘境	眞性甚深極微妙	不守自性隨緣成
一中一切多中一	一卽一切多卽一	一微塵中含十方
一切塵中亦如是	無量遠劫卽一念	一念卽是無量劫
九世十世互相卽	仍不雜亂隔別成	初發心時便正覺
生死涅槃常共和	理事冥然無分別	十佛普賢大人境
能人海印三昧中	繁出如意不思議	雨寶益生滿虛空
衆生隨器得利益	是故行者還本際	回息妄想必不得
無緣善巧捉如意	歸家隨分得資糧	以陀羅尼無盡寶
莊嚴法界實寶殿	窮坐實際中道床	舊來不動名爲佛

〈『원효전서게』〉

원효전서약찬게　금강삼매여실공　금고경소삼신품
일심이문기신론　대혜도경육실단　무량수경삼배중
미륵상생미륵불　미타증성징성가　발심수행대수행
범망사기십중계　법화종요일불승　본업경소사이위
승만경소십수장　십문화쟁대화합　아미타경육방불
열반종요일미행　유심안락구배중　육정참회대참회
번뇌지장이장의　중변분별삼칠품　지범요기사찬훼
판비량론인명론　해심밀경유식론　화엄경소시방불

元曉全書略讚偈　金剛三昧如實空　金鼓經疏三身品
一心二門起信論　大慧度經六悉檀　無量壽經三輩衆
彌勒上生彌勒佛　彌陀證性澄性歌　發心修行大修行
梵網私記十重戒　法花宗要一佛乘　本業經疏四二位
勝鬘經疏十受章　十門和諍大和合　阿彌陀經六方佛
涅槃宗要一味行　遊心安樂九輩衆　六情懺悔大懺悔
煩惱知障二障義　中邊分別三七品　持犯要記四贊毀
判比量論因明論　解深密經唯識論　華嚴經疏十方佛

원효의 눈으로 바라본

般若心經 반야심경

원효의 눈으로 바라본

般若心經

반야심경

제1장 색

관자재보살이 깊은 반야바라밀다를 행할 때
오온이 공한 것을 비추어보고
온갖 고통에서 건지느니라.
觀自在菩薩 行深般若波羅蜜多時
照見五蘊皆空 度一切苦厄

1. 보살

[보살] 보살은 보리살타, 마하살타의 준말인데, 보리살타는 도道를
닦고 베푸는 사람을 말하고, 마하살타는 큰 도大道를 닦고 베푸는
사람으로 보살마하살이라고도 한다.

　누구든지 도를 닦으면 보살이 될 수 있고, 큰 도를 닦으면 큰 보살이
될 수 있다. 원효는 『보살계본사기』에서 이렇게 말한다.

보살을 범어로 말하면 보리살타, 마하살타라 해야 한다.

보리는 도道의 마음을 말하고, 살타는 중생을 말하니, 보리살타는 도道의 마음이 있는 중생이고, 마하는 큰마음을 말하고, 살타는 중생을 말하니, 마하살타는 큰 도(大道)의 마음이 있는 중생이다. 또 보리살타는 나를 이롭게 하는 수행(자리행)을 말하고, 마하살타는 남을 이롭게 하는 수행(이타행)을 말한다.

남을 이롭게 하는 수행은 나를 이롭게 하는 수행보다 뛰어나기 때문에, 큰 도의 마음이 있는 중생(대도심중생)이라 한다.(『보살계본사기』)

〈보살菩薩의 2가지 뜻〉

보리菩提＝도심道心, 살타薩埵＝중생衆生

보리살타菩提薩埵－자리행自利行－도심중생道心衆生

마하살타摩訶薩埵－이타행利他行－대도심중생大道心衆生

보살은 부처님의 직속제자나 고도의 수행자로 부처님 바로 다음에 자리한다. 2종류가 있는데 하나는 실존 보살이고 둘은 종교적 보살이다.

실존 보살은 세친보살, 용수보살, 마명보살 같이 실존한 인물로 대부분 많을 글을 남겼다. 원효대사도 실존 보살에 들어간다.

종교적 보살은 관세음보살, 지장보살 같이 종교적으로 칭송받는 분인데, 대부분 석가모니의 중생제도를 돕는 분이다.

흔히 여신도女信徒를 보살이라 하는데, 이는 여자도 도를 닦아

미래에는 관세음보살과 같은 보살이 되라는 염원으로 하는 말이다.

[4대 보살] 종교적 보살은 4대 보살, 곧 관음보살, 미륵보살, 문수보살, 보현보살이 유명하다.

미륵보살은 자씨보살이라고도 하는데 석가 뒤를 이어 출현하는 미래불이다. 현재 도솔천 용화수 아래에서 수도하고 계신다. 미래에 중생을 어떻게 구제할까 하고 고뇌하는 모습이 유명한 미륵반가사유상이다.

문수보살은 석가 왼쪽에 자리하며 지혜를 상징한다. 지혜의 칼을 들거나 사자 모습으로 나타나며 묘덕妙德, 묘수妙首, 보수普首, 경수敬首, 만수曼殊 등 여러 이름이 있다.

보현보살은 석가 오른쪽에 자리하며 수행과 바람(행원)을 상징한다. 흰 코끼리로 나타나며 석가가 우주를 관조하고 나서 그 모습을 처음으로 보여준 분이 보현보살이다.

4대 보살은 아니지만 지장보살이 있다. 이분은 원래 부처지만 지옥 중생을 제도하기 전까지 성불을 미룬 분이다. 석가모니 열반 후 미륵보살의 출현까지 중생을 제도하는 임무를 맡고 있다.

〈4대 보살四大菩薩〉

관음보살觀音―33관음, 6관음 등
미륵보살彌勒―미래불, 자씨慈氏, 도솔천 거주
문수보살文殊―지혜知慧, 사자 상, 반야경
보현보살普賢―행원行願, 흰 코끼리, 『화엄경』

[관음보살] 관자재보살은 관음보살, 관세음보살, 광세음보살이라고도 한다.

관자재觀自在는 자재함을 보여서 중생의 괴로움을 없애준다는 뜻이고, 관음觀音과 관세음觀世音은 세상 소리를 듣고서 중생의 괴로움을 없애준다는 뜻이며, 광세음光世音은 세상 소리를 밝게 해서 중생의 괴로움을 없애준다는 뜻이다.

관음보살은 먼 옛날 비로자나불 아래서 도를 닦아 부처를 이룬 분이다. 그런데 석가모니부처가 중생을 구제하겠다고 세상에 나오시자, 몸을 낮추어 보살로 변신해서는 석가의 구제를 돕는 분이다.

그는 아주 신통한 재주가 있어 몸을 수백수천 가지로 변신해서 중생을 제도한다. 따라서 누구든지 어려움에 처했을 때 그의 이름을 부르면, 그 소리를 듣고 갖가지 형태로 나타나서 구제한다. 그가 나타나는 대표적인 모습에 33관음과 6관음이 있다.

33관음은 관음보살을 33가지로 형상화한 것인데, 그중 몇 분만 본다.

백의관음은 흰 옷을 입고 있는 모습으로 모든 것이 청결함을 뜻하고, 양류관음은 왼손에 시무외인을 하고 오른손에 버드나무 가지를 들고 서 있는 모습이며, 수월관음은 달이 비치는 바다의 연꽃 위에 서 있는 모습이다.

우리나라 바닷가에는 해수관음海水觀音이 유명한데, 이는 바다의 풍요와 안전과 관련되어 우리 고유의 용왕신앙에서 형상화되었다고 생각된다.

〈33관음觀音〉

양류楊柳관음, 용두龍頭관음, 지경持經관음, 원광圓光관음, 유희遊 戱관음, 백의白衣관음, 연와蓮臥관음, 농견瀧見관음, 시약施藥관음, 어람魚籃관음, 덕왕德王관음, 수월水月관음, 일엽一葉관음, 청경靑頸 관음, 위덕威德관음, 연명延命관음, 중보衆寶관음, 암호岩戶관음, 능 정能靜관음, 아녹阿耨관음, 아마제阿麼提관음, 엽의葉衣관음, 유리琉 璃관음, 다라존多羅尊관음, 합리蛤蜊관음, 육시六時관음, 보비普悲관 음, 마랑부馬郞婦관음, 합장合掌관음, 일여一如관음, 불이不二관음, 지련持蓮관음, 쇄수灑水관음

6관음 중에는 천수천안과 십일면관음이 유명하다.

천수천안千手千眼은 천 개의 손과 천 개의 눈으로 중생들 하나하나를 보고 보살핀다는 뜻이니 곧 모든 중생을 다 보살핀다는 뜻이며, 십일면 관음十一面觀音은 11가지 중생의 모습을 모두 보살핀다는 뜻이니 역시 모든 중생을 다 보살핀다는 뜻이다.

〈6관음六觀音〉

성관음聖觀音, 천수千手관음, 마두馬頭관음, 십일면十一面관음, 준 제准提관음(불공견색不空羂索관음), 여의륜如意輪관음

[수인] 부처나 보살들의 손 모습을 수인手印이라 한다.

두 손바닥을 합친 것이 합장인合掌印인데 인사나 공경을 뜻하고, 가부좌를 하고 앉은 후 두 손을 겹쳐서 배꼽 부근에 갖다 놓은 것이

선정인禪定印인데 선정에 들었음을 뜻한다.

오른손 손바닥을 펴서 어깨까지 올린 것이 시무외인施無畏印인데 중생의 두려움을 없애준다는 뜻이고, 왼손 손바닥을 펴서 무릎 근처로 내린 것이 여원인與願印인데 소원을 들어준다는 뜻이다. 오른손과 왼손이 뒤바뀔 때도 있다.

이 둘을 합치면 시무외여원인施無畏與願印인데 두려움도 없애주고 소원도 들어준다는 뜻이다.

부처님이 앉아서 오른손은 무릎 위에 얹고서 손가락 끝을 땅에 가까이하고, 왼손은 배꼽 앞에 놓고 손바닥을 위로한 것이 항마촉지인降魔觸地印인데 마귀를 항복시켜 증명했다는 뜻이다.

가슴 부근에서 오른손으로 왼손 둘째(집게)손가락을 가볍게 쥔 것이 지권인智拳印인데 부처님이 중생을 제도한다, 또는 부처와 중생이 다르지 않다는 뜻이다.

2. 반야

마하반야에서 마하摩訶는 크다(大)이니, 마하살摩訶薩은 큰 보살(대보살)이고, 마하연摩訶衍은 큰 수레(대승)이며, 마하가섭은 대가섭이다.

반야般若는 바야波若, 발야鉢若라고도 하는데 일상의 지혜, 수행의 지혜로 지혜智慧, 슬기, 명明으로 옮긴다. 지智 또는 혜慧 한 글자만 쓰기도 한다.

보리菩提는 깨침의 지혜, 열반의 지혜로 지혜智慧, 깨침(覺)으로 옮긴다. 보리가 반야보다 더 깊다.

[10종반야] 원효는 『대혜도경종요』에서 10종반야와 3종반야를 이야기한다.

10종반야十種般若는 반야의 10가지 뜻으로 서로 상반되는 여러 견해를 화합한다. 곧 반야가 이런 모든 뜻을 포함하며 또한 뛰어넘음을 뜻한다. 글을 본다.

하나는 온전히 이해한다(해료)는 뜻이 슬기의 뜻이니 일체 알 대상을 모조리 알기 때문이고, 둘은 아는 것이 없다(무지)는 뜻이 슬기의 뜻이니 아는 것이 있으면 실상을 알지 못하기 때문이다. 셋은 깬다(파괴)는 뜻이 슬기의 뜻이니 일체법의 성질과 모습(성상)이라 할 말을 깨기 때문이고, 넷은 깨지 못한다(불괴)는 뜻이 슬기의 뜻이니 거짓 이름을 깨지 않고 실상을 증명하기 때문이다. 다섯은 멀리 떨친다(원리)는 뜻이 슬기의 뜻이니 일체 집착하는 모습을 영원히 떨치기 때문이고, 여섯은 떨치지 못한다(불리)는 뜻이 슬기의 뜻이니 일체 모든 법의 모습을 증명해서 알기 때문에 떨칠 것이 없기 때문이다. 일곱은 떨침도 없고 떨치지 못함도 없다(무리무불리)는 뜻이 슬기의 뜻이니 일체법은 도무지 떨칠 것이 없어 떨치지 못할 것도 없기 때문이고, 여덟은 깸도 없고 깨지 못함도 없다(무괴무불괴)는 뜻이 슬기의 뜻이니 일체법은 영원히 깸도 없고 깨지 못함도 없기 때문이다. 아홉은 앎도 없고 알지 못함도 없다(무지무부지)는 뜻이 슬기의 뜻이니 아는 것이 없어 알지 못함도 없기 때문이고, 열은 뜻도 없고 뜻 아님도 없다(무의무비의)는 뜻이 슬기의 뜻이니 일체 뜻을 얻지 못해 뜻 아닌 것도 얻지 못하기 때문이다.(『대혜도경종요』)

〈10종반야十種般若〉: 반야의10가지 뜻(般若十義)

해료解了, 무지無知, 파괴破壞, 불괴不壞, 원리遠離, 불리不離, 무리
무불리無離無不離, 무괴무불괴無壞無不壞, 무지무부지無知無不知, 무
의무비의無義無非義

[3종반야] 3종반야는 문자반야, 실상반야, 관조반야이다.

문자반야는 말 그대로 문자로 아는 반야이니, 공부해서 학문적으로
아는 반야이다.

실상반야는 사색을 통해 만물의 근원을 이해하는 반야이니, 여러
설이 있으나 부처 세계의 실제 모습(여래장실상)을 이해하는 반야를
으뜸으로 한다.

관조반야는 수행을 통해 마음으로 고요히 비춰보는 반야이니, 일체
종지를 얻어 해탈하는 반야이다.

일체종지一切種智는 모든 것을 다 아는 지혜, 모든 것을 씨까지
아는 지혜로 부처 지혜를 말한다.(『대혜도경종요』)

3혜三慧가 있다. 문혜, 사혜, 수혜로 문사수聞思修라 하는데, 문혜는
공부해서 아는 지혜이고, 사혜는 사색해서 아는 지혜이며, 수혜는
닦아서 아는 지혜이다. 3종반야에 대비되며 여기서 8해탈이 나온다.

곧 해탈하기 위해서는 3종반야, 곧 학문, 사색, 수행을 모두 갖춰야
한다.

〈3혜三慧와 3종반야三種般若〉

문혜聞慧 – 문자반야文字般若 – 학문적으로 아는 반야

사혜思慧 – 실상반야實相般若 – 여래장실상如來藏實相을 이해

수혜修慧 – 관조반야觀照般若 – 일체종지一切種智를 앎

[글귀]

① 무릇 반야(슬기)가 지극한 도道다.

　　도이어서 도 아닌 것이 없고,

　　지극해서 지극하지 않은 것이 없으며,

　　고요해서 그윽하지 않은 것이 없고,

　　커서 넓지 않은 것이 없다.

　　夫 波若爲至道也 無道非道 無至不至

　　蕭焉無所不寂 泰然無所不蕩(『대혜도경종요』)

② 이에

　　참 모습은 모습이 없어, 모습 아닌 것이 없고

　　참 비춤은 밝음이 없어, 밝지 않은 것이 없다.

　　밝음도 없고 밝지 않은 것도 없으니,

　　누가 어리석은 어두움을 없애고

　　슬기로운 밝음을 얻겠으며,

　　모습도 없고 모습 아닌 것도 없으니,

　　어찌 거짓 이름을 깨트리고

　　참 모습을 이야기하겠는가?

是知

實相無相故無所不相 眞照無明故無不爲明

無明無不明者 誰滅癡闇而得慧明

無相無非相者 豈壞假名而說實相(『대혜도경종요』)

③ 이에 곧

거짓 이름과 그릇된 모습이

참 성질 아닌 것이 없으나,

4가지 말솜씨로도 능히 그 모습을 이야기하지 못하니

실상반야(참된 모습의 슬기)는 아득하고 또 아득하구나!

탐내어 물듦과 어리석은 어두움이,

모두 슬기로운 밝음이나,

5눈으로도 능히 그 비침을 보지 못하니

관조반야(비춰 보는 슬기)는 넓고 또 넓구나!

斯則

假名妄相無非眞性 而四辨不能說其相

實相般若玄之又玄之也

貪染癡闇皆是慧明 而五眼不能見其照

觀照波若損之又損之也(『대혜도경종요』)

④ 이제 이 『대혜도경』은 반야를 으뜸으로 하나,

이야기할 것도 없고, 보일 것도 없으며,

들을 것도 없고, 얻을 것도 없어

모든 우스운 논리의 말씀을 끊는다.

보일 것이 없기 때문에 보지 못할 것도 없고,

얻을 것이 없기 때문에 얻지 못할 것도 없다.

6바라밀 만 가지 수행이 이에 가득해지고,

5눈(眼) 만 가지 덕이 이를 좇아 생겨난다.

보살을 이루는 요긴한 곳간이요,

모든 부처의 참된 어머니다.

今是經者波若爲宗

無說無示無聞無得 絶諸戲論之格言也

無所示故無所不示 無所得故無所不得

六度萬行於之圓滿 五眼萬德於從是生

成菩薩之要藏也 諸佛之眞母也(『대혜도경종요』)

3. 바라밀

[바라밀 17뜻] 바라밀波羅密은 바라밀다波羅密多라고도 하는데 범어 파라미타(paramita)의 음역이다. 건너가다(도度)는 뜻으로 이쪽 언덕 에서 저쪽 언덕으로 건너간다는 뜻이다.

　『금광명경』은 바라밀의 17뜻을 이야기한다.

하나는 도를 행하는 뛰어난 이로움이 바라밀의 뜻이고, 둘은 깊고 깊은 지혜가 가득함이 바라밀의 뜻이다.

셋은 법을 행하든 행하지 않든 마음이 집착하지 않음이 바라밀의 뜻이고, 넷은 생사의 과실과 열반의 공덕을 바르게 깨치고 바르게 봄이 바라밀의 뜻이다.

다섯은 어리석은 이, 지혜로운 이 모두를 받아들임이 바라밀의 뜻이고, 여섯은 여러 가지 진귀하고 묘한 법보를 능히 나타냄이 바라밀의 뜻이다.

일곱은 거리낌 없이 해탈하는 지혜를 충족함이 바라밀의 뜻이고, 여덟은 법계나 중생계에 태어남을 분별하는 지혜가 바라밀의 뜻이다.

아홉은 보시, 지혜 등으로 물러서지 않는 땅에 능히 이름이 바라밀의 뜻이고, 열은 무생법인(생김 없는 법)을 능히 충족시킴이 바라밀의 뜻이다.

열하나는 일체중생의 공덕 선근을 능히 성숙케 함이 바라밀의 뜻이고, 열둘은 보리 청량 도량에서 부처 지혜인 10력, 4무외, 불공법(부처와 함께하지 못하는 법) 등을 성취함이 바라밀의 뜻이다.

열셋은 생사 열반이 모두 헛된 견해(망견)로 능히 건너가 남김 없음이 바라밀의 뜻이고, 열넷은 일체를 제도함이 바라밀의 뜻이다.

열다섯은 바깥사람으로부터 오는 일체 상호간의 힐난을 잘 해석해서 그를 굴복시킴이 바라밀의 뜻이고, 열여섯은 12행 법륜을 잘 굴림이 바라밀의 뜻이다.

열일곱은 집착도 없고, 보이는 것도 없고, 근심도 없고, 별 다른 생각도 없는 것이 바라밀의 뜻이다.(『금광명경』)

원효는 고집멸도苦集滅道 4제四諦를 3번 굴리는 것을 12행行, 12행
상行相이라 한다.

〈바라밀 17뜻〉

도를 행하는 뛰어난 이로움, 깊은 지혜가 가득함, 마음이 집착하지
않음, 생사의 과실과 열반의 공덕을 바르게 깨침, 모두를 받아들임,
갖가지 법보를 나타냄, 거리낌 없이 해탈하는 지혜 충족, 법계 중생계
에 태어남을 분별함, 물러서지 않는 땅에 이름, 무생법인을 충족시킴,
일체중생의 공덕 선근이 성숙, 불공법 등을 성취함, 능히 건너가
남김 없음, 일체를 제도함, 외부 힐난을 굴복시킴, 12행 법륜을 잘
굴림, 집착 등이 없음

[도度 2뜻] 『열반경종요』는 건너가다(도度)에 2뜻이 있다고 한다.
저 언덕에 이르다(도안)는 뜻과 끝까지(구경)라는 뜻이다.

저 언덕에 이르다(도안)는 뜻은 번뇌를 끊었다는 뜻이기 때문이고,
끝까지(구경)란 뜻은 번뇌를 없앤 덕이 끝까지라는 뜻이기 때문이다.
(『열반경종요』)

곧 번뇌를 끝까지 끊은 것이 저 언덕으로 건너가는 것이다.

〈도度의 2뜻〉: 건너가다의 2가지 뜻

저 언덕에 이름(도안到岸) - 번뇌를 끊음
끝까지(구경究竟) - 번뇌를 없앤 덕이 끝까지임

[도피안 4뜻] 도피안은 저 언덕에 이른다는 뜻인데, 원효의 『대혜도경종요』에 의하면 4뜻이 있다.

첫째는 나고 죽는 이쪽 언덕에서, 열반인 저쪽 언덕에 이르기(도열반피안) 때문에 저 언덕에 이른다고 한다.

마치 『대지도론』에서 말하는 것과 같다. "3수레 사람들은 이 반야로 저쪽 언덕인 열반에 이르러 일체 근심과 괴로움을 없앤다. 이 뜻 때문에 바라밀이라 한다."

둘째는 모습이 있는 이쪽 언덕에서, 모습이 없는 저쪽 언덕에 이르기(도무상피안) 때문에 저 언덕에 이른다고 한다.

마치 『대지도론』에서 말하는 것과 같다. "이 반야바라밀 등을 빛깔과 마음 2법으로 찾으면 부서져서 견실함을 얻지 못한다. 이 뜻 때문에 바라밀이라 한다."

셋째는 가득하지 않은 슬기인 이쪽 언덕에서, 끝 되는 슬기인 저쪽 언덕에 이르기(도구경지피안) 때문에 저 언덕에 이른다고 한다.

마치 『대지도론』에서 말하는 것과 같다. "저 언덕은 일체 지혜와 치우친 지혜가 다한 것을 말하고, 깨트릴 수 없는 모습을 말한다. 깨트릴 수 없는 모습은 곧 이 법의 성질이 실제인 것과 같다. 그것이 실제이기 때문에 깨트릴 수 없다. 이 3가지 일이 반야 가운데로 들어가기 때문에 바라밀이라 한다."

넷째는 이쪽저쪽이 있는 언덕에서, 이쪽저쪽이 없는 언덕에 이르러(도무피차안), 이를 곳이 없기 때문에 저쪽 언덕에 이른다고 한다.

마치 아래 『마하반야바라밀경』에서 말하는 것과 같다. "이쪽저쪽 언덕에 건너가지 않기 때문에 반야바라밀이라 한다."

『금고경』은 말한다. "생사 열반이 모두 헛된 견해(망견)로 능히 건너가 남김 없음이 바라밀이다."(『대혜도경종요』)

〈도피안到彼岸 4의四義〉: 피안에 이르다의 4가지 뜻

도열반피안到涅槃彼岸 — 열반인 저쪽 언덕에 이름

도무상피안到無相彼岸 — 모습 없는 저쪽 언덕에 이름

도구경지피안到究竟智彼岸 — 끝 되는 슬기인 피안에 이름

도무피차안到無彼此岸 — 이쪽저쪽이 없는 언덕에 이름

『마하반야바라밀다심경』은 큰 슬기로 건너가는 마음의 경전이다.

마하반야바라밀을 한문으로 옮기면 대지도, 대혜도가 되는데, 대지도大智度는 중국에서 많이 쓰는 말이고, 대혜도大慧度는 원효가 고안해서 쓰는 말이다.

원효는 『마하반야바라밀경經』을 『대혜도경大慧度經』으로 옮긴다. 곧 큰 슬기로 건너가는 경이다.

반야와 바라밀이 합쳐져야 저 너머 열반으로 건너갈 수 있다. 『반야심경』은 이렇게 말한다.

"깊은 반야바라밀다를 행할 때 오온이 공한 것을 비추어보고 온갖 고통에서 건너간다."

"삼세의 모든 부처님도 반야바라밀다에 의지해서 최상의 깨달음을 얻는다."

"반야바라밀다는 가장 신비한 주문이고 가장 밝은 주문이며 위없는 주문이고 무엇과도 견줄 수 없는 주문으로, 온갖 괴로움을 없애는데

진실하여 허망하지 않다."

[글귀]

① 마하반야바라밀이란 말은 모두 저쪽(인도) 말이다.

　우리말로 옮기면 대, 혜, 도(큰, 슬기로, 건너감)이다.

　알 것이 없어 알지 못할 것도 없기 때문에 슬기라 하고,

　이를 곳이 없어 이르지 못할 곳도 없기 때문에 건넌다고 한다.

　진실로 이러하기 때문에 하지 못하는 것이 없어,

　능히 위없이 큰 사람(무상대인)을 낳아,

　능히 가없이 큰 결과(무변대과)를 나타냈다.

　이 뜻 때문에 대혜도라 한다.

　所言摩訶般若波羅蜜者 皆是彼語此土譯之云大慧度

　由無所知無所不知故名爲慧 無所到故無所不到乃名爲度

　由如是故無所不能 能生無上大人

　能顯無邊大果 以此義故名大慧度(『대혜도경종요』)

② 법계는 있지도 않고 없지도 않다.

　이것이 중생이 깊고 깊은 뜻을 능히 이해하고

　능히 통달하는 것이다.

　생사 열반이 모두 헛된 견해(망견)로

　능히 건너가 남김 없음이 바라밀의 뜻이다.

　法界不有不無 是衆生能解能通甚深義(『금광명경』)

　生死涅槃皆是妄見 能度無餘波羅蜜義(『금광명경』)

[6바라밀] 반야와 바라밀을 합쳐서 수행방법으로 만든 것이 6바라밀, 10바라밀이다.

6바라밀은 8정도와 함께 중요한 수행방법의 하나인데 보시, 지계, 인욕, 정진, 선정, 지혜를 말한다. 범어로는 단나, 시라, 찬제, 비려, 선나, 반야이다.

보시는 베풀어서 건너가는 것이고, 지계는 계율을 지켜서 건너가는 것이며, 인욕은 참아서 건너가는 것이고, 정진은 정진해서 건너가는 것이며, 선정은 선정으로 건너가는 것이고, 지혜는 슬기로 건너가는 것이다.(『승만경소』)

6바라밀에 4바라밀을 더하면 10바라밀이 된다. 곧 방편, 원, 역, 지를 더한 것이다.

방편方便은 방편선교 또는 선교방편이라 하는데 중생을 가르치는 선하고 묘한 방법이고, 원願은 바람인데 중생이 깨치기를 바라는 것이며, 역力은 통력通力인데 중생을 통틀어 깨치게 하는 힘이고, 지智는 무구혜無垢慧인데 중생을 깨치는 때 없는 지혜이다.(『중변분별론』)

6바라밀은 나의 수행이 주가 되고, 4바라밀은 남의 수행이 주가 된다. 이 둘을 합쳐 10바라밀이라 한다.

〈6바라밀六波羅密〉: 6도六度. 6의六意. 6도행六度行

보시布施(단나檀那, 베풂), 지계持戒(시라尸羅, 계율 지킴)

인욕忍辱(찬제羼提, 참음), 정진精進(비리야毘梨耶, 비려毘黎)

선정禪定(선나禪那, 선정), 지혜智慧(반야般若, 슬기)

〈4바라밀〉

방편方便－방편선교方便善巧, 구화구사라漚和拘舍羅

원願－바람, 바니타나波柅陀那

역力－통력通力, 바라波羅

지智－무구혜無垢慧, 무상혜無相慧, 사나闍那

[3보시] 6바라밀 중 보시를 나누면 3보시三布施, 3시三施가 된다.

재물을 베푸는 재시財施, 남의 두려움을 없애주는 무외시無畏施, 부처 법을 베푸는 법시法施를 말하는데, 재시가 가장 중요해서 보시의 기본이 된다.

재물이 없어도 베풀 수 있는 보시가 무외시다. 무재7시無財七施와 비슷한데 몸과 노력으로 베푸는 봉사이니 이는 누구든지 할 수 있다.

곧 환한 얼굴로 남을 편하게 하는 화안시和顔施, 좋은 말로 남을 편하게 하는 언시言施, 따뜻한 마음으로 대하는 심시心施, 부드러운 눈빛을 하는 안시眼施, 몸으로 봉사하는 신시身施, 자리를 양보하는 좌시座施, 남의 마음을 헤아려주는 찰시察施이다.(『잡보장경』)

다소 불교 공부를 한 사람은 부처 법을 베푸는 법시法施를 하는 것도 좋다. 부처님은 법시를 중시해서 『금광명경』은 이렇게 말한다.

법시는 수승해서 삼보 처소에 차려진 공양도, 삼귀의와 일체 모든 계율을 받아 지님도, 삼보니 불공不空이니 하는 것도 비교가 되지 않는다.(『금광명경』)

그러면서 법시의 5가지 수승함(五事殊勝)을 든다.

첫째, 법시法施는 남과 나를 모두 이롭게 하는데, 재시財施는 남만 이롭게 한다.

둘째, 법시는 중생을 삼계에서 빠져나오게 하나, 재시는 욕계도 빠져 나오지 못한다.

셋째, 법시는 법신法身을 이롭게 하나, 재시는 색신肉身만을 키운다.

넷째, 법시는 무궁함을 키워 끝이 없으나, 재시는 유한해서 다함이 있다.

다섯째, 법시는 무명(밝지 못한 것)을 끊으나, 재시는 탐심만을 굴복시킨다.(『금광명경』)

『승만경』도 경전 공부와 법시法施를 중시한다.

선남자 선여인이 항하사 겁(오랜 시간)에서 보리를 수행하고 6바라밀을 닦아도, 만약 선남자 선여인이 이 경을 받아서 듣고 독송하며 지니면, 이 복이 저것보다 많다. 하물며 다른 사람을 위해 널리 설명함이야!(『승만경』)

〈무재7시無財七施〉(『잡보장경』)

화안시和顏施, 언시言施, 심시心施, 안시眼施, 신시身施, 좌시座施, 찰시察施

4. 조견

견見과 관觀은 모두 '보다'인데 같은 뜻으로도 쓰나 다른 뜻으로도 쓴다. 곧 견見은 육안으로 보는 것이고, 관觀은 마음으로 보는 것이다.

육안으로 보는 것은 대부분 정확하지 못해서 견見은 대체로 그릇된 견해가 되며, 마음으로 보는 것은 대부분 정확해서 관觀은 대체로 올바른 견해가 된다.

조견照見은 마음으로 비추어 본다는 뜻이니, 관觀으로 관조觀照를 뜻한다.

(1) 견

불교에는 2분법이 많다. 공색空色, 유무有無 등 2가지로 나눈다. 그 표현 방법도 2견二見, 2변二邊, 2제二諦, 2문二門 등 여러 가지다.

⟨2분二分⟩

공색空色, 공유空有, 유무有無, 시비是非, 도속道俗, 진속眞俗, 단상斷常, 증감增減, 염정染淨, 동정動靜, 대소大小, 광협廣狹, 장단長短, 미추美醜

[2견] 2견二見은 2가지 견해로 상견과 단견을 말한다.

단상斷常이라로고 하는데, 상견常見은 사람이 죽어도 본질은 없어지지 않고 항상 있다는 견해이고, 단견斷見은 죽으면 모든 것이 없어져 끝난다는 견해이다.

물론 이들 모두 그릇된 견해이다. 깨치지 못하면 죽어도 본질이 남아서 윤회를 지속하지만, 깨치면 본질이 없어져 윤회가 끝나기 때문이다. 곧 깨치면 이 두 견해를 뛰어넘어 해탈이 되니 두 견해가 없어진다.

〈2견二見〉: 단상斷常

상견常見 - 죽어도 항상하다는 견해
단견斷見 - 죽음으로 끝난다는 견해

[4구 2변] 2변二邊은 2가지 치우친 견해인데 4구에 들어 있다.

4구四句는 4구절로 있다(유), 없다(무), 둘 다이다(구), 둘 다 아니다(비)를 말한다. 세상 만물 일체 존재가 있는 것인가, 없는 것인가. 이에 대한 답이 위의 4가지다.

이 4가지는 옳은 견해가 아니다.

만약 있다(有)고 하면 점점 늘어가서 증익변에 떨어지고, 만약 없다(無)고 하면 점점 줄어들어 손감변에 떨어진다. 이를 2변二邊이라 한다.

그렇다고 있기도 하고 없기고 하다(俱, 역유역무)라고 하면 서로 어긋나서 상위론이 되고, 있는 것도 아니고 없는 것도 아니다(非, 비유비무)라고 하면 이상한 말이 되서 희론이 된다.

따라서 우주법계는 있다 없다로는 표현할 수가 없다. 이 4가지 치우침을 뛰어넘는다.

〈4구四句〉: **4구절, 4가지 비방(4방四謗), 4가지 치우침(4변四邊)**

유有 — 있다 — 늘다. 늘어나는 치우침(증익변增益邊)

무無 — 없다 — 줄다. 줄어드는 치우침(손감변損減邊)

구俱 — 둘 다이다(역유역무亦有亦無) — 서로 어긋남(상위론相違論)

비非 — 둘 다 아니다(비유비무非有非無) — 우스운 논리(희론戱論)

[염정] 염정染淨은 물듦과 깨끗함인데, 중생은 물들었으나 부처는 깨끗하다는 것이다. 나아가 우주법계는 물들었으나 그 본질은 깨끗하다는 것이다.

그러나 원효는 이들이 결국 같아서 장애가 없다고 한다. 『이장의二障義』를 본다.

물들고 깨끗함이 다르다는 것에 의하면, 장애가 도道를 찾아서, 도道가 장애를 없앤다.

그러나 물들고 깨끗함이 같다는 것에 의하면, 장애가 도道를 방해하지 못하고, 도道도 장애를 벗어나지 못한다. 장애와 도가 서로 같기 때문이다. …(중략)…

『보살영락경』은 이렇게 말한다. "생사生死와 도道가 합쳐지면, 도가 곧 생사이다."

곧 생사와 도道가 같아서 구분되지 않는다. 따라서 이를 깨치면 누구든지 생사를 벗어날 수 있다.(『이장의』)

[2제] 2제二諦는 2진리로, 있다·없다(유무), 참되다·속되다(진속)

등을 말한다.

있다·없다(유무)는 유제·무제, 곧 있다는 진리와 없다는 진리인데, 위의 4구절에서 말한 유무와 비슷하다.

참되다·속되다(진속)는 진제·속제, 곧 참된 진리와 속된 진리인데, 위 염정에서 말한 뜻과 비슷하다. 진제眞諦는 성제聖諦, 승의제勝義諦, 제일의제第一義諦라고도 하며, 속제眞諦는 세제世諦라고도 한다.

〈2제二諦〉: 2가지 진리

① 유제무제有諦無諦─있다는 진리와 없다는 진리

② 진제속제眞諦俗諦─참된 진리와 속된 진리. 진제眞諦는 성제聖諦, 승의제勝義諦, 제일의제第一義諦라고도 하며, 속제眞諦는 세제世諦라고도 함

[원융] 위에서 말한 2분법은 대부분 대립적 견해로 그릇된 견해이다. 부처 법은 2가지로 나눠지지 않는다.

이른바 그런 것도 아니고 그렇지 않은 것도 아니며(비연비불연非然非不然), 하나도 아니고 둘도 아니며(불일불이不─不二), 같은 것도 아니고 다른 것도 아니기(비일비이非─非異) 때문이다.

현상을 물들었으나 그 본질을 깨끗하기 때문에 2개념으로 구분될 수 없다. 이를 원융圓融, 중도中道라 하며 이를 터득한 것을 깨침이라 한다.

[글귀]

① 모든 움직임이 무상하다(제행무상)고 보는 것이

단절한다는 견해(단견)인데 바른 견해가 아니며,

열반은 항상하다(열반상)고 보는 것이

항상하다는 견해(상견)인데 바른 견해가 아니다.

헛된 생각으로 보기 때문에 이런 견해를 짓는다.

見諸行無常者是斷見非正見 見涅槃常

者是常見非正見 妄想見故作如是見也(『승만경』)

② 있다(유)에 집착함을 늘린다(증)고 하고,

없다(무)에 취함을 줄인다(손)고 하지만,

있다 없다를 모두 버려서, 조용해 드러낼 것이 없다.

지극한 도는 어둡고 어두워 옳고 그름이 나눠지지 않는다.

마음 움직임이 은밀해 오직 선한 뿌리를 심을 뿐이다.

執有曰增取無曰損 有無俱遣簫然無據

至道昏昏是非莫分 心行密密唯殖善根(『지법요기』)

③ 참됨과 속됨 둘이 없다. 물듦과 깨끗함도 둘이 없다.

모두 하나의 진실한 법이다.

모든 부처가 돌아가는 곳이다.

이 진실한 법의 모습은 부처가 지은 것이 아니다.

부처가 있든 부처가 없든 성질 스스로가 그러하다.

眞俗無二 染淨無二 一實之法 諸佛所歸

是實法相 非佛所作 有佛無佛 性自爾故(『금강삼매경론』 정리)

④ 일체법이 한결같이 빈 것도 아니고,

한결같이 비지 않은 것도 아니다. 이를 중도라 한다.

일체 세간은 단지 오직 어지러운 가리새뿐이다.

일체 3계에는 단지 오직 가리새만 있다.

一切法非一向空非 一向不空是名中道(『중변론』)

一切世間但唯亂識 一切三界但唯有識(『중변론』)

⑤ 있는 그대로의 모습은 본디 있지도 없지도 않다.

있고 없는 모습은 오직 마음 가리새를 본 것이다.

마음은 경계를 낳지 않고, 경계는 마음을 낳지 않는다.

보이는 모든 경계는 오직 보이는 마음뿐이다.

如如之相 本不有無 有無之相 見唯心識(『금강삼매경』)

心不生境 境不生心 所見諸境 唯所見心(『금강삼매경』)

⑥ 공이 일체 나고 죽음이다.

내가 없는 것이 일체 나고 죽음이다.(『열반경』)

나고 죽음과 열반, 이 둘은 모두 허망하다.

어리석음과 슬기 이 두 가지도 모두 진실이 없다.(『화엄경』)

空者卽是一切生死 無我卽是一切生死

生死涅槃是二虛妄 愚智是二俱無眞實(『열반경』)(『화엄경』)

(2) 관

[2관] 관觀은 관조觀照로 마음으로 비춰보는 것이다. 2관, 3관 등이 있다.

2관二觀은 2가지 보기, 2가지 견해인데, 『금강삼매경』은 진증관과 방편관을 이야기한다.

진증관은 참되게 증명해서 보는 것으로 보살수행 52단계 중 41단계 이상에서 본래의 적정함을 보는 것이고, 방편관은 방편으로 보는 것으로 40단계 이하에서 마음으로 헤아리거나(유식심사) 여실한 슬기(여실지)를 아는 것이다.

유식심사는 가리새뿐이라고 생각하는 것이고, 여실지는 여실한 슬기인데 모두 본래의 적정함 아래에 있다.(『금강삼매경론』 정리)

앞서 3혜三慧를 이야기했는데, 진증관은 적정함을 보는 것이니 수혜(수행)에 해당되고, 방편관은 사혜(생각)와 문혜(공부)에 해당된다. 마음으로 헤아리는 것이 사혜이고, 여실한 슬기를 아는 것이 문혜이다.

〈2관二觀〉: **참되게 증명해서 보기와 방편으로 보기**

진증관眞證觀－41 이상－본래적정本來寂滅함을 봄－수혜
방편관方便觀－40 이하－유식심사唯識尋思－사혜
　　　　　　　　　　　－여실지如實智를 앎－문혜

[3관] 3관三觀은 공가중空假中이라고도 하는데 공, 거짓, 중도 3가지로 보는 것이다.

44

거짓은 색色이란 뜻이다. 『본업경』을 본다.

거짓에서 공空으로 들어가는 것(종가입공)을 참됨과 거짓(진속) 2진리 보기(2제관)라 하고, 공空에서 거짓으로 들어가는 것(종공입가)을 평등하게 보기(평등관)라 하는데, 이 둘은 방편관方便觀이다.
이를 인연으로 해서 중도 첫째가는 뜻의 진리에 들어가면, 2진리를 함께 비춰보아, 마음 마음이 그윽이 없어져서, 초지(41)의 흐르는 물속으로 들어가는데, 이를 정관正觀이라 한다.(『본업경』)

원효는 『금강삼매경론』에서 이렇게 풀이한다.

2진리 보기(2제관)는 속됨을 버리고 참됨을 보는 것이기 때문에 바른 몸 슬기(정체지)가 되고, 평등하게 보기(평등관)는 참됨을 녹여서 속됨을 보는 것이기 때문에 뒤에 얻은 슬기(후득지)가 된다.(『금강삼매경론』)

〈3관三觀〉: 공가중空假中. 공, 거짓, 중도
정관 ─ 공가일심관空假一心觀 ─ 중도제일의제관中道第一義諦觀
방편관 ─ 종가입공관從假入空觀 ─ 2제관二諦觀, 정체지正體智
      ─ 종공입가관從空入假觀 ─ 평등관平等觀, 후득지後得智

내가 본래 빈 것인데 어쩌다가 생사에 흘러 돌았다. 곧 공에서 거짓으로 들어갔다(종공입가). 그런데 수행을 해서 다시 거짓에서 공으로 들어가니(종가입공) 내가 본래부터 공이였음을 깨달았다. 결국 공이니 거짓이나 하는 것이 오직 마음뿐으로 본래 같은 것이였다. 이를 공가일심관이라 한다.

[6통] 보기는 아니지만 6통六通이 있다. 6가지 신통인데 천안통, 천이통, 타심통, 숙명통, 신족통, 누진통을 말한다.

천안통은 우주 삼라만상을 꿰뚫어보는 눈이고, 천이통은 우주 삼라만상의 모든 소리를 듣는 귀이며, 타심통은 다른 사람의 마음을 꿰뚫어보는 능력이고, 숙명통은 사람과 우주의 과거, 현재, 미래 전반을 꿰뚫어보는 눈이며, 신족통은 어디든지 갈수 있는 발이며, 누진통은 일체 모든 번뇌를 끊을 수 있는 능력이다.

이 6통은 부처만이 가질 수 있다. 이 중 누진통을 빼면 5통이 되는데 곧 아라한의 경지이다. 따라서 노력하면 누구든지 이 경지까지는 갈 수 있다.

〈6통六通〉
천안통天眼通, 천이통天耳通, 타심통他心通
숙명통宿命通, 신족통神足通, 누진통漏盡通

[5안] 5안五眼이 있다. 다섯 눈으로 육안, 천안, 혜안, 법안, 불안을 말한다.

육안은 육신의 눈이니 사람의 눈을 말하고, 천안은 하늘의 눈이니 천인天人의 눈을 말하며, 혜안은 슬기의 눈이니 성문·연각 등 2승二乘의 눈을 말하고, 법안은 진리의 눈이니 보살의 눈을 말하며, 불안은 부처의 눈이니 깨친 이의 눈이다.

육안은 견見에 해당돼 대체로 정확하지 못하나, 나머지는 관觀에 해당돼 위로 갈수록 점점 정확해져서 불안佛眼이 되면 완벽하다.

〈5안五眼〉

육안肉眼, 천안天眼, 혜안慧眼, 법안法眼, 불안佛眼

5. 5온

5온五蘊은 다섯 덩어리, 다섯 부분이란 뜻인데 곧 색수상행식이다.

색色은 빛깔, 색깔로 물질이란 뜻이고, 수受는 이것을 받아들이는 것이며, 상想은 이것의 생각 또는 모습이고, 행行은 마음의 움직임이며, 식識은 가리새, 곧 인식이다.

눈(眼)을 예로 본다. 우리 눈이 바깥의 빛깔(색)을 받아들이면(수), 망막에 영상(상)이 생긴다. 그러면 이를 인지하기 위해 마음이 움직이고(행), 곧 이어 사물을 인식한다(식).

이 과정이 5온인데 마음 움직임의 과정을 뜻한다.

여기서 중요한 것이 행行이다. 여기의 행은 흔히 말하는 움직임, 행동, 수행 등의 뜻이 아니고 우리가 인식하기 이전 마음속에서 일어나는 마음의 움직임을 말한다. 내재적 마음 활동으로 12연기의 행과 같다. 이는 매우 중요함으로 12연기에서 다시 이야기한다.

〈5온五蘊〉: 5음五陰, 5법五法, 5사五事, 5행五行. 색수상행식色受想行識.
온蘊은 덩어리, 부분의 뜻

　색온色蘊 — 물질 덩어리, 빛깔, 색깔

　수온受蘊 — 받아들이는 덩어리, 받음

　상온想蘊 — 생각 덩어리, 생각

　행온行蘊 — 움직임 덩어리, 마음의 움직임

　식온識蘊 — 가리새 덩어리, 가리새, 분별

　5온을 2분해서 마음과 물질로 나누기도 한다. 그러면 수상행식 넷이 마음이 되고, 색이 물질이 된다. 『기신론』은 이를 마음과 빛깔 곧 심색心色으로 표현하고, 『금강삼매경』은 이름과 빛깔 곧 명색名色으로 표현한다. 뜻은 같다.

〈5온〉　　　　　　　　　〈심색〉　〈명색〉

수상행식受想行識 — 마음 — — 심心 — — 명名

색色 — — — — — — — — — — 물질 — — 색色 — — 색色

　이 5온五蘊에서 여러 가지 장애가 생긴다. 수행할 때 50가지 장애가 생겨서 50악五十惡, 50종변마사五十種辨魔事라 하는데 모두 5온에서 생긴다.

　그러나 『금광명경』은 이 5온(5음)이 곧 법계라 한다. 5온이 우리 몸이니, 우리 몸이 곧 법계라는 뜻이다. 부처님 말씀을 들어본다.

48

선녀천아, 5음이 능히 법계를 나타내니, 법계가 5음이다. 5음
또한 말할 수가 없으니, 5음 아닌 것 또한 말할 수가 없다.
왜냐하면 만약 5음이 법계라면 단견(끝난다는 견해)이 되고, 만약
5음을 떠난다면 상견(항상하다는 견해)이 된다.
2가지 치우침(2변)을 떠나, 2가지 치우침에 집착하지 않아야 허물
을 보지 않는다. 보이는 것은 이름도 없고 모습도 없으니, 이를
곧 법계라 한다.(『금광명경』)

[글귀]

① (색수상행식) 5온의 빛깔(색)과 마음(심)을 살펴보면
   (색성향미촉법) 6대상은 결국 생각할 것이 없다.
   마음에도 그 모습이 없어
   (시방에서 찾아도) 마침내 찾을 수 없다.
   모든 빛깔을 잘게 부숴서 아주 작게 해도 얻을 수 없다.
   推求五陰色之與心 六塵境界畢竟無念(『기신론』)
   心無形相終不可得 推折諸色極微不得(『기신론소』)

② 나도 없고, 만드는 것도 없고, 받는 것도 없다.
   인연 때문에 모든 법이 생긴다.(『유마경』)
   나도 없고 중생도 없고 지혜로운 자도 없고 보는 자도 없는데,
   하물며 색수상행식(5온)이 마땅히 있겠는가?(『대반야바라밀다경』)
   無我無造無受者以因緣故諸法生　無我
   無衆生乃智者見者 何況有色受想行識(『이장의』)

③ 5음(우리 몸)이 법계이고, 법계가 5음이다.

　5음과 5음 아닌 것은 말할 수가 없다.

　5음이 법계라면 곧 단견(끊어진다는 견해)이고,

　5음을 떠난다면 곧 상견(항상하다는 견해)이다.

　五陰法界法界五陰　五陰非五陰不可說

　五陰法界則是斷見　若離五陰卽是常見(『금광명경』)

6. 고액

고액苦厄은 괴로움과 재난인데, 괴로움은 고苦, 수受, 번뇌煩惱, 장障 등 여러 가지로 표현된다. 고苦는 괴로움이고, 수受는 괴로움을 받는 것이며, 번뇌煩惱는 번거로움이고, 장障은 장애이다.

(1) 괴로움

[3고 3수] 괴로움에는 3고, 4고, 8고 등이 있다.

　3고三苦는 고고, 괴고, 행고인데, 고고苦苦는 괴롭고 괴로운 것으로 삼악도를 말하고, 괴고壞苦는 무너지는 괴로움으로 3선천 이하를 말하며, 행고行苦는 마음이 움직이는 괴로움으로 4선천 이상을 말한다.

　삼악도는 축생, 아귀, 지옥이니 당연히 괴롭고, 3선천 이하도 성주괴공에 걸려 결국 무너지니 괴로우며, 4선천 이상은 마음만 움직이지만 이것도 괴로운 것이다.

　3고三苦는 달리 3수三受라 하는데 고수, 낙수, 사수를 말한다. 고수苦受는 괴로움을 받는 것이니 삼악도이고, 낙수樂受는 즐거움을 받는 것이니 3선천 이하이며, 사수捨受는 괴로움도 아니고 즐거움도 아닌 것, 곧 버릴 것을 받는 것이니 4선천 이상이다.

원효『본업경소』를 본다.

괴로움 받기(고수)는 악한 세상에 있고, 낙수와 사수 2가지는 선한 세상에 있다. 이 중 즐거움 받기(낙수)는 제3선 이하이고, 선악이 아닌 것 받기(사수)는 제4선 이상이다.
괴로움 받기(고수)를 괴롭고 괴로움(고고)이라 하고, 즐거움 받기(낙수)를 무너지는 괴로움(괴고)이라 하며, 선악이 아닌 것 받기(사수)를 움직임의 괴로움(행고)이라 한다.(『본업경소』)

〈3수三受와 3고三苦〉

(선악도)	(3수)	(3고)	(천)
악도惡道	고수苦受	고고苦苦	삼악도
선도善道	낙수樂受	괴고壞苦	제3선 이하
	사수捨受	행고行苦	제4선 이상

[무기] 사수捨受를 불고불락수, 무기라 하기도 한다.
불고불락不苦不樂은 괴롭지도 않고 즐겁지도 않은 것이니 희로애락을 다 떠난 경지이다.

퇴계 이황 선생이「자명自銘」이란 시에서 말한 "근심 속에 즐거움이 있고 즐거움 속에 근심이 있다(憂中有樂 樂中有憂)"는 말이 이 경지라 생각된다.

모두가 버릴 것들이다. 전부 버릴 것들임으로 특별히 말할 것이 없다, 적을 것이 없다. 이를 무기無記라 한다.

무기에는 2가지가 있는데 곧 무부무기와 유부무기다. 무부무기無覆無記는 덮을 것 없는 무기이니 온전하다는 뜻으로 8식을 말하고, 유부무기有覆無記는 덮을 것 있는 무기이니 온전하지 못하다는 뜻으로 7식을 말한다.

이에 대해 6식은 적을 것 있는 것으로 유기有記라 한다.

[4고 8고] 생자필멸生者必滅이다. 태어난 자는 반드시 죽는다. 이는 육신을 가진 생명체의 숙명이다. 곧 태어나서 늙고 병들어 죽는다. 이른바 생로병사生老病死 4고四苦이다.

여기에 4가지를 더하면 8고八苦가 되는데 곧 애별리고, 원증회고, 구부득고, 오음성고를 더한 것이다.

애별리고는 사랑하는 사람과 이별하는 괴로움이고, 원증회고는 원수지고 싫어하는 사람을 만나는 괴로움이며, 구부득고는 찾는 것을 얻지 못하는 괴로움이고, 오음성고는 오온이 번성해서 생기는 괴로움이다. 오음과 오온은 같은 말이다.

〈8고八苦〉: 8가지 괴로움(『대승육정참회』)

생로병사生老病死 4고四苦에 애별리고愛別離苦, 원증회고怨憎會苦, 구부득고求不得苦, 오음성고五陰盛苦를 더함

[5쇠] 천인天人도 죽음이 있다. 천인도 죽기 전에 5가지 쇠망하는

모습이 나타나는데 이른바 5쇠五衰, 5상五相이다.

곧 머리의 꽃(또는 관冠)이 시들고, 겨드랑이에 땀이 흐르며, 옷이 더러워지고, 몸의 위광을 잃으며(또는 눈을 자주 깜박이거나, 몸에 악취가 나며), 본좌本座에 있는 것을 즐거워하지 않는다.(『금광명경소』)

그래서 나고 죽음이 없는 법을 구한다. 나찰반구羅刹半句는 이렇게 말한다.

모든 것은 무상하다. 이것이 나고 죽는 법이다.
나고 죽음을 없애고 나면, 적멸해서 즐겁게 된다.
諸行無常 是生滅法 生滅滅已 寂滅爲樂
(제행무상 시생멸법 생멸멸이 적멸위락)

(2) 번뇌

번뇌는 번거로움인데 같은 뜻으로 쓰이는 말이 많다.

혹(惑 의혹), 사(使 부림), 염(染 물듦), 누(漏 샘), 결(結 맺힘), 박(縛 묶음), 전(纏 얽매임), 액(軛 멍에), 취(取 취함), 수면(隨眠 잠자는 듯함), 류(流 흐름), 폭류(暴流 세차게 흐름) 등이 모두 번뇌의 뜻이다.

무명無明도 넓은 의미로는 번뇌에 포함되나 모든 번뇌를 일으키는 근본임으로 별도로 취급해서 뒤에 설명한다.

번뇌에는 근본번뇌, 수번뇌, 108번뇌, 10사번뇌, 3번뇌 등이 있다.

[근본번뇌] 근본번뇌와 수번뇌는 서로 대응하는 개념이다.

근본번뇌는 6식六識에 있는 번뇌로 말 그대로 근본이 되는 번뇌이다. 6가지여서 6번뇌라고도 하는데 곧 탐진치만의견이다.

탐貪은 탐냄이고, 진瞋은 성냄이며, 치癡는 어리석음이고, 만慢은 교만함(게으름)이며, 의疑는 의심하는 것이고, 견見은 잘못 아는 것이다.

이 6번뇌는 어느 하나가 일어나면 다른 것이 따라서 일어나는 성질이 있다. 서로 상승 작용한다. 가령 탐욕을 이기지 못하면 성냄이 생기는데 이는 근본이 어리석고 교만하기 때문이다. 다른 것도 이러하다.

탐貪을 나누면 명리명색命利名色이 되는데 이른바 생명生命, 이익利益, 명예名譽, 색욕色慾으로 근본 중의 근본이 되는 번뇌이다. 공포나 구타는 생명에 포함된다.

탐진치貪瞋癡 셋을 특별히 3독三毒, 3가지 독한 것이라 한다.

원효『금고경소』는 이렇게 말한다. 어리석음이 많으면 축생으로 태어나고, 탐욕이 많으면 아귀에 들어가며, 성냄이 많으면 지옥에 떨어진다.

이는 끊기가 그만큼 어렵다는 뜻이다. 그러나 수행 중 가장 먼저 끊기는 것이 성냄이다. 성냄은 수행의 초기단계에서 끊긴다. 누구나 조금만 노력하면 분노로 야기되는 지옥행은 면할 수 있다는 뜻이다. 3독의 반대는 3선근三善根이다.

〈근본번뇌根本煩惱〉: 6식六識의 번뇌. 6번뇌六煩惱
탐진치만의견貪瞋癡慢疑見

[수번뇌] 수번뇌隨煩惱는 따라 일어나는 번뇌로 근본번뇌根本煩惱 를 따라서 일어난다.

세상일을 75가지, 100가지 등으로 나누어 75법, 100법이라 하는데 분류법은 경전마다 다르다. 대승 유식종은 5위五位 100법百法을 세우고, 소승 『구사론』은 75법을 세우며, 『성실론』은 84법을 세운다.

대승 유식종의 견해를 본다.

먼저 5위五位는 마음의 법(심법), 마음에 있는 법(심소유법), 물질의 법(색법), 마음이 서로 응하지 않는 법(심불상응법), 함이 없는 법(무위법)인데 이들을 세분하면 100법이 된다.

이 중 심소유법心所有法에는 6가지 근본번뇌와 20가지 수번뇌가 있다.

원효는 『이장의』에서 20가지 수번뇌를 상세히 설명하나 난해하므로 여기서는 이름 풀이에 그친다. 좋지 못한 것들로 다스려야할 것들임을 말할 필요도 없다.

분忿은 분함이고, 한恨은 한탄이며, 복覆은 부로도 읽는데 덮음이고, 뇌惱는 고뇌이며, 질嫉은 질투이고, 간慳은 아낌이며, 광誑은 속임이고, 첨諂은 아첨이며, 교憍는 교만이고, 해害는 해침이며, 무참無慚은 자기에게 부끄러워하지 않는 것이고, 무괴無愧는 남에게 부끄러워하지 않는 것이며, 도거掉擧는 수행 시 마음의 흔들림이고, 혼침惛沉은 마음의 혼미함이며, 불신不信은 믿지 않음이고, 해태懈怠는 게으름이며, 방일放逸은 허튼짓하기이고, 망념妄念은 헛된 생각이며(혹은 실념失念이라고도 하는데 생각을 잃는 것임), 산란散亂은 마음의 어지러움이고, 부정지不正知는 바로 알지 못함이다.

〈5위100법〉: 대승 유식종

① 심법心法(8) — 안식眼識, 이식耳識, 비식鼻識, 설식舌識, 신식身識, 의식意識, 말나식末那識, 아라야식阿羅耶識

② 심소유법心所有法(51)

ㄱ. 변행遍行(5) — 촉觸, 수受, 사思, 상想, 작의作意

ㄴ. 별경別境(5) — 욕辱, 승해勝解, 염念, 정定, 혜慧

ㄷ. 선善(11) — 신信, 참慚, 괴愧, 무탐無貪, 무진無瞋, 무치無癡, 정진精進, 경안輕安, 불방일不放逸, 행사行捨, 불해不害

ㄹ. 근본번뇌根本煩惱(6) — 탐貪, 진瞋, 치癡, 만慢, 의疑, 견見

ㅁ. 수번뇌隨煩惱(20) — 분忿, 한恨, 복覆, 뇌惱, 질嫉, 간慳, 광誑, 첨諂, 교憍, 해害, 무참無慚, 무괴無愧, 도거掉擧, 혼침惛沉, 불신不信, 해태懈怠, 방일放逸, 망념妄念(실념失念), 산란散亂, 부정지不正知

ㅂ 부정不定(4) — 회悔, 수면睡(면면眠), 심尋, 사伺

③ 색법色法(11) — 안眼, 이耳, 비鼻, 설舌, 신身, 색色, 향성香聲, 향香, 미味, 촉觸, 법처소섭색法處所攝色

④ 불상응행법不相應行法(24) — 득得, 명근命根, 중동분衆同分, 이생성異生性, 무상정無想定, 멸진정滅盡定, 무상사無想事, 명신名身, 구신句身, 문신文身, 생生, 노老, 주住, 무상無常, 유전流轉, 정의定異, 상응相應, 세속勢速, 차제次第, 방方, 시時, 수數, 화합성化合性, 불화합성不和合性

⑤ 무위無爲(6) — 허공무위虛空無爲, 택멸무위擇滅無爲, 비택멸무위非擇滅無爲, 부동무위不動無爲, 상수멸무위想受滅無爲, 진여무위眞如無爲

[말나4혹] 말나4혹은 7식 곧 말나식에 있는 4가지 의혹인데 아치, 아애, 아견, 아만을 말한다.

아치는 나에 대한 어리석음이고, 아애는 나를 사랑함이며, 아견은 나의 견해이고, 아만은 나를 뽐냄이다.

7식은 6식 위에 있는 개념으로 나(我)라는 것이 근본이 된다.(『이장의』 42쪽)

〈말나4혹末那四惑〉: 4혹四惑, 4견四見, 4아四我, 4만四慢, 4아만四我慢. 7식의 번뇌.

곧 아치我癡, 아애我愛, 아견我見, 아만我慢

[108번뇌] 108번뇌에서 108은 번뇌가 많다는 뜻이다. 그러나 108을 다음과 같이 설명하기도 한다.

우리 몸의 안이비설신의 6근六根에, 3계의 6가지 일을 곱한다. 곧 나쁘다(오惡), 좋다(호好), 평등하다(平等)와 여기서 나오는 괴롭다(고苦), 즐겁다(낙樂), 괴로움도 즐거움도 아니다(사捨)를 곱한다. 그러면 36이 된다.

여기에 3세三世 곧 과거, 현재, 미래 3을 곱하면 108이 된다. 곧 3계 3세의 모든 번뇌를 뜻한다.

〈108번뇌百八煩惱〉: 번뇌가 많다는 뜻.

6근(안이비설신의)×6(호, 오, 평등, 고, 락, 사)×3세

[10사번뇌] 10사十使는 10사번뇌라고도 하는데 곧 10가지 번뇌이다. 『이장의』에서 상세히 설명하나 여기서는 간단히 본다.

탐진치만의견貪瞋癡慢疑見 6가지 근본번뇌 중 앞의 5가지 탐진치만의를 5둔사라 한다. 5가지 무딘 번뇌로 끊기가 다소 쉽다는 뜻이다.

뒤의 하나 견見을 신견, 변견, 사견, 견취견, 계금취견으로 나누어 5리사라 한다. 5가지 날카로운 번뇌로 끊기가 다소 어렵다는 뜻이다.

5둔사는 욕심 등 번뇌에서 오는 것이기 때문에 번뇌장(번뇌의 장애)이라 하고, 5리사는 지식에서 오는 것이기 때문에 소지장(앎의 장애)이라 한다.

이를 합해 10사번뇌라 하며 여기서 128번뇌, 104번뇌, 98번뇌 등이 나온다.

신견은 몸이라는 견해로 참된 나, 참된 몸이 있다고 보는 것이고, 변견은 치우친 견해로 끝이 있다 끝이 없다고 보는 것이며, 사견은 그릇된 견해로 원인과 결과가 없다고 보는 것이고, 견취견은 자기의 그릇된 생각이 최고라고 보는 것이며, 계금취견은 자기의 그릇된 계율이 최고라고 보는 것이다.(『이장의』 정리)(『기신론』)

물론 이들 모두 그릇된 견해이다.

〈10사번뇌十使煩惱〉

5둔사五鈍使-탐, 진, 치, 만, 의
5리사五利使-견(신견, 변견, 사견, 견취견, 계금취견)

　　　　　-신견身見-참된 나, 참된 몸이 있다고 봄

　　　　　-변견邊見-끝이 있다 끝이 없다고 보는 것

－사견邪見－원인과 결과가 없다고 봄

　－견취견見取見－자기의 그릇된 생각이 최고라고 봄

　－계금취견戒禁取見－그릇된 계율이 최고라고 봄

[3번뇌] 3번뇌는 번뇌를 끊는 단계에 의한 구분인데 견도見道, 수도修道, 구경도究竟道에서 끊는 번뇌를 말한다. 견혹見惑, 수혹修惑, 무명無明이라고도 한다.

보살수행 52단계 중 견도는 41단계를 말하고, 수도는 42~50단계를 말하며, 구경도는 51~52단계를 말한다.

2승二乘은 성문과 연각인데, 2승과 보살은 끊는 것에 차이가 있다.

6식은 의식인데 여기의 마음 움직임을 분별기라 한다. 이것저것 분별해서 일어난다는 뜻이다. 그 위가 7식으로 말나인데 여기의 마음 움직임을 구생기라고 한다. 태어날 때부터 갖춰진 것이란 뜻이다. 그 위가 8식으로 아라야식인데 여기의 마음 움직임을 임운기라고 한다. 제멋대로 일어난다는 뜻이다.

분별기는 내가 생각해서 일어나는 것이니 의식으로 통제가 가능하지만, 구생기와 임운기는 생각하지도 않았는데 문득문득 일어나는 것으로 의식으로 잘 통제가 되지 않는다. 조용히 있을 때 문득문득 떠오르는 망상, 수치심, 분노심, 공포심 같은 것이다. 이들 대부분 숙세의 흔적으로 쉽게 사라지지 않는다.

당연히 이들을 끊는 단계에도 차이가 있다.

2승은 구경도까지 올라가도 소지장과 임운기를 끊지 못한다. 보살은 견도에서 분별기를 끊고, 수도에서 구생기를 끊으며, 구경도에서 임운기를 끊어 모두를 다 끊는다.(『이장의』 정리) 정확히 맞지는 않지만 억지로 정리하면 아래와 같다.

〈3번뇌三煩惱〉

6식－유기有記－－－－견도見道(견혹見惑)－－－－분별기分別起

7식－유부무기有覆無記－수도修道(수혹修惑)－－－－구생기俱生起

8식－무부무기無覆無記－구경도究竟道(무명無明)－－임운기任運起

(3) 2장

2장은 번뇌장煩惱障과 소지장所知障인데 번뇌애煩惱碍, 지애知碍라고도 한다. 번뇌의 장애, 앎의 장애 정도로 풀이된다.

이를 구분하는 이유는 이들의 역할이 다르기 때문이다. 소지장이 번뇌장보다 조금 더 근본적 장애라 할 수 있다. 『기신론』을 본다.

무명의 뜻은 슬기 장애(지애)를 말하니, 진여의 근본 슬기(진여근본지)를 장애하기 때문이고, 물든 마음의 뜻은 번뇌 장애(번뇌애)를 말하니, 세간 자연 업의 슬기(세간자연업지)를 장애하기 때문이다.(『기신론』 수정)

지애가 진여의 근본 슬기에 해당되고, 번뇌애가 세간 자연 업의 슬기에 해당됨을 알 수 있다.

〈20애二礙〉: **2장二障**

지애-무명, 진여의 근본 슬기(진여근본지)를 장애

번뇌애-물든 마음, 세간 자연 업의 슬기(세간자연업지)를 장애

또 『이장의』는 이렇게 말한다.

6가지 물든 마음(6종염심)이 번뇌 장애(번뇌애)이고, 바탕 밝지
못한 것(근본무명)이 앎의 장애(지애)이다.(『이장의』)

〈20애二碍〉: **2가지 장애**

번뇌애煩惱碍-6종염심六種染心

지애智碍---근본무명根本無明

(4) 재액

[3재8난] 재액은 재난으로 3재8난三災八難이라 한다.

3재三災는 흔히 수재水災, 화재火災, 병재兵災를 말한다. 그러나
불교는 성주괴공成住壞空 때의 소삼재小三災와 대삼재大三災를 말하기
도 한다.

8난八難은 8가지 재난으로 흔히 배고픔, 목마름, 추위, 더위, 물,
불, 칼, 병란兵亂을 든다.

그러나 불교는 달리 설명하기도 한다. 2가지 견해가 있는데 모두
부처님을 뵙지 못하고 부처 법을 들을 수 없는 경우이다.

하나는 『화엄경』 등에서 이야기하는 것으로 지옥, 아귀, 축생,

장수천, 변지, 심상, 세지변총, 불전불후이다.

지옥, 아귀, 축생은 통상 말하는 것과 같다. 곧 삼악도다.

장수천은 오래 삶을 즐겨 구도심이 생기지 않는 하늘이고, 변지는 변두리 땅으로 즐거움이 지나친 곳이며, 심상은 마음이 아주 상한 것이고, 세지변총은 세속의 지식이 뛰어나 정법을 따르지 않는 것이며, 불전불후는 부처님이 세상에 계시지 않을 때 태어나는 것이니 곧 부처님 생전이나 부처님 사후에 태어나 부처님과 인연이 없는 것이다.

둘째는 원효가 『금광명경소』(『금고소』)에서 『증일아함경』을 인용해 이야기하는 것인데 3악도, 장수천, 생변지, 6정불구, 심식사견, 비범소수행이다.

3악도와 장수천은 위의 설명과 같다.

생변지는 변두리 땅에 태어나는 것인데, 『장아함경』은 부처 법이 없는 변두리 땅에 3번 태어난다고 한다.

6정불구는 안이비설신의 6근이 갖춰지지 않는 것인데, 이로 인해 좋고 나쁨을 분별하지 못한다.

심식사견은 마음 가리새가 그릇되게 보는 것이다.

비범소수행은 부처 법을 닦지 못하는 것인데, 부처님이 태어나기 전과 부처님이 돌아가신 후의 2가지가 있다.(『금광명경소』)

〈불교8난〉: 지옥地獄 아귀餓鬼 축생畜生 장수천長壽天은 같음
『화엄경』─변지邊地, 심상心傷, 세지변총世智辨聰, 불전불후佛前佛後
『금고소』─생변지生邊地, 6정불구六情不具, 심식사견心識邪見, 비
　　　　　범소수행非梵所修行

제2장 공

사리자여, 색이 공과 다르지 않고 공이 색과 다르지 않으며,
색이 곧 공이요 공이 곧 색이니, 수상행식도 그러하니라.
사리자여, 모든 법은 공하여 나지도 멸하지도 않으며,
더럽지도 깨끗하지도 않으며, 늘지도 줄지도 않느니라.
그러므로 공 가운데는 색이 없고 수상행식도 없으며,
안이비설신의도 없고 색성향미촉법도 없으며,
눈의 경계도 의식의 경계까지도 없고,
무명도 무명이 다함까지도 없으며,
늙고 죽음도 없고 늙고 죽음이 다함까지도 없고,
고집멸도도 없으며, 지혜도 얻음도 없느니라.

舍利子
色不異空 空不異色 色卽是空 空卽是色 受想行識 亦復如是
舍利子 是諸法空相 不生不滅 不垢不淨 不增不減

是故空中 無色 無受想行識 無眼耳鼻舌身意 無色聲香味觸法

無眼界 乃至無意識界 無無明 亦無無明盡

乃至無老死 亦無老死盡 無苦集滅道 無智亦無得

1. 10대 제자

10대 제자는 사리자 등 10명의 제자이다.

　사리자舍利子는 사리불舍利弗이라고도 하는데 신자身子로 번역하며 지혜제일이고, 목건련은 목련존자, 목갈라나인데 신통제일로 사리불과 함께 외도 산자야를 따르다 석가에 귀의했다.

　사리불은 석가 왼팔, 목건련은 석가 오른팔이라 할 수 있는데 불행히도 모두 석가보다 먼저 입적했다.

　가섭은 대가섭인데 음광飮光으로 번역하며 외도를 따르다 석가에 귀의했다. 두타, 곧 일체 수행의 일인자로 석가 입멸 후 뒷수습을 잘하여 불도를 이어갔다.

　수보리는 공생空生이라 하는데 젊을 때 못된 짓을 했으나 부처에 귀의한 후 일체법이 공한 것을 터득하여 나한이 되었다.

　부루나는 석가와 생년월일이 같은데 부잣집 아들로서 출가했으며 설법을 잘하여 9만 9천 명을 열반에 들게 했다.

　아나율은 석가 친척으로 수행 중 잠을 자다가 석가로부터 꾸중을 듣고는 잠을 자지 않고 수행하다 실명했다. 그러나 천통을 얻어 삼계를 다 꿰뚫어보아 천안제일이 되었다.

　가전연은 출생이 분명치 않으나 서인도 사람으로 알려줬으며, 논의를 잘하여 불공不空, 문식文飾이란 칭호를 얻었다.

우바리는 천민계급 수드라 출신으로 궁중 이발사였으나 부처에 귀의한 후 계율의 일인자가 되었다.

나후라는 석가 아들로 칭호가 부장覆障이다. 출가에 장애가 된다는 뜻이다. 처음에는 철부지 짓을 했으나 사미의 시초가 되는 등 남모르는 일을 많이 했다.

아난다는 석가 4촌으로 항상 석가를 시중했다. 경희慶喜라 했으며, 용모가 뛰어나 유혹도 많이 받았으나 모두 극복해 경전 결집에 큰 공을 세웠다.

〈석가모니 10대 제자十大弟子〉

지혜제일智慧第一사리불舍利弗, 신통제일神通第一목건련目犍連, 두타제일頭陀第一가섭迦葉, 해공제일解空第一수보리須菩提, 설법제일說法第一부루나富樓那, 천안제일天眼第一아나율阿那律, 논의제일論議第一가전연迦旃延, 지계제일持戒第一우바리優波離, 밀행제일密行第一나후라羅睺羅, 다문제일多聞第一아난阿難

2. 법

법法은 흔히 법률을 말하나, 불교에서 쓰는 법은 범어 달마(達磨, dharma)를 한문으로 옮긴 것으로 우주, 우주 삼라만상, 그 진리를 뜻한다. 따라서 제법諸法은 우주 삼라만상 일체란 뜻이다.

석가는 우주 삼라만상, 나아가 우주 성주괴공成住壞空 전체를 관조하여 진리를 세웠으므로 그 진리와 가르침을 모두 법이라 한다.

석가가 우주 삼라만상을 관조한 것이 불교의 두드러진 특징 중의 하나인데 이로써 우리는 우주의 변천과 모습을 상상해 볼 수 있다. 인류의 큰 복이기도 하다.

(1) 법계

[일법계] 법계는 법의 세계, 곧 부처 법의 세계이다.

일법계一法界는 법계를 하나의 모습으로 본 것이다. 곧 법계일상法界一相이다.

『기신론』은 말한다.

법계는 하나의 모습이고, 부처 몸에 둘이 없다.
法界一相 佛體無二(『기신론』)

『본업경』은 말한다.

삼세가 하나의 합친 모습으로 그윽이 비춰 둘이 없다.
三世一合 寂照無二(『본업경』, 현전지 정리)

또 말한다.

과거 일체법이 하나의 합친 모습이고, 현재 일체법이 하나의 합친 모습이며, 미래 일체법이 하나의 합친 모습이다. 법계의 인연이 그윽이 없어져서 둘이 없다.

過去一切法一合相 現在一切法一合相

未來一切法一合相 法界因緣寂滅無二(『본업경』, 현전지)

의상대사 『법성게』는 말한다.

법의 성질은 둥글어 두 모습이 없으며, 모든 것은 움직이지 않아
본디부터 고요하다.

法性圓融無二相 諸法不動本來寂(『법성게』)

[4법계] 『화엄경』은 법계를 나누어 4법계, 5법계 등을 말한다.

4법계는 이사법계라 하는데 법계를 이사理事 곧 진리와 작용으로
나눈 것이고, 5법계는 유위有爲, 무위無爲 등 5가지로 나눈 것이다.

대부분의 불교 이론이 다 그렇듯 합치면 하나이고 나누면 여럿이다.

원효도 4법계와 5법계를 설명한 것 같은데 직접 설명한 저술은
전해지지 않고, 인용문 일부가 신라 표원表員의 『화엄경문의요결문
답』에 전한다. 간단히 본다.

4법계는 사법계, 이법계, 이사무애법계, 사사무애법계이다.

사법계事法界는 작용의 세계이고, 이법계理法界는 진리의 세계이
며, 이사무애법계는 진리와 작용이 거리낌이 없는 세계이고, 사사무
애법계는 여러 작용들이 거리낌이 없는 세계이다.

5법계는 유위법계, 무위법계, 역유위역무위법계, 비유위비무위법
계, 무장애법계인데, 함이 있는 법계, 함이 없는 법계, 함이 있기도

하고 함이 없기도 한 법계, 함이 있는 것도 아니고 함이 없는 것도 아닌 법계, 장애가 없는 법계이다.

원효는 이들 각각에 2문을 세워 모두 10문을 세운다. (『화엄경소』)

〈4법계四法界와 5법계五法界〉

사법계事法界ーーーーー① 유위법계有爲法界

이법계理法界ーーーーー② 무위법계無爲法界

이사무애법계理事無礙ー③ 역유위역무위법계亦有爲亦無爲法界

　　　　　　　　　ー④ 비유위비무위법계非有爲非無爲法界

사사무애법계事事無礙ー⑤ 무장애법계無障礙法界

[연화장] 연화蓮花와 연화장蓮花藏은 우주의 모습이다. 우주를 연꽃 모습으로 본 것이다.

이 우주에는 수많은 은하들이 있는데 이들이 우주에 골고루 퍼져 있는 것이 아니라, 부분적으로 몰려 있어 전체적으로 보면 연꽃 모습이다.

이때 연화와 연화장을 구분해야 한다. 연화는 현재 우주만을 연꽃 모습으로 본 것이고, 연화장은 우주의 변천과정, 곧 우주의 성주괴공 전 과정을 중첩된 모습으로 본 것이다.

따라서 연화장은 점진적으로 변천하는 연꽃 모습의 우주가 겹겹이 겹쳐진 세계라는 뜻이다. 이 모습이 현재 우주에 막혀서 보이지 않기 때문에 숨을 장藏 자를 썼다.

현대 천문학은 중첩우주, 중복우주, 다중우주, 다차원우주, 포개진 우주, 겹쳐진 우주, 다져진 우주 등등의 표현을 쓰는데 이는 연화장을 뜻한다.

이 현재 우주에 막힌 중첩된 우주를 보기 위해서는 우주를 관조해야 한다. 곧 부처 눈, 불안佛眼으로 봐야 한다. 그리고 투명하게 봐야 한다. 그래서 『화엄경』에는 유리, 금강, 영락, 수정, 마노, 파리 등 수많은 보석들이 등장한다.

이 보석들은 투명하다. 곧 우주를 투명하게 꿰뚫어볼 수 있다. 처음 옅은 보석에서 마지막 짙은 보석까지 겹겹이 중첩되어 빛나는 우주 모습을 꿰뚫어보니 그야말로 장관이다. 이를 화엄장엄세계華嚴莊嚴世界, 곧 화려하고 장엄한 연꽃세계라 했다.

이때 이 보석 하나하나는 은하 하나하나를 뜻한다. 이 하나하나의 은하에 수없이 많은 별들이 있다. 우리 태양도 그 별들 중의 하나이다.

그러나 보통사람들은 이렇게 볼 수 없기 때문에 연화장을 그냥 부처 세계라 한다. 아래 글귀는 『화엄경』 제6 「화장세계품」의 일부를 정리한 것이다.

[글귀]
① 연화장의 장엄한 세계바다(세계해)
　　맨 아래의 바람 바퀴를 평등이라 하고,
　　맨 위의 바람 바퀴를 뛰어난 세계(승장)라 하는데
　　모든 향수바다(향수해)를 받친다.(『화엄경』 정리)
　　蓮花藏莊嚴世界海最下風輪 名曰平等
　　乃至最上風輪名勝藏 持一切香水海也(『보살계본사기』)

② 저 향수바다 가운데는 하나의 대연화가 있는데
　　향기로운 깃발 빛의 장엄함(향당광장엄)이라 하며,
　　이 연화장의 장엄한 세계바다 가에는
　　금강산이 있어서 주위를 둘러쌌다.(『화엄경』 정리)
　　彼香水海中有一大蓮華 名香幢光莊嚴
　　蓮華藏莊嚴世界海邊 金剛山周迊圍繞(『보살계본사기』)

③ 하나하나의 향수바다(향수해)에는
　　4천하 작은 먼지 같은 향수의 물(향수하)이 둘러쌌는데,
　　갖가지 보배 꽃이 그 위를 넓게 덮었으며
　　이 아래를 연화장세계라 한다.(『화엄경』 정리)
　　一一香水海 有四天下微塵香水河圍繞
　　種種寶花彌覆其上 下云此蓮華藏世界(『보살계본사기』)

④ 향수바다 하나하나의 경계에는 세계바다(세계해)의
　　작은 먼지 같은 수의 맑고 깨끗한 장엄함(청정장엄)이 있다.
　　이 향수바다 위에도 말할 수 없는
　　부처 땅의 작은 먼지 같은 세계가 있다.(『화엄경』 정리)
　　海一一境界 有世界海微塵數清淨莊嚴
　　此香水海上 有不可說佛刹微塵世界也(『보살계본사기』)

(2) 4겁

[겁] 겁劫은 오랜 기간을 뜻하는데, 이 기간을 숫자로 설명하기도

하지만 비유로 설명하기도 한다.

비유로 설명하는 것도 겨자씨로 설명하는 것과 하늘 옷(天衣)으로 설명하는 것이 있는데 여기서는 후자만 본다. 『본업경』의 글이다.

비유하면 마치 1리, 2리, 나아가 10리 되는 돌이 사방에 넓게 펼쳐졌는데, 무게가 3수(무게 단위, 아주 가벼움)인 하늘 옷으로 인간세상 일월의 햇수로 3년에 한 번씩 이 돌을 스쳐서 다 없어지면 1소겁小劫이라 한다. 만약 1리, 2리, 나아가 40리라도 또한 소겁이라 한다.

또 80리 돌이 사방에 넓게 펼쳐졌는데 무게가 3수인 범천 옷으로 범천 백보광명 구슬이 일월이 되는 햇수로 3년에 한 번씩 이 돌을 스쳐서 다 없어지면 1중겁中劫이라 한다.

800리 돌이 사방에 넓게 펼쳐졌는데 무게가 3수인 정거천 옷으로 정거천 천보광명 거울이 일월이 되는 햇수로 3년에 한 번씩 이 돌을 스쳐 다 없어지면 1대아승기겁이라 한다.(『본업경』)

옛글이라 구체적 단위는 알기 어렵다. 어쨌든 오랜 기간은 틀림없다.

정거천은 5정거천五淨居天인데 무번천, 무열천, 선현천, 선견천, 색구경천으로 불환과不還果를 증명한 성자가 사는 곳이다.

[4겁] 4겁四劫은 성주괴공을 말한다.

성주괴공成住壞空은 성겁成劫, 주겁住劫, 괴겁壞劫, 공겁空劫인데 공겁을 앞에 놓으면 공겁 → 성겁 → 주겁 → 괴겁이 된다.

곧 우주는 처음 비었는데(공), 무언가 이루어져서(성), 일정기간 유지되다가(주), 무너지는(괴) 과정을 나타낸다. 우주 순환의 한 사이클이다.

이때 우주가 무너지면 다시 공으로 돌아가 순환을 계속한다. 곧 우주는 성주괴공의 순환을 무한히 반복한다.

그러나 3선천三禪天 이상은 성주괴공에 걸리지 않는다. 곧 우주 성주괴공과 상관이 없다. 이는 마음이 청정하여 성주괴공에 걸릴, 성주괴공에 해당될 그 무엇이 없기 때문이다.

따라서 이곳 이상이 해탈의 경지인데 누구든지 이 경지에 이르러 우주 순환의 바깥으로 벗어날 수 있다.

[4상] 우주가 이루어지는 과정을 본다. 맨 처음의 우주는 연꽃처럼 둥글기는 했으나 아무 것도 없는 텅 빈 상태였다. 이를 빈 모습(공상空相)이라 한다.

그러다가 무엇이 생겨나서는 움직이기 시작했다. 손에 잡히지는 않지만 무엇인가 분명히 있었다. 이를 바람 모습(풍상風相)이라 한다.

다음에는 바람이 더 발전하여 어떤 물질이 되었는데 확고하지는 않았다. 그래서 이번에는 물의 모습(수상水相)이라 한다.

이 물의 모습이 더욱 발전하여 결국은 굳고 단단한 모습이 되는데 이를 쇠 모습(금상金相)이라 한다. 곧 현재 우주의 모습이다.

현재 우주의 모습은 연꽃인데, 처음은 텅 빈 것과 같았고, 다음은 바람과 같았으며, 다음은 물과 같았고, 마지막은 쇠와 같았다. 처음 빈 것에서 무엇이 생겨나 구체화되어서는 결국 굳어지는 과정을 말하는 것이다.

물론 이 과정 사이사이에도 무수한 과정이 있지만, 그 대표적인 것만 들어서 위에 말한 4가지를 든 것이다. 이를 4모습(4상四相)이라 한다.

[4륜] 이는 우주 순환의 무한한 과정 중 한 번의 성주괴공 사이클을 설명한 것이다. 어쩌면 현재 우주의 전개과정을 표현한 것일 수도 있다.

그러나 이 4모습으로는 중첩 우주, 곧 연화장을 표현하기가 힘들다. 일반적으로 우주는 둥글다고 생각하는데 둥근 모습을 포개서 중첩을 표현하기 힘들기 때문이다.

그래서 둥근 우주를 양 손바닥으로 양쪽에서 눌렀다. 그랬더니 수레바퀴처럼 납작한 모습이 되었다. 이를 4륜四輪 곧 4바퀴라 하는데 공륜空輪, 풍륜風輪, 수륜水輪, 금륜金輪을 말한다. 빈 바퀴, 바람 바퀴, 물바퀴, 쇠바퀴 정도로 번역된다.

여기서 바퀴는 우주를 뜻한다. 우주 중첩을 표현하기 위해 바퀴를 빌려왔다. 이렇게 해서 바퀴를 포개놓으니 우주 중첩을 표현할 수가 있게 되었다. 곧 맨 아래 공륜부터 맨 위 금륜까지 중첩을 나타낼 수 있었다.

이 바퀴를 더 세게 누르면 마치 그물같이 더 납작하게 된다. 이를 인타라망網이라 한다. 흔히 범천의 그물로 생각하지만 범천을 포함한 모든 하늘을 다 포함한다.

곧 우주 중첩을 표현하기 위해 채택된 비유이다. 이때 그물코는 은하가 되며 그 은하 안에는 수많은 별들이 있다.

<세간世間의 순서>

성주괴공(4겁) : 공겁空劫 → 성겁成劫 → 주겁住劫 → 괴겁壞劫

기세간(4륜) : 공륜空輪 → 풍륜風輪 → 수륜水輪 → 금륜金輪

중생세간(6도) : 지옥地獄 → 축생畜生 → 인간人間 → 천天

　　　(3계) : 욕계欲界 → 색계色界 → 무색계無色界

[『구사론』 4겁] 『구사론俱舍論』은 4겁, 곧 성주괴공을 자세히 설명한다. 모든 성주괴공이 다 그러한지, 아니면 지금 우리의 성주괴공만 그러한지는 알 수 없다. 다소 생소하고 끔찍한 이야기지만 한번 들어본다.

『구사론』은 먼저 성주괴공 각각을 둘로 나눈다. 예를 들면 성겁成劫을 기세간과 중생세간 둘로 나누고, 주겁住劫도 기세간과 중생세간 둘로 나눈다. 다른 것들도 마찬가지다.

기세간器世間은 무엇이 담겨져 있는 그릇이니 우주 자체를 말하고, 중생세간衆生世間은 중생들이 사는 세상이니 인간 또는 생명체 세상을 말한다. 곧 우주 자체와 생명체 둘로 나눈다.

또 성주괴공 각각에도 일정 기간이 있는데 내용은 경전마다 차이가 있다. 어떤 곳에서는 20소겁小劫이 있다고 하고, 어떤 곳에서는 20중겁中劫이 있다고 한다. 여기서는 20소급으로 본다.

그러면 성주괴공 모두에 20소겁이 있어 합계 80소겁이 된다. 또

20소겁을 1중겁이라 하고, 4중겁을 1대겁이라 한다. 따라서 80소겁이 1대겁이 되어 성주괴공이 한 번 도는 기간이 된다.

이제 성겁成劫을 본다. 곧 이루어지는 기간이다.

위에서 말한 것처럼 기세간과 중생세간 둘로 나누는데 기세간이 먼저 이루어지고 중생세간이 뒤에 이루어진다. 곧 우주 자체가 먼저 이루어지고 생명체(중생)가 뒤에 나타난다. 당연한 이야기인지도 모른다.

기세간이 이루어지는 과정은 4륜, 곧 공륜 → 풍륜 → 수륜 → 금륜의 순서다. 공空에서 색色으로 점진적으로 변천하는 느낌이다. 그리고 기세간이 이루어지는 데는 1소겁이 걸린다.

중생세간도 일정한 순서로 이루어지는데 3계, 곧 무색계 → 색계 → 욕계의 순서다. 역시 공空에서 색色으로 점진적으로 변천하는 느낌이다. 중생세간이 이루어지는 데는 19소겁이 걸린다.

따라서 기세간과 중생세간을 합쳐 20소겁이 되는데, 중생세간이 상대적으로 매우 긺을 알 수 있다. 이는 중생의 출현이 그만큼 어렵다는 뜻이다.

주겁住劫은 현재 상태가 유지되는 기간이다. 곧 지금 우주가 그대로 머무는 시기이다. 따라서 기세간은 거의 변동이 없다.

중생세간 또한 큰 변동이 없다. 다만 인간의 수명만 변해서 무량세無量歲에서 8만 4천 세로, 다시 10세歲로 변한다. 이와 같은 변화를 20번 반복한다.

이는 소삼재小三災 곧 전쟁, 질병, 기근 때문인데 대부분 중생의 잘못에 기인한다. 인간의 수명이 한량없는 것에서 10살까지 줄어들고 그것도 20번이나 반복하니 그 사이 고통은 말할 수가 없다.

　주겁의 기간도 합쳐 20소겁이나 여기서는 구태여 기세간과 중생세
간을 구분하지 않는다. 구분할 필요가 없기 때문이다.(참조: 고익진,
『현대한국불교의 방향』, 운주사, 1984.)

　[괴겁공겁] 괴겁壞劫은 무너지는 시기이다. 이것 역시 합쳐 20소겁
인데 중생세간이 먼저 무너지고 기세간은 뒤에 무너진다. 성겁成劫의
반대로 볼 수 있다.

　중생세간이 무너지는 데는 19소겁이 걸리는데 지옥 → 축생 →
인간 → 천天의 순서로 무너진다. 욕계 → 색계 → 무색계 순서라고도
할 수 있다. 어쨌든 삼선천三禪天 이하 모든 중생(생명체)이 소멸한다.

　그리고 기세간이 무너지는 데는 1소겁이 걸린다.

　조금 더 자세히 본다. 처음 대삼재大三災 곧 화재火災, 수재水災,
풍재風災가 일어나 모든 것을 태우거나 쓸어간다.

　이 대삼재는 인간이 관여할 수 있는 사항이 아니다. 인간 세상의
재앙이 아니고 우주의 재앙이기 때문이다.

　먼저 일곱 해(七日)가 나타난다. 그리고는 화재火災를 일으켜 지옥
부터 시작해서 축생, 인간, 나아가 천상의 초선천初禪天 아래 모든
것을 다 태운다. 이런 화재가 7번 반복된다.

　그러다가 마지막에 한 번의 수재水災가 일어나 이번에는 이선천二禪
天 아래 모든 것을 다 휩쓸어간다. 이를 7화1수七火一水, 곧 일곱
번의 화재와 한 번의 수재라 한다.

　이와 같은 7화1수七火一水가 7번이나 반복된다. 그런 후 다시 화재가

7번 연달아 일어나며, 그런 뒤에 이번에는 한 번의 풍재風災가 일어나 삼선천三禪天 이하 모든 것을 다 파괴한다.

결국 56번의 화재, 7번의 수재, 1번의 풍재로 삼선천 아래 모든 것이 파괴된다.

그러나 삼선천 이상은 파괴되지 않는다. 파괴되는 대상이 아니기 때문이다. 곧 파괴될 그 무엇이 없기 때문이다. 공空에 가깝다는 말이다.

따라서 여기서부터 진정한 의미의 공空이라 할 수 있다. 그리고 누구든지 노력하면 이런 경지에 들어갈 수 있다.(참조: 길상 지음. 『불교대사전』, 삼재.)

공겁空劫은 말 그대로 텅 빈 세계이다. 색계 삼선천 아래 우주와 중생이 모두 무너지고 허공만 존재한다.

기간은 역시 20소겁인데 여기서도 구태여 기세간과 중생세간을 구분하지 않는다. 이런 개념이 존재하지 않기 때문이다. 모두 공이란 말이다.

그리고 이 기간이 지나면 다시 성겁이 시작된다. 곧 우주의 순환이 다시 시작된다. 그리고는 무한히 반복한다.

〈4겁四劫〉: 성주괴공成住壞空. 곧 성겁成劫, 주겁住劫, 괴겁壞劫, 공겁空劫.
3선천三禪天 이상은 성주괴공에 걸리지 않음.

　　성겁成劫 — 20소겁. 기세간 1겁, 중생세간은 19겁에 이뤄짐

　　주겁住劫 — 20소겁. 기세간 중생세간 구분 없이 현상 유지

　　괴겁壞劫 — 20소겁. 기세간 1겁, 중생세간은 19겁에 무너짐

공겁空劫-20소겁. 기세간 중생세간 구분 없이 텅 비었음

3. 공

(1) 공의 뜻

[4법인] 4법인四法印은 4가지 법의 진리인데 일체가 공空이라는 것이
다. 2가지 설명이 있는데 내용은 비슷하다.

하나는 석가가 말씀하신 것으로 제행무상, 제법무아, 열반적정,
일체개고이다.

제행무상은 모든 것은 무상하고, 제법무아는 모든 존재는 참됨이
없으며, 열반적정은 열반은 그윽하고, 일체개고는 일체가 괴로움이라
는 것이다. 일체개고를 빼면 3법인이 된다.

둘은 『중변분별론』에서 말하는 것으로 무상, 고, 공, 무아이다.
무상無常은 항상함이 없는 것이고, 고苦는 괴로움이며, 공空은 빈
것이고, 무아無我는 내가 없음 또는 참됨이 없음이다. 나(我)는 나(吾),
본질, 참됨 등의 뜻이다.

〈4법인四法印〉: 4가지 법의 진리(『중변론』)

①제행무상諸行無常, 제법무아諸法無我, 열반적정涅槃寂靜, 일체개
고一切皆苦. 일체개고를 빼면 3법인이 됨

②무상無常, 고苦, 공空, 무아無我

[공의 뜻] 불교는 공空을 말한다. 『반야심경』도 마찬가지다. 모든

법이 공의 모습(제법공상)이라 한다.

5온도 공이고 18계도 공이며 12인연도 공이고 4성제도 공이다. 온통 공이다. 그리고 공에는 색도 없고 수상행식 등도 없다고 한다.

"공 가운데는 색이 없고 수상행식도 없으며, 안이비설신의도 없고, 색성향미촉법도 없으며, 눈의 경계에서 의식의 경계까지도 없고, 무명에서 무명이 다함까지도 없으며, 늙고 죽음도 없음에서 늙고 죽음이 다함까지도 없고, 고집멸도도 없으며, 지혜도 얻음도 없다."

그러면 이 공은 우리가 아는 우주의 진공眞空과 같은 것인가 다른 것인가. 이는 다른 것이다.

우주의 진공은 진공이라는 물질이다. 원래 우주에 골고루 퍼져 있어야 할 물질이 한쪽에 몰려서 별이 된 후 남은 것이 진공이다. 따라서 우리가 잘 알지 못하지만 진공은 진공이라는 물질이다.

그러면 이 공이 성주괴공의 공과 같은 것인가 다른 것인가? 이는 잘 알 수가 없다.

만약 다르다면 어떻게 다른가? 역시 잘 알 수가 없다.

만약 같다면 성주괴공의 공에서 움직이지 않으면 일체 만물이 생겨나지 않는다. 곧 우주의 적막함 그대로다. 해탈 상태 그대로다. 중생이 없으니 고뇌와 고통도 없다. 그것이 좋은 것인지 나쁜 것인지는 알 수 없지만 말이다.

또 만약 불교의 공이 성주괴공의 공과 같다면 물리적 방법으로 공에 들어가는 것도 생각해 볼 수 있다. 곧 과학적으로 연구해서 공에 들어가는 것 말이다. 공을 깨침이라 한다면 서양 과학으로 깨침에 어느 정도 접근할 수도 있다는 뜻이다.

물론 과학은 물질을 다루는 학문이기 때문에 물질이 아닌 것에 대한 인식에는 한계가 있겠지만, 적어도 그 초입에는 가볼 수 있을 것이란 말이다.

그러면 맨 처음 공에서 어떻게 움직였는가? 스스로 움직였는가, 누가 움직이게 했는가? 그것도 잘 모른다.

스스로 움직였다고 보는 것이 불교 무명론無明論이고, 누가 움직이게 했다고 보는 것이 유일신의 절대자론絶對者論이다.

만약 스스로 움직였다면 이 움직임을 멈출 수가 있다. 이 움직임을 멈춘 것이 해탈이고, 멈춘 자리가 공이다. 이 경지에 이르면 내가 곧 우주의 근본과 같게 되니 내가 곧 우주가 된다. 시공을 초월한다.

만약 누가 움직이게 했다면 이렇게 할 수가 없다. 움직이게 한 자의 의지가 궁금하다. 따라서 그에게 매여 자유로울 수가 없다. 항상 존경하고 복종해야 할 수도 있다.

맨 처음 움직인 것을 불교에서는 무시무명無始無明이라 한다. 처음이 없는 무명이란 뜻인데 애당초 밝지 못한 것(무명)이 있어서 처음으로 움직였다는 것이다.

그러나 무시무명의 출생 근거와 존재 이유는 밝히지 못한다. 오직 부처만이 알 수 있다고 적당히 얼버무린다. 물론 말로 설명할 수 없다는 뜻도 있다. 어쨌든 불교는 현재 "있다"는 데서 출발한다.

만약 절대자가 있어서 움직이게 했다면 그는 애초 어떻게 해서 존재하게 되었으며, 또 왜 처음으로 움직이게 했는가? 움직이지 않았으면 더 좋았을 텐데. 역시 이에 대한 해답이 없다.

곧 어느 쪽을 택해도 설명이 잘 되지 않는다. 따라서 지금으로서는 이것저것 생각할 것 없이 공에 들어가서 모든 것을 벗어나는 수밖에 없다.

[공의 모습] 그러면 공은 무엇이 있다는 뜻인가, 없다는 뜻인가? 이는 있다는 뜻이다. 무엇인가 있다. 없다면 무無다. 무無는 말 그대로 없다.

무엇이 있는가? 참된 것, 진실한 것은 틀림없으나 더 이상은 말할 수가 없다. 진여 등을 통해서 유추해 볼 뿐이다.

그 모습은 어떤가? 잘 모른다. 맑고 깨끗한 것만은 틀림없다.

그 색깔은 어떤가? 역시 잘 모른다. 다른 분의 글을 통해 유추해 볼 뿐이다.

중국 장졸수재張拙秀才는 광명光明 곧 밝다고 표현했다. 「환화幻華」라는 시에서 이렇게 말했다.

"밝은 빛이 온 누리에 고요하게 비친다(光明寂照徧河沙)."

성철(性徹, 1912~1993) 스님은 흑黑, 곧 검다, 어둡다라고 표현했다. 「열반송涅槃頌」에서 이렇게 말했다.

"해와 달과 별들도 한꺼번에 어둡다(日月星辰一時黑)."

또 어떤 사람은 누르다, 푸르다 등으로 표현한다.

왜 이런가? 이는 공이 어떤 모양이나 형상을 나타내는 말이 아니라,

어떤 상태나 현상을 나타내는 말이기 때문이다. 곧 고요하고 적정하며 그윽한 그런 상태다.

따라서 그것을 모양이나 형상으로 나타내면 착오가 생긴다. 말로 표현하면 틀렸다고는 할 수 없지만 옳다고도 할 수 없다. 이른바 개구즉착開口卽錯이다. 입을 열면 착오가 생긴다.

위에 말한 밝다, 어둡다 등도 나름대로 방편대로 표현한 것에 지나지 않는다.

[글귀]

① 모든 대상이 비었고 모든 몸도 비었으며
　모든 가리새도 비었고 깨침 또한 비었다.
　모든 세상 사이의 8가리새가 비어 그윽하다.
　모든 법의 바탕이 비었다는 것, 이것이 깨침(보리)이다.
　一切境空 一切身空 一切識空 覺亦應空
　一切世間 八識空寂 諸法性空 卽是菩提(『삼매경론』 정리)

② 일체가 오직 거짓! 이것이 진실이다.
　이런 도리 때문에 저 진실과 헛되고 거짓된 것,
　2가지를 모두 물리친다. 도무지 있는 것이 없다.
　이것이 가장 끝까지 없는 것이다.
　一切唯假是爲眞實 由此道理彼於眞實
　及與虛假二種俱謗 都無所有是最極無(『지범요기』)

③ 있다는 집착을 없애기 위해, 여래는 공空을 이야기한다.
　사람이 다시 공에 집착하면 부처는 가르치지 아니한다.(「게송」)
　차라리 나라는 견해를 일으키는 것이 수미산 같을지라도,
　비었다는 견해는 털끝만큼도 일으키지 않겠다.(「게송」)
　爲除有執如來說空　人復執空佛所不化
　寧起我見如須彌山　不起空見如毫釐許(『지법요기』)

(2) 공의 유형

[공의 표현] 이러함에도 불구하고 공을 이야기한다. 『중변론』은 공을 여여, 실제, 진실, 법계, 법신 등으로 표현한다. 글을 본다.

여여如如는 있는 그대로로, 변해 달라지지 않는다는 뜻이고, 실제 實際는 실제로서 전도되지 않는다는 뜻이며, 무상無相은 모습이 없다, 모습이 멸한다는 뜻이고, 진실眞實은 진실해서 성스런 모습 이라는 뜻이며, 법계法界는 성스런 법의 세계를 말하고, 법신法身 은 성스런 법이 의지하는 몸을 말한다.(『중변론』)

이외에도 진여, 원각, 불성 등으로 표현한다. 진여眞如는 참됨 그대 로, 본디 그대로라는 뜻이고, 원각圓覺은 둥근 깨침이라는 뜻이며, 불성佛性은 부처 성질이란 뜻이다. 이들 모두 공을 표현하는 말들이다.

〈공空의 다른 표현〉
여여如如, 실제實際, 무상無相, 진실眞實, 법계法界, 법신法身, 진여

眞如, 원각圓覺, 불성佛性

[2공] 공에는 2공, 3공, 5공 등이 있다.

사람이 진실로 있다고 보는 것을 인집, 인아견이라 하고, 우주가 진실로 있다고 보는 것을 법집, 법아견이라 하며 이 둘을 합쳐 2집二執 2견二見이라 한다. 모두 그릇된 견해이다.

2공二空은 인법 2공으로 구공俱空이라고도 한다. 곧 인공人空과 법공法空인데 인공은 사람이 빈 것이고, 법공은 우주가 빈 것이다.

사람은 비었으나 우주를 지배하는 절대 진리가 있다고 보는 사람이 아라한이고, 사람은 물론 우주도 비었음을 모두 깨친 사람이 부처이다. 인공은 당시 모든 아라한이 알고 있었으나, 법공은 석가모니가 우주를 관조하여 처음으로 밝혔다. 따라서 일체가 공이라는 일체개공 一切皆空은 석가의 가르침이 된다.

인공과 법공은 중생제도에 큰 차이가 있다. 인공을 얻은 아라한은 자기 구제에 그치지만, 법공은 얻은 부처는 6도중생을 모두 구제하기 때문이다. 따라서 불교의 궁극적 목표는 법공까지 얻어 부처가 되어서는 6도중생을 모두 구제하는 것이다.

〈2공二空〉: 인법 2공人法二空. 구공俱空

인집人執 — 인아견人我見 — 인무아人無我 — 인공人空
법집法執 — 법아견法我見 — 법무아法無我 — 법공法空

[3공 3성] 3공三空은 3가지 빈 것인데 몇 가지 설이 있다.

첫째, 아공, 법공, 구공은 위에 말한 2공을 조금 더 구체적으로 설명한 것이다.

아공我空은 인공人空과 같은 뜻으로 내가 빈 것이고, 법공法空은 위에 말한 것처럼 우주 또는 법이 빈 것이며, 구공俱空은 평등공平等空이라고도 하는데 인법 2가지가 빈 것이다.

인공은 보살수행 52위 중 10주(11~20)를 말하고, 법공은 10행(21~30)을 말하며, 평등공은 10회향(31~40)을 말한다.

〈3공三空과 계위階位〉

인공人空(아공我空) ―――――― 10주(11~20)

법공法空 ――――――――― 10행(21~30)

구공俱空(평등공平等空) ――――― 10회향(31~40)

둘째, 『본업경』은 모습이 없고(무상) 지음이 없어(무작) 있고 없음이 비었다(유무공)고 한다. 이는 3해탈과 통한다.

불자야, 여덟째 동진주童眞住는 큰 법(대법)을 즐거이 믿는 것이니 이른바 3공三空이다.

일체 원인이 공(因空)이기 때문에 지음이 없고, 일체 결과가 공(果空)이기 때문에 모습이 없으며, 원인도 공이고 결과도 공인 것 또한 공이기 때문에 공도 공(空空)이다. 이와 같이 법은 마치 허공과 같다.

곧 원인과 결과가 모두 공인데, 그 공이라는 것도 공이라는 말이다.

〈3공〉(『본업경』)

인공因空―원인도 공, 지음이 없음(무작無作)

과공果空―결과도 공, 모습이 없음(무상無相)

공공空空―공도 공, 있고 없음이 비었음(유무공有無空)

셋째, 원효는 『금강삼매경론』에서 3공三空과 3성三性을 함께 설명한다.

3공은 3가지 빈 것인데 이른바 빈 모습 또한 비었고(공상역공), 빈 것을 비게 하는 것 또한 비었으며(공공역공), 비어진 것 또한 빈 것(소공역공)을 말한다.

처음 것은 속된 진리(속제)이고, 다음 것은 참된 진리(진제)이며, 셋째 것은 참도 아니고 속도 아니며, 가도 없고 가운데도 없는, 가운데 길(중도)이다. (『금강삼매경론』)

이들은 차례대로 변계소집성, 의타기성, 원성실성의 모습이 된다.

변계소집성은 분별성이라고도 하는데 두루 헤아려 달라붙는 모습으로 뱀(사蛇)에 비유되고, 의타기성은 남에게 의지해서(기대서) 일어나는 모습으로 노끈(승繩)에 비유되며, 원성실성은 진실성이라고도 하는데 둥글고 성실한 모습으로 본질인 삼(마麻)에 비유된다.

『중변분별론』은 이 3성질이 모두 비었다고 한다. 곧 3성三性이 공이다.

〈3공〉(『금강삼매경론』)	〈3성〉	〈비유〉
공상역공空相亦空 — 속제俗諦,	변계소집성遍計所執性 --	뱀(사蛇)
공공역공空空亦空 — 진제眞諦,	의타기성依他起性 ------	노끈(승繩)
소공역공所空亦空 — 중도中道,	원성실성圓誠實性 ------	삼(마麻)

[5공] 5공五空은 5가지 빈 것인데 역시 몇 가지 설명이 있다.

첫째, 『금강삼매경』은 『현양론』을 인용하여 3유三有, 6도六道, 법상法相, 명상名相, 심식의心識義가 비었다고 한다.

3유는 3계로 욕계, 색계, 무색계인데 이것이 비었다는 것이고, 6도는 6도윤회가 결국 그림자로 비었다는 것이며, 나아가 법의 모습, 이름자 모습도 비었다는 것이고, 또한 마음과 가리새와 뜻도 모두 비었다는 것이다.

3유가 빈 것(3유공)을 유전진여(흘러 도는 진여)라 하고, 6도의 그림자가 빈 것(6도영공)을 실상진여(진실한 모습의 진여)라 하며, 나머지 셋을 유식진여(오직 가리새뿐)라 한다.

〈3종진여三種眞如와 5공五空〉(『금강삼매경론』)

(『현양론』, 3종진여)　　(5공)

유전진여流轉眞如 — 3유공三有空

실상진여實相眞如 — 6도영공六道影空

유식진여唯識眞如 — 법상공法相空, 명상공名相空, 심식의공心識義空

둘째, 역시 『금강삼매경』에서 이야기하는 것으로 5대공五大空이

다. 인법 2공, 반야바라밀공, 기세계공, 아리야식공, 시방상공을
말한다.

인법 2공은 사람과 법 2가지가 빈 것이고, 반야바라밀공은 반야바라
밀 곧 슬기로 건너간다는 것도 빈 것이며, 기세계공은 물질세계가
빈 것이고, 아리야식공은 아리야식이 빈 것이며, 시방상공은 시방十方
의 모습이 빈 것이다. 곧 일체 모두가 빈 것이다.

〈5대공五大空〉: 5가지 크게 빈 것(『금강삼매경론』)

인법 2공人法二空, 반야바라밀공般若波羅密空, 기세계공器世界空,
아리야식공阿梨耶識空, 시방상공十方相空

4. 불생불멸

온 곳이 어디기에 왔다가, 가는 곳이 어디기에 가는가?
오고가는 것이 자취가 없이, 아련히 백년 남짓하구나.
來從何處來 去向何處去(내종하처래 거향하처거)
來去無蹤跡 悠悠百年許(내거무종적 유유백년허)

우리 전통 상여喪輿에 있는 글귀이다. 멋진 표현이다.

그러나 불교는 불생불멸, 곧 나지도 않고 죽지도 않음을 이야기한
다. 나지도 않고 죽지도 않으니, 더럽지도 않고 깨끗하지도 않으며(불
구부정), 늘지도 않고 줄지도 않는다(부증불감).

『반야심경』은 이렇게 말한다. "모든 법은 공하여 나지도 않고 멸하

지도 않으며, 더럽지도 않고 깨끗하지도 않으며, 늘지도 않고 줄지도 않는다."

일체 만물이 환상이고 헛것이다. 생로병사도 마찬가지다. 공에서 왔다가 다시 공으로 가는데 무엇이 있는가?

그래서 『금강삼매경』은 불생불멸不生不滅을 이야기하지 않고 무생무멸無生無滅을 이야기한다. 태어나지도 않고 죽지도 않은 것이 아니라, 태어난 적도 없고 죽은 적도 없다는 것이다.

불생불멸에는 4불생, 8불 등이 있다.

[4불생] 4불생四不生은 4가지 생기지 않은 것으로 불자생, 불타생, 불공생, 불무생을 말한다. 본디부터 생기지 않아서 인연의 화합뿐이라는 것이다. 원효 『금강삼매경론』을 본다.

인연을 기다리기 때문에 스스로 생기지 않았고(불자생), 스스로 씨를 뿌렸기 때문에 남을 따라 생기지 않았으며(불타생), 작용이 없기 때문에 함께 생기지 않았고(불공생), 작용이 있기 때문에 생김 없음도 아니다(불무생).

또 생기지 않았을 때는 내가 없기 때문에 스스로 생기지 않고, 이미 생겼을 때는 이미 있기 때문에 모름지기 스스로 생기지 않는다.

스스로가 이미 이뤄지지 않는데 무엇을 기다려 남이 있겠으며, 나와 남이 이미 없는데 어떻게 함께 있음을 얻겠는가?

원인이 있어서 생기는 것도 이미 얻을 수가 없는데, 하물며 원인

없이 생김을 얻을 수가 있겠는가? 이와 같이 생김을 찾으나 모두 얻을 것이 없다.(『금강삼매경론』)

곧 일체 생김을 부정한다. 인연으로 생긴다는 것도 부정한다. 『금고경』은 이렇게 말한다.

나는 것이 곧 죽은 것이다(生時卽滅).

〈4불생四不生〉: 4가지 마음 성질의 모습.
불자생不自生, 불타생不他生, 불공생不共生, 불무생不無生

[8불] 8불八不은 4쌍8불이라고도 하는데, 8가지 아닌 것으로 불생, 불멸, 불래, 불거, 불일, 불이, 부단, 불상을 말한다.
곧 나지도 않고, 죽지도 않으며, 오지도 않고, 가지도 않으며, 같은 것도 아니고, 다른 것도 아니며, 끊어짐도 아니고, 항상함도 아니다.
일체 움직임이 없다는 뜻이다. 절대적 진리의 평등함을 말한다.

〈8불八不〉: 4쌍8불四雙八不(『금강삼매경론』)
불생不生, 불멸不滅, 불래不來(또는 불출不出), 불거不去(또는 불입不入), 불일不一, 불이不異, 부단不斷, 불상不常

[글귀]

① 삶과 죽음(생사) 이 2법이 여래장이나,

세상의 말 풀이 때문에 삶과 죽음이 있다.

죽음은 뿌리가 무너지는 것이고,

삶은 새로이 뿌리가 일어나는 것이나,

여래장에 삶도 있고 죽음도 있는 것이 아니다.

死生二法是如來藏 世間言說故有死生

死者根壞生新根起 非如來藏有生有死(『승만경』)

② 그대는 어디서 좇아온 것도 아니고.

지금 어디에 이른 것도 아니다.

본디 없는 곳에서 와서, 본디 없는 곳에 이르렀다.

오지도 아니했고 가지도 아니해서, 오고 가는 것도 없다.

마음이 오히려 있지 않는데, 하물며 몸이 어디에 있겠는가?

汝不從來 今不至所 從無本來 至無本所(『삼매경』 정리)

不來不去 無所來去 心尙不有 何況有身(『삼매경』 정리)

③ 만약 중생을 가르치려면, 생김 없음(무생)을 가르쳐라.

생김 없음에 머물지 않는 것이, 곧 생김 없는 것(무생)이다.

도道가 먼 것인가? 일에 부딪는 것마다 진실이다.

성인이 먼 것인가? 몸이 곧 신神이다.

若化衆生 無生於化 無住無生 乃是無生(『삼매경』 정리)

道遠乎哉 觸事而眞 聖遠乎哉 體之卽神(『삼매경』, 승조 법사)

5. 18계

[18계] 18계는 18세계, 18부분의 뜻으로 6근, 6경, 6식을 더한 것이다. 곧 우리 몸과 바깥 대상 그리고 인식작용이다.

6근六根은 눈, 귀, 코, 혀, 몸, 뜻으로 안이비설신의眼耳鼻舌身意다. 근根은 감각기관을 뜻하니 6가지 감각기관이란 뜻이다.

이들은 각각 바깥 대상을 상대한다. 눈은 빛깔, 귀는 소리, 코는 냄새, 혀는 맛, 살갗은 닿음(접촉), 뜻은 진리를 상대한다. 이를 색성향미촉법色聲香味觸法이라 하며 6경六境이라 한다. 경境은 바깥 대상이란 뜻이다.

6근이 6경을 대응하면 당연히 감각이 생긴다. 곧 보고, 듣고, 냄새 맡고, 맛보고, 느끼고, 알고 한다. 이를 안식, 이식, 비식, 설식, 신식, 의식이라 하는데 합쳐 6식六識이라 한다. 식識은 인식한다, 지각한다, 가리다라는 뜻이다.

이 6근, 6경, 6식을 합하면 18가지여서 18계라 한다.

6근六根은 6정六情, 내6입內六入이라고도 하며, 6경六境은 6진六塵, 외6입外六入이라고도 하는데, 이 둘을 합쳐 12입十二入 또는 12처十二處라고 한다.

『반야심경』은 18계가 없다고 한다. 안이비설신의도 없고 색성향미촉법도 없으며, 눈의 경계도 없고 나아가 의식의 경계도 없다고 한다.

안식眼識을 눈의 경계라 했고, 의식意識을 의식의 경계라 했다. 곧 일체가 공이라는 뜻이다.

〈18계十八界 정리〉

6근(六根, 六情)－안眼, 이耳, 비鼻, 설舌, 신身, 의意 ┐
                                              ├ 12입入
6경(六境, 六塵)－색色, 성聲, 향香, 미味, 촉觸, 법法 ┘

6식(六識)－－－－견見, 문聞 취臭, 미味, 촉觸, 지知

              眼識, 耳識, 鼻識, 舌識, 身識, 意識
              안식, 이식, 비식, 설식, 신식, 의식

[5온과 18계] 앞서 말한 5온五蘊 곧 색수상행식色受想行識은 18계와 상통한다.

색色은 물질 부분으로 몸이라 할 수 있는데 6경에 해당된다.

수상행식은 마음 부분인데 이는 2부분으로 나눠진다. 수상受想 곧 받아들임과 생각은 6근에 해당되고, 행식行識 곧 마음의 움직임과 인식은 6식에 해당된다. 따라서 5온은 18계를 단순화한 것이다.

〈심신心身과 18계와 5온〉

몸(身)－－－6경六境－－빛깔(色)

마음(心)－－6근六根－－받아들임(受), 생각(想)

          －－6식六識－－움직임(行), 인식(識)

6. 12인연

(1) 인연

[인연] 인연은 말 그대로 인연이다.

그러나 인과 연을 구분하면 인因은 최초의 원인을 말하고, 연緣은 그 이후의 과정을 말한다. 우리말로 표현하면 인줄, 인줄 한다, 연줄, 연줄 한다가 될 수 있다.

원효는 『기신론소』에서 인과 연을 구분하여 2가지로 설명한다.

하나는 마음의 몸체가 움직이는 것이 인因이고, 근본무명이 움직이는 것이 연緣이다.

둘은 무명주지가 인因이고, 6진경계가 연緣이다. 곧 인이 더 근본적이다.

원효 글을 그대로 본다.

아려야식 마음의 몸체가 모든 법을 변해 지음이, 나고 죽음의 원인(인)이고, 근본무명이 마음의 몸체에 배어들어 움직이는 것이, 나고 죽음의 연줄(연)이다.
또 무명이 머무는 자리(무명주지)는 모든 물듦의 바탕으로 모든 나고 죽음을 일으키기 때문에 원인(인)이고, 6대상의 경계가 7식이라는 물결의 나고 죽음을 능히 움직이기 때문에 나고 죽음의 연줄(연)이다. (『기신론소』)

〈인연因緣의 2뜻〉

―아려야식 심체가 인(心性因), 근본무명이 연(無明緣)
―무명주지無明住持가 인因, 6진경계六塵境界가 연緣

[12인연] 12인연은 12연기, 12지라고도 하는데 무명, 행, 식, 명색,

육입, 촉, 수, 애, 취, 유, 생, 노사 12가지가 연이어 일어나는 것을 말한다.

무명無明은 밝지 못한 것이고, 행行은 움직임이며, 식識은 가리새이다.

명색名色은 이름과 물질이며, 6입六入은 6가지 감각기관이고, 촉觸은 닿음이며, 수受는 받음이다.

애愛는 좋아함이며, 취取는 취함이고, 유有는 존재함이며, 생生은 태어남이고, 노사老死는 늙어 죽음이다.

〈12인연因緣〉: 12연기十二緣起, 12지十二支

① 무명(無明 밝지 못함), ② 행(行 움직임), ③ 식(識 가리새), ④ 명색(名色 이름과 물질, 이름과 색), ⑤ 6입(六入, 六處 6감각기관), ⑥ 촉(觸 닿음), ⑦ 수(受 받음), ⑧ 애(愛 좋아함), ⑨ 취(取 취함), ⑩ 유(有 존재함), ⑪ 생(生 태어남), ⑫ 노사(老死 늙어 죽음)

12인연은 여러 경전에서 다양하게 설명하는데, 일종인과설과 양중인과설이 있다.

일종인과설은 『금강삼매경』 등에서 설명하는데, 12인연을 한 번의 생애로 보고 원인과 결과 둘로 나누는 것이다.

곧 무명에서 유까지 10가지를 인因으로 보고, 생과 노사 2가지를 과果로 본다. 따라서 이는 현재 한 생애에만 관련된다.

양중인과설은 『본업경』 등에서 설명하는데, 12인연을 두 번의 생애로 보고, 원인과 결과를 두 번 나누는 것이다.

먼저 무명, 행 2가지를 과거의 인因으로 보고, 식, 명색, 육입,

촉, 수 5가지를 현재의 과果로 본다. 곧 현재는 과거의 인연에 의해 생겼다

다음 애, 취, 유 3가지를 현재의 인因으로 보고, 생, 멸(노사) 2가지를 미래의 과果로 본다.

곧 과거를 인연으로 해서 현재에 태어났고, 현재를 인연으로 해서 미래에 또 태어난다. 따라서 이는 과거, 현재, 미래 3세에 관련된다.

〈12인연 구성〉

① 일종인과설一種因果說 — 원인과 결과를 1번 나눔

　　인因(10) — 무명, 행, 식, 명색, 육입, 촉, 수, 애, 취, 유

　　과果(2) — 생, 노사(『금강삼매경론』)

② 양중인과설兩重因果說 — 원인과 결과를 2번 나눔

　　과거(2) — 과거2인 — 무명, 행

　　현재(8) — 현재5과 — 식, 명색, 6처(6입), 촉, 수

　　　　　　　 — 현재3인 — 애, 취, 유

　　미래(2) — 미래2과 — 생, 멸(滅 노사)(『본업경』)

『금강삼매경론』을 참조해서 일종인과설一種因果說을 설명한다.

밝지 못한 것(무명)은 생애가 시작되는 실마리다.

이것이 처음으로 일어나면 그 다음에는 움직인다. 여기서 움직임(행)은 흔히 말하는 움직임이 아니고 마음속에서 일어나는 미세한 움직임이다. 인식되기 이전의 마음 작용으로 앞서 말한 5온의 움직임(行)과 같다.

그 다음 가리새(識)는 흔히 말하는 인식이다. 이 무명, 행, 식, 3가지는 순전히 마음속에서 일어나는 것으로 물질하고는 상관이 없다.

그러다가 이것이 더 발전하면 물질과 결합하는데 이를 이름과 물질(명색)이라 한다. 곧 여기서부터 정신적인 것과 물질적인 것이 결합된다.

따라서 여기서 말하는 이름(名)은 흔히 말하는 이름이 아니라 가리새가 더 구체화된 상태를 말하며, 물질(色)은 나를 이루는 근본적인 물질 초기 단계의 물질을 말한다. 이 명색 단계에서 내가 부모와 인연을 맺어 잉태된다.

이와 같이 내가 이뤄지고 나면 다음에는 본격적으로 성장한다. 곧 6기관(6처, 6입)이 이루어져 보고, 듣고, 냄새 맡고, 맛보고, 피부로 느끼고, 생각한다.

그러고 나면 감촉해서(촉), 사물을 받아들이고(수), 그 사물을 좋아하며(애), 거기에 달라붙는다(취). 그리고는 이 나(我)라는 것이 있게 되어(유), 얼마큼 살다가(생), 때가 되면 늙어 죽는다(노사). 이것이 한 번의 윤회이다.

그러나 무명은 원래 공에서 출발했다. 곧 무명은 본래 없었던 것이다. 헛것이다. 무명이 본래 헛것이니 그 이후에 무엇이 있겠는가? 따라서 12인연도 곧 헛것이다. 앞서 말한 4불생, 8불과 같은 말이다.

『본업경』은 이렇게 말한다. 12인연 모두가 거짓 화합해서 이뤄진 것으로, 그 진실한 성질은 얻을 수 없다.

『반야심경』은 이렇게 말한다. "무명도 없고 또한 무명이 다함까지도 없으며(무무명 역무무명진), 나아가 늙고 죽음도 없고 또한 늙고 죽음이 다함까지도 없다(무노사 역무노사진)."

무명이 없기 때문에 무명이 끝난다는 것이 있을 수 없고, 늙고 죽음이 없기 때문에 늙고 죽음이 끝난다는 것도 있을 수도 없다. 그 중간은 모두 생략했다.

[글귀]

① 인연으로 생기는 것,

　　이는 없어진다는 것이지, 생긴다는 것이 아니다.

　　모든 나고 죽음을 없애는 것,

　　이는 생긴다는 것이지, 없어진다는 것이 아니다.

　　일체법의 모습은 인연 따라 일어남이 없다.

　　일체 인연법은 번뇌의 마음이 그릇되게 본 것이다.

　　因緣所生 是滅非生 滅諸生滅 是生非滅(『금강삼매경』 4구게)

　　一切法相 從緣無起 一切緣法 惑心妄見(『삼매경』 정리)

② 인연은 생기지 않아서,

　　생기지도 않고 없어지지도 않는다.

　　공중에서 꽃을 따는 것과 같고,

　　석녀(불임 여성)가 아들을 얻는 것과 같다.

　　법이 인연으로 생긴다면, 인연을 떠나면 법이 없다.

　　저 인연은 모두 영원히 얻을 수 없다.

　　因緣不生 不生不滅 探空中華 取石女子(『삼매경』 정리)

法緣所生 離緣無法 同彼因緣 永不可得(『삼매경』 정리)

(2) 무명

[무명] 무명은 무지無智, 무지無知, 곧 지혜 없음, 알지 못함 등으로 번역한다. 물론 모르기 때문에 이렇게 썼을 수도 있다. 그러나 정확한 표현은 아니다

정확한 표현은 밝지 못한 것이다. 밝힐 수 없는 것이다. 설명할 수 없는 것이다. 규명할 수 없는 것이다. 무시무명無始無明, 곧 처음이 없는 무명이 특히 그렇다.

우주 삼라만상을 절대자가 창조했다면, 이 절대자가 있게 된 근거, 존재하게 된 이유가 무시무명의 뜻이다.

우주가 애초부터 그대로 있었다면 애초부터 그대로 있게 된 근거, 이유가 무시무명의 개념이다. 우주 최초의 성주괴공에서 최초의 공空의 존재 근거가 무시무명의 뜻이다.

따라서 이는 모른다. 오직 부처만이 안다. 원효는 『이장의』에서 이렇게 말한다.

무명의 움직이는 모습은 아주 깊고 미세하고 비밀스러워 오직 부처만이 끝까지 알 수 있다.
無明行相 甚深微密 唯佛所窮(『이장의』)

[무명주지] 무명이 머무는 자리를 무명주지無明住持라 하고, 이 자리의 번뇌를 주지번뇌住地煩惱라 한다. 무명이 머무는 자리의 번뇌

란 뜻이다.

주지는 한자로 住地, 住持라 쓰는데 무명이 머무는 자리, 무명이 머무는 땅의 뜻이다. 곧 무명이 영향을 미치는 범위를 말한다.

무명은 한번 일어나면 끝까지 영향을 미친다. 따라서 욕계, 색계, 무색계 모든 곳에 무명이 있다. 단지 그 정도만 다를 뿐이다.

무명은『승만경』,『본업경』등 여러 경전에서 이야기하나, 원효가 『이장의二障義』에서 정리한 5주지五住地가 가장 뛰어나다. 이해의 한계가 있어 『이장의』 글을 간단히 옮기는 데 그친다.

주지번뇌는 통틀면 오직 하나의 무명이 머무는 자리(무명주지)이
나 그 차별을 말하면 둘로 나눠진다.
하나는 날 때부터 얻은 것이 머무는 자리(생득주지)로 혹은 한
곳 봄이 머무는 자리(견일처주지)라 한다.
둘은 지어서 얻은 것이 머무는 자리(작득주지)로 혹은 있는 것
좋아함을 헤아려 머무는 자리(유애수주지)라 한다.
날 때부터 얻은 것(생득)는 하나의 진리(일여)임을 깨닫지 못하고
갑자기 생기는 것이다. 그 앞에는 시작함이 없기 때문에 날 때부터
얻은 것(생득)이라 한다.
지어서 얻은 것이 머무는 자리(작득주지)는 날 때부터 얻은 것이
머무는 자리(생득주지)에 의해 3계의 마음을 일으키는 것이다.
따라서 3가지 머무는 자리(3주지)로 나눠진다.
이른바 욕계에 머무는 자리(욕계주지), 색계에 머무는 자리(색계주
지), 무색계에 머무는 자리(무색계주지)이다.

혹은 욕심을 좋아함이 머무는 자리(욕애주지), 색을 좋아함이 머무는 자리(색애주지), 있는 것 좋아함이 머무는 자리(유애주지)라고도 한다.

하나의 생득주지와 3가지 작득주지를 합쳐 4주지라 하고, 모두를 통틀어 5주지라 한다.(『이장의』정리)

〈무명주지〉

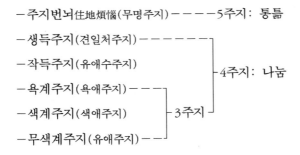

원효 『기신론소』는 이렇게 말한다.

지어서 얻은 것이 머무는 자리(작득주지)는 초지初地의 마음으로 깨끗한 자리(정심지, 41) 이상부터 점점 끊을 수 있으나, 나면서 얻은 것이 머무는 자리(생득주지)는 오직 부처의 깨달은 슬기(불보리지, 51~52)로만 끊을 수 있다.(『기신론소』)

태어난 후 지은 번뇌는 아라한 정도에서 끊을 수 있으나, 태어날 때부터 갖춰진 번뇌는 부처가 되어야 끊을 수 있음을 알 수 있다.

〈무명주지 끊기〉

생득주지 — 불보리지佛菩提智로만 끊음, 여래지(51~52)

작득주지 — 초지初地 이상부터 점점 끊음, 정심지淨心地(41)

[글귀]

① 하나의 법계(일법계)임을 다 알지 못하기 때문에

　　마음이 서로 응하지 아니하여

　　생각이 문득 일어나는 것을 무명이라 한다.

　　본디부터 생각 생각이 서로 이어져서

　　일찍이 생각을 떠나본 적이 없는 것을

　　처음이 없는 무명(무시무명)이라 한다.

　　不達一法界故 心不相應忽然念起無明(『기신론』)

　　以從本來念念相續 未曾離念無始無明(『기신론』)

② 이 밝지 못한 것의 모습(무명상)은

　　바탕 깨침의 성질(본각성)과 같은 것도 아니고

　　다른 것도 아니다(비일비이).

　　다른 것이 아니기 때문에 깨뜨릴 수 없으나,

　　같은 것도 아니기 때문에 못 깨뜨릴 것도 없다.

　　此無明相與本覺性 非一非異

　　非異故非可壞 而非一故非不可壞(『기신론소』)

③ 무명은 능히 취함(능취)과 취해짐(소취)의 차별이 없다.

나아가 그 진짜 밝은 것(진명)과 그 모습이 아주 가깝다.

비록 달리 익는 가리새(이숙식)와 서로 응하지는 않지만,

바탕을 지어 어우러져 떨어지지 않는다.

無明無能取所取異 乃與眞明其相太近

雖非與異熟識相應 而爲作本和合不離(『이장의』)

④ 삶과 죽음 가운데는, 밝지 못한 것(무명)보다

더 미세한 것이 한 법도 없어, 그 바탕을 짓는다.

오직 이것이 으뜸이 되어 문득 처음 일어난다.

따라서 처음이 없는 밝지 못한 것(무시무명)이라 한다.

於生死中無有一法 細於無明而作其本

唯此爲元忽然始起 是故說名無始旡明(『이장의』)

⑤ 무시무명의 움직이는 모습은 깊고 은밀해서

오직 부처만이 끝까지 알고, 부처만이 처음과 끝을 안다.

오직 부처의 깨친 지혜로만 끊긴다.(『승만경』)(『본업경』)

금강의 지혜는 끝은 알지만 그 처음은 알지 못한다.

無始無明行相深密 唯佛所窮佛知始終

唯佛菩提智所斷也 金剛智知終迷其始(『이장의』)

⑥ 무명은 나면서 얻음(생득)과 지어서 얻음(작득)을 별도로

세운다. 무명이 머무는 자리는 그 힘이 가장 크다.

아라한 벽지불의 슬기로는 끊어지지 않고,

오직 부처 여래의 깨친 슬기(보리지)로만 끊어진다.

無明別立生得作得 無明住地其力最大(『상현기』)

羅漢辟支智不能斷 如來菩提智之能斷(『승만경』)

⑦ 날 때부터 얻은 것(생득)이란 말은

하나의 진리(일여)임을 깨닫지 못하고 갑자기 생기는 것이다.

그 앞에는 시작됨이 없다.

지어서 얻은 것은 날 때부터 얻은 것에 의해 3계의 마음을

일으켜서 저 대상이 진리임을 다 알지 못하는 것이다.

言生得者不覺一如忽然而生 其前無始

作得者依生得起三有心 不了彼境卽如(『이장의』)

⑧ 이 지어서 얻은 것이 머무는 자리는 3계의 좋아함을

일으킨다. 욕애, 색애, 유애를 나누어 짓는다.

합쳐서 처음 일어나는 4가지 머무는 자리라 하는데,

삼계 일체 번뇌를 아우른다.

作得住地起三有愛 慾愛色愛有愛分作

合說始起四種住地 包含三界一切煩惱(『이장의』)

(3) 행, 식

무명 다음으로 행行을 설명해야 하나 편의상 식識을 먼저 설명한다.

식識은 가리새다. 일의 갈피나 조리라는 뜻으로, 가리는 성질이나
모습을 말한다. 분별, 인식, 인지 등으로 옮긴다. 여기에는 8가지

곧 8식이 있다.

[8식] 8식八識은 여러 경전에서 설명하나 『기신론』을 본다.

우리 몸에는 보고, 듣고, 냄새 맡고, 맛보고, 감촉하고, 생각하는 6가지 가리새, 곧 6식六識이 있다.

이 중 앞의 5가지 곧 안이비설신眼耳鼻舌身을 5식五識, 전5식前五識이라 한다. 이때 안眼을 1식, 이耳를 2식 등으로 나누지 않고 통틀어 5식, 전5식, 곧 다섯 가리새라 한다.

뒤의 한 가지 의意가 6식六識인데 곧 의식意識이다, 의가 뜻이고 식이 가리새이니 뜻 가리새가 된다.

5식은 각각으로 작용하나 6식은 통합적으로 작용한다.

그런데 이 6식 위에 7식이 있다. 인도말로는 말나식末那識인데 사량식思量識으로 옮긴다. 헤아린다, 따진다는 뜻이니 따짐, 가리새 정도로 옮길 수 있다.

이 7식 위에 8식이 있다. 인도말로는 아라야식阿羅耶識인데 본식, 종자식, 화합식, 이숙식 등으로 옮긴다.

사실 아라야식은 위의 모든 뜻을 모두 포함하고 있다. 따라서 아라야식이란 말을 그대로 쓰는 경우가 많다. 여기서는 본식本識, 곧 바탕 가리새라는 말을 많이 쓴다.

이 8식 위에 9식九識, 곧 아마라식(唵摩羅識, 무구식無垢識, 때 없는 가리새)을 둘 때도 있고 두지 않을 때도 있다. 여래장如來藏을 인정할 때는 보통 두지 않는다. 여기서도 가능한 두지 않는다.

곧 8식 아라야식이 가리새의 맨 위가 된다. 처음으로 움직이는 마음이라 할 수 있다. 이놈이 말나식과 어우러져 윤회를 지속한다.

8식, 7식, 6식 셋을 3식三識이라 한다.

심의식心意識이라 할 때는 심心이 8식, 의意가 7식, 식識이 6식이 된다. 또 8식이 8가지 가리새 전체를 뜻할 때도 있다.

심왕심수라 하기도 한다. 심왕心王은 마음의 임금으로 8식, 7식, 6식을 말하고, 심수心數는 심소心所라기도 하는데 마음 씀씀이(작용)로 심왕에서 파생되는 여러 생각을 말한다. 5위100법의 심소유법心所有法 등이 심소이다.

12인연에서는 아라야식이 무명으로, 말나식이 행으로, 의식이 식으로 나타난다. 곧 무명, 행, 식의 순서가 된다.

〈8식八識 정리〉(『기신론소』)(『이장의』)

8식八識─아라야식, 본식本識 ─바탕 가리새─┐
7식七識─말나식, 사량식思量識─따짐 가리새 ├ 3식
6식六識─의식意識   ─뜻 가리새 ─┘
5식五識─전5식, 안이비설신 ─다섯 가리새

〈8식의 여러 이름〉

아라야식阿羅耶識, 아뢰야식阿賴耶識, 아려야식阿黎耶識, 아리야식阿梨耶識, 나야식那耶識, 라야식羅耶識, 뢰야식賴耶識

〈8식의 한역漢譯〉

본식本識, 진식眞識, 장식藏識, 식장識藏, 저장식貯藏識, 종자식種子

識, 이숙식異熟識, 화합식和合識, 무몰식無沒識

[글귀]

① 아려야식(바탕 가리새)에 의해 무명이 있어서
   깨치지 못하고 일어나서는, 능히 보고, 능히 나타나고,
   능히 대상을 취해, 생각을 일으켜 서로 이어지기 때문에
   말나(의)라 한다.
   이에는 '업식, 전식, 현식, 지식, 상속식' 5가지가 있다.
   依黎耶識說有無明 不覺而起能見能現
   能取境界起念相續 故說爲意此意有五(『기신론』)

② 바탕 가리새(본식)에 연줄 되는 것을 나(아)라고 헤아리고,
   나타난 대상에 연줄 되는 것을 내가 있는 곳(아소)으로 생각한
   다.
   제7식(말나)은 곧장 안으로 향해
   나와 내가 있는 곳을 헤아리기는 하나,
   달리 마음 바깥에 대상이 있다고는 헤아리지 않는다.
   緣於本識計以爲我 緣所現境計爲我所
   七識 內向計我我所而不別計心外有塵(『기신론소』)

③ 말나(의)는 이른바 아뢰야식에서 씨가 생겼으나
   다시 저 아뢰야식에 연줄한다.(『현양론』)
   곧 이 말나는 의식을 마음대로 지녀서 분별해 구르게 하니,

의식이 의지하는 곳이다.(『유가론』)

意者謂從阿賴耶識 種子所生還緣彼識

卽此末那任持意識 令分別轉意識所依(『이장의』)

④ 이 말나는 항상 4의혹과 서로 응해

모든 때에서 헤아림(사량)을 성질로 한다.

세간을 벗어난 말나는 세울 수 없으니

모든 때(時)에서 나를 헤아리기 때문이다.

此意恒與四惑相應 於一切時思量爲性

出世末那不可建立 以一切時思量我故(『이장의』)

⑤ 3가지 자세함은

모두 바탕 가리새(본식) 안의 다른 작용이다.

12인연 그 처음을 알지 못한다.(『기신론소』)

의식은 모든 대상은 오직 가리새뿐(유식)임을 알지 못한다.

따라서 마음 바깥에 실제로 대상(경계)이 있다고 집착한다.

三細本識之內別用 十二因緣始不可知(『기신론소』정리)

意識不知諸塵唯識 故執心外實有境界(『기신론소』)

[행] 행行은 무명無明 다음에 오는 것으로 식識에 앞선다.

인식하기 이전 마음의 움직임을 말한다. 따라서 인지할 수가 없다.

습관적인 상태다. 이것이 움직여야 비로소 인식한다.

이 행은 5온, 곧 색수상행식의 행과 통한다. 곧 눈이 빛(색)을 받아들여서(수) 상을 맺어도(상) 마음이 움직여야(행) 인식된다(식). 만약 마음이 움직이지 않으면 인식하지 못한다.

우리가 길을 가면 우리 눈의 망막에 세상 모든 것이 다 비친다. 나무, 건물, 자동차, 사람, 심지어 쓰레기까지. 그러나 인식하지 못하고 그냥 지나간다.

그러나 길거리에 떨어진 돈이나 개똥, 친한 친구나 나쁜 친구 등 우리가 좋아하거나 싫어하는 것은 바로 인식한다.

이는 우리가 인식하기 이전 마음이 움직였음을 뜻한다. 이 움직임이 있어야 비로소 인식되는데, 이것이 행으로 말나식이라는 것이다. 따라서 의식을 넘어 말나식과 아라야식을 다스리는 것이 수행이 된다.

7. 4성제

[4성제] 4성제는 4제, 4진제라고도 하는데 4가지 성스런 진리로 고집멸도苦集滅道를 말한다.

고제, 집제, 멸제, 도제로 괴로움의 진리, 그 원인의 진리, 없앰의 진리, 도道의 진리로 해석된다. 괴로움이 있는 경우, 그 원인을 분석하여, 괴로움을 없애고서, 도를 얻는다는 것이다.

『승만경』은 이 중 멸제滅諦가 항상한(불변) 진리이고 첫째가는 뜻의 진리(제일의제)라 한다. 글을 본다.

세존이시여, 이 4성제에서 고제, 집제, 도제 셋은 무상無常이고, 멸제 하나는 항상恒常입니다.

왜냐하면 고제, 집제, 도제 3진리는 함이 있는 모습(유위상)에 들어가는데, 함이 있는 모습에 들어가는 것은 무상입니다. 무상은 허망한 법이며, 허망한 법은 진리도 아니고, 항상함도 아니며, 귀의도 아닙니다. 첫째가는 뜻의 진리가 아니어서, 항상함도 아니고 귀의도 아닙니다.

없앰의 진리(멸제) 한 가지는 함이 있는 모습을 떠나는데, 함이 있는 모습을 떠나는 것이 항상입니다. 첫째가는 뜻의 진리여서, 항상함이고 귀의입니다.(『승만경소』)

〈4성제四聖諦〉: 4제四諦, 4진제四眞諦

고제苦諦 ─ 괴로움의 진리 ─ 무상無常

집제集諦 ─ 원인의 진리 ─ 무상無常

멸제滅諦 ─ 없앰의 진리 ─ 항상恒常, 제일의제第一義諦

도제道諦 ─ 도道의 진리 ─ 무상無常

[석가 열반송] 석가는 임종에 즈음해서 '생사이진生死已盡, 범행이립梵行已立, 소작이변所作已辨, 불수후유不受後有'라는 말을 남겼다.

이른바 석가 열반송인데 4지四智라고도 한다. 나고 죽음은 이미 다했고, 깨끗한 수행은 이미 세웠으며, 지을 것은 이미 지어서, 다음 생애는 받지 않는다는 뜻이다.

원효는 이를 고집멸도 4성제에 대비하여 설명한다.

『승만경소』(『상현기』)는 앞의 생사生死가 아생我生으로 되어 있다. 『비바사론』과 『유가론』을 인용해 자세히 설명하나, 여기서는 『유가론』만 간단히 본다.

나의 생김이 이미 다한 것(아생이진)은 이른바 제8유第八有로 무생無生이다.

깨끗한 수행을 이미 세운 것(범행이립)은 이른바 성인의 도를 끝까지 닦았기 때문에 다시 물러남이 없는 것이다.

지을 것을 이미 지은 것(소작이변)은 이른바 일체 매듭(번뇌)이 영원히 남김이 없기 때문이고, 일체 도의 결과를 이미 증명해 얻었기 때문이다.

다음 생애를 받지 않는다(불수후유)는 이른바 7유七有가 영원히 다했기 때문이다. 7유는 7가지 생으로 천, 인, 축생, 아귀, 지옥, 업유業有, 중유中有를 말한다.(『구사론』).

또 나의 생김이 이미 다한 것(아생이진)에는 2가지 생김(2종생)이 있는데, 하나는 몸의 생김(신생)이고, 둘은 번뇌의 생김(번뇌생)이다. 이들이 다한 것이니 예류과, 일래과를 나눠서 말한 것이다.

깨끗한 수행을 이미 세운 것(범행이립)은 이른바 불환과로, 탐욕이 영원히 다했기 때문이다.

지을 것을 이미 지어서(소작이변) 다음 생애는 받지 않는 것(불수후유)은 이른바 아라한임을 마땅히 알 수 있다.

또 아생이진과 불수후유는 고집별도 중 괴로움을 끊는 지혜(단고지)이고, 범행이립은 도를 닦는 지혜(수도지)이며, 소작이변은 원인을 끊는 지혜(단집지)와 없앰을 증명하는 지혜(증멸지)이다.(『승만경소』)

<석가 4지四智와 『유가론』 4성제四聖諦>

아생이진-무생-예류과, 일래과-단고지斷苦智

범행이립-물러남 없음-불환과-수도지修道智

소작이변-매듭 없음-아라한-단집지斷集智, 증멸지證滅智

불수후유-7유 다함--아라한-단고지斷苦智

8. 지혜

[2지] 지智, 혜慧, 지혜智慧는 모두 슬기인데 2지, 3혜, 4지 등이 있어 모두 해탈에 도움이 된다. 3혜는 뒤 8해탈에서 설명하고 여기서는 2지, 4지만 본다.

2지二智는 2가지 슬기로 근본지와 후득지를 말한다. 같은 뜻으로 쓰이는 말이 매우 많다.

근본지는 날 때부터 가지고 있는 바탕 슬기인데, 이는 무명無明의 장애를 받는다. 이를 앎의 장애, 지애라 한다.

후득지는 태어난 뒤 수행해서 얻은 슬기인데, 이는 물든 마음(염심染心)의 장애를 받는다. 이를 번뇌 장애, 번뇌애라 한다.(『이장의』)

<2지二智>

-근본지(根本智, 바탕 슬기), 실지實智, 진실지眞實智, 진지眞智, 일체지一切智, 여리지(如理智, 여실한 슬기), 이지理智, 무분별지無分別智, 여실지如實智

-후득지(後得智, 얻은 슬기), 권지權智, 방편지方便智, 속지俗智,

도종지道種智, 여량지(如量智, 헤아려 아는 슬기), 양지量智, 분별지分別智, 세간자연업지世間自然業智

[4지] 4지四智는 부처 슬기를 4가지로 나눈 것으로 성소작지, 묘관찰지, 평등성지, 대원경지를 말한다.

성소작지成所作智는 지을 것을 이루는 슬기이고, 묘관찰지妙觀察智는 묘하게 관찰하는 슬기이며, 평등성지平等性智는 평등한 성질의 슬기이고, 대원경지大圓鏡智 크고 둥근 거울 같은 슬기이다.

성소작지는 5식에서 나오고, 묘관찰지는 6식에서 나오며, 평등성지는 7식에서 나오고, 대원경지는 8식에서 나온다. 4지는 대부분의 경전에서 설명하는데 여기서는 두 가지만 본다.

먼저 『금강삼매경』이다.

그 부처 땅의 맑고 깨끗함은 마치 깨끗한 유리구슬 같고, 성질이 항상 평등함은 마치 큰 땅과 같으며, 묘한 관찰을 깨침은 마치 슬기로운 햇빛과 같고, 근본을 이롭게 이룸은 마치 큰 법의 비와 같다. (『금강삼매경』)

其地淸淨 如淨琉璃 性常平等 如彼大地
覺妙觀察 如慧日光 利成得本 如大法雨

원효는 『금강삼매경론』에서 이렇게 설명한다.

밝고 희고 맑고 깨끗하고 그림자도 없고 비침도 없기 때문에

"부처 땅의 맑고 깨끗함은 마치 깨끗한 유리구슬 같다"고 했으니, 이는 큰 둥근 거울 같은 슬기(대원경지)의 뜻을 나타낸다.

이 한마음이 2치우침을 멀리 떠나, 나와 남이 평등해 둘이 없음을 통달하기 때문에 "성질이 항상 평등함은 마치 큰 땅과 같다"고 했으니, 이는 평등한 성질의 슬기(평등성지) 뜻을 나타낸다.

이와 같이 한마음에는 보이는 것이 없다. 따라서 모든 법문을 관찰하지 않음이 없기 때문에 "묘한 관찰을 깨침은 마치 슬기로운 햇빛과 같다"고 했으니, 이는 묘하게 관찰하는 슬기(묘관찰지)의 뜻을 밝혔다.

이와 같이 한마음은 짓는 것이 없다. 따라서 남을 이롭게 하는 일을 짓지 않은 것이 없기 때문에 "근본을 이롭게 이룸은 마치 큰 법의 비와 같다"고 했다.

비는 만물을 윤택하게 하고 열매를 이루는데, 이 슬기 또한 이러하다. 남이 일을 이루도록 이롭게 해서 바탕 깨침을 얻게 하는데, 이는 지을 것을 이루는 슬기(성소작지)의 뜻을 밝혔다.

4슬기가 이미 둥글면 이것이 처음 깨침이 가득 차는 것이다.(『금강삼매경론』)

『유심안락도』도 불사의지, 불가칭지, 대승광지, 최상승지로 4지四智를 설명하나 이해에 한계가 있어 간단히 설명한다.

불가사의한 슬기(불사의지)가 지을 것을 이루는 슬기(성소작지)인데, 이 슬기는 불가사의한 일을 능히 짓는다.

이른바 1장 6척에 지나지 않는 몸이라 능히 정수리를 볼 수 없고 털구멍 크기도 늘이지 않지만 시방세계에 두루한 것과 같다.

한 번 생각으로 부처를 일컬으면 여러 겁의 무거운 죄가 영원히 없어지고, 열 번 생각하고 생각한 덕이 능히 이 세계 바깥의 뛰어난 대가를 생기게 한다. 이런 일은 다 헤아려 볼 수가 없기 때문에 불가사의한 슬기라 한다.

일컬을 수 없는 슬기(불가칭지)가 묘하게 관찰하는 슬기(묘관찰지)인데, 이 슬기는 일컬을 수 없는 대상을 잘 살핀다.

이른바 일체법이 허깨비 같고 꿈만 같아, 있는 것도 아니며 없는 것도 아니어서 말도 떠나고 생각도 끊는다. 말을 좇지 않아야 능히 헤아릴 수 있기 때문에 일컬을 수 없는 슬기라 한다.

큰 수레의 넓은 슬기(대승광지)가 평등한 성질의 슬기(평등성지)인데, 이 슬기는 넓게 헤아림으로 작은 수레와 같지 않다.

이른바 내가 없음(무아)에 노닐기 때문에 내가 없음도 없고, 내가 없음이 없기 때문에 두루 포함하지 않는 것이 없다.

이는 한 몸 되는 슬기의 힘(동체지력)이 가없는 유정(중생)을 널리 실어서, 모두 함께 위없는 깨침(무상보리)에 이르게 하기 때문에 큰 수레의 넓은 슬기라 한다.

같은 것도 없고 견줄 것도 없는 최상승의 슬기(무등무륜최상승지)가 곧 여래의 크고 둥근 거울 같은 슬기(대원경지)이다.

비로소 바탕 가리새(본식)를 굴려서 바야흐로 마음의 근원으로 돌아가, 일체 종류의 대상을 둥글게 비추지 않는 것이 없기 때문에 크고 둥근 거울 같은 슬기라 한다.(『무량수경종요』)(『유심안락도』)

〈부처 4智〉　　　　　〈소의경, 4智〉

대원경지大圓鏡智－무등무륜최상승지無等無倫最上勝智

평등성지平等性智－대승광지大乘廣智

묘관찰지妙觀察智－불가칭지不可稱智

성소작지成所作智－불사의지不思議智

　　무등무륜최상승지, 이 한 가지 슬기 중에는 5가지 뛰어남(5수승)이 있다.

　　해탈한 몸(해탈신) 같은 것은 2수레도 함께 얻지만, 이런 거울 같은 슬기는 바로 법신이므로, 2승과 함께할 수 없다. 따라서 같은 것이 없다(무등)고 했으니, 이것이 첫 번째 뛰어남이다.

　　앞의 3슬기 같은 것은 보살들도 차츰 얻지만, 크고 둥근 거울 같은 슬기(대원경지)는 오직 부처만이 문득 증명할 뿐 다시 다른 유형이 없다. 따라서 견줄 것이 없다(무륜)고 했으니, 이것이 두 번째 뛰어남이다.

　　불가사의한 슬기(불사의지)를 넘는 것을 가장(최)이라 하고, 일컬을 수 없는 슬기(불가칭지) 넘는 것을 위(상)라고 하며, 큰 수레의 넓은 슬기(대승광지)보다 더 넓은 것을 뛰어나다(승)고 하는데, 이것이 셋째, 넷째, 다섯째 뛰어남이다.

　　따라서 같은 것도 없고 견줄 것도 없는 최상승(가장, 위고, 뛰어난)의 슬기라 했다.(『무량수경종요』)(『유심안락도』)

〈무등무륜최상승지 5수승五殊勝〉

무등無等, 무륜無倫, 최最, 상上, 승勝

116

제3장 마음

얻은 것이 없는 까닭에
보살은 반야바라밀다를 의지하므로
마음에 걸림이 없고, 걸림이 없으므로 두려움이 없어서,
뒤바뀐 헛된 생각을 멀리 떠나 완전한 열반에 들어가며,
以無所得故 菩提薩埵 依般若波羅蜜多故
心無罣礙 無罣礙故 無有恐怖 遠離顚倒夢想 究竟涅槃

1. 문

(1) 법문

문門은 법문法門인데 진리로 들어가는 문이다.

　이 문은 무수히 많다. 8만 4천 가지나 된다. 이는 많다는 뜻이다.
곧 모든 문이 모두 진리로 들어가는 문이다. 여기서 다양성이 생긴다.

서양에서 말하는 좁은 문과는 거리가 멀다. 불교에서는 어느 하나뿐이라는 견해는 금물이다.

그러나 이 모든 문을 합치면 한마음(일심)뿐이다. 펼치면 8만 4천 가지이나 합치면 한마음이다. 합치면 한마음이고 펼치면 무수한 문이 된다. 이를 열고 닫음이 자유롭다고 하고 열고 닫음에 거리낌이 없다(開閉自在 開閉无碍)고 한다.

원효는 『본업경소』에서 『현겁경』을 인용해 8만 4천 법문을 이렇게 설명한다.

모든 부처의 공덕에는 무릇 350가지 덕이 있다. 저 350가지 덕은 각각 6바라밀이 그 원인이 되므로 모두 2,100바라밀이 된다. 이것이 4대 6쇠의 어리석음을 대응해 다스리므로 문득 2만 1,000바라밀이 된다.

4대는 지수화풍을 말하고, 6쇠는 6진(색성향미촉법)을 말한다. 6진六塵이란 도둑이 선한 법을 쇠락시키므로 6쇠六衰라고 한다. 저 2만 1,000바라밀은 각각 중생의 4가지 걱정에 대응하므로 8만 4,000바라밀이 된다.

4가지 걱정(4환)은 탐냄(탐), 성냄(진), 어리석음(치)과 탐진치가 골고루 있는 등분행等分行을 말한다. 이를 8만 4,000법문이라 한다. (『본업경소』)

〈8만 4천 법문八萬四千法門〉

8만 법온八萬法蘊, 8만 법장八萬法藏. 부처 가르침 전체를 말함.

제불공덕諸佛功德　350가지×6도六度×10가지(4대四大＋6진六塵)×4
환四患

(2) 마음

마음이 무엇인가? 다 아는 것 같지만 정작 물으면 잘 모른다.

　어떤 분은 사람이 본래부터 지닌 성품이나 품성, 또는 사람의 내면에서 성품, 감정, 의사, 의지를 포함하는 주체라 한다. 또 어떤 분은 우주의 존재 일반에 대한 인간의 정신이라 한다.

　모두 어려운 설명인데, 전자는 인간에 치우치는 느낌이 강하고, 후자는 우주까지 뻗치는 느낌이 강하다. 불교는 이 둘을 모두 아우른다.

　우주 삼라만상에 어떤 법칙이나 질서가 있다면 나에게도 그것이 조금은 있을 것이다. 나도 우주 삼라만상의 일부분이기 때문이다. 이것을 마음이라 했을 수도 있다.

　그렇다면 마음이 우주까지 뻗치니 이 마음을 통해서 내가 우주와 하나가 될 수 있다.

　우주의 본질은 공이다. 그런데 무명 때문에 물들어 색이 되었다.

　사람도 마찬가지다. 본디 맑고 깨끗한 마음이다. 그런데 무명 때문에 물들어 중생이 되었다. 『기신론』은 이렇게 말한다.

　자기 성질의 맑고 깨끗한 마음(자성청정심)이 무명의 바람으로 인해 움직인 것을 중생이라 한다.
　自性淸淨心 因無明風動 故爲衆生(『기신론』)

그러나 물든 것과 깨끗한 마음은 둘이 아니다. 신이하게 어우러진 것뿐이다. 원효는 『기신론소』에서 이렇게 말한다.

물들고 깨끗한(염정) 모든 법은 그 성질에 둘이 없고, 참됨과 헛됨(진망)의 2문도 다르지 않기 때문에 하나라 한다. 둘이 없는 곳은 일체법 가운데서 진실하나 허공과 같지 않아, 성질 스스로가 신통하게 알기 때문에 마음이라 한다.
染淨諸法其性無二 眞妄二門不異故一
無二 諸法中實不同虛空性自神解故心(『기신론소』)

곧 우리 마음이 우주까지 통하고 물들고 깨끗함이 둘이 아니기 때문에 우리는 이 마음을 통해서 우주와 하나가 될 수 있다.
『화엄경』은 이렇게 말한다. 일체가 마음이다. 일체가 마음이 지은 것이다(一切唯心, 一切唯心造).
원효는 이렇게 말한다. 3계는 유심이요 만법은 유식(三界唯心 萬法唯識)이다. 3세계는 오직 마음뿐이고, 만법은 오직 가리새뿐이다. 곧 일체가 마음뿐이라는 것이다.

『기신론』은 이 신이한 마음을 몸체와 모습과 작용으로 나눈다. 체상용體相用이라 하는데 마음의 본바탕이 몸체(體)이고, 마음의 모습이 모습(相)이며, 마음의 하는 일이 작용(用)이다.
본바탕은 변하지 않는 본질이고, 모습은 본질이 어떤 형태를 갖춘 것이며, 하는 일은 그 모습이 실제로 작용하는 것이다.

일심一心은 마음을 통틀어 하나로 본 것이고, 일심지원一心之源은
한마음의 근원이니 마음의 몸체를 말하며, 생각(念)은 마음이 움직인
것이니 마음의 작용이고, 가리새(識)는 이 작용을 세분한 것이다.

[글귀]

① 사람들 자기 성질은 맑고 깨끗한 마음(자성청정심)이나,
　　밝지 못한 바람으로 인해 움직여 서로 떨어지지 아니한다.
　　모든 나고 죽는 모습들이
　　모여 뭉쳐서 생기기(취집이생) 때문에 중생이라 했으나,
　　오직 마음의 몸체에 의한 것이다.
　　衆生自性淸淨心 因無明風動不相捨離(『기신론』)
　　諸生滅相聚集而生 故名衆生唯依心體(『기신론소』)

② 마음은 그림쟁이와 같아, 갖가지 5음(사람)을 그려서,
　　일체 세간 중에 짓지 않는 법이 없다.
　　마음과 같이 부처 또한 이러하며,
　　부처와 같이 중생 또한 이러하다.
　　마음과 부처 그리고 중생, 이 셋은 차별이 없다.(『화엄경』)
　　心如工畵師 畵種種五陰 一切世間中 無法而不造
　　如心佛亦爾 如佛衆生然 心佛及衆生 是三無差別(『금강삼매경론』)

③ 삼계는 오직 한마음이다.(80권 『화엄경』 「보살설게품」)
　　삼계는 오직 마음이 지었다.

일체 나고 죽는 법이 진실한 모습임을 다 안다.(『화엄경』)

문수보살아, 법이 항상 그러하다.

법왕은 오직 한 법이다.

일체에 거리낌 없는 사람은 한 길로

생사를 벗어난다.(80권 『화엄경』「문명품問明品」, 60권 『화엄경』

「명난품明難品」 현수보살게)

三界唯一心 三界唯心作 一切生滅法 悉知眞實相

文殊法常爾 法王唯一法 一切无㝵人 一道出生死(『화엄소』)

④ 일체 대상은 본디 한마음이다.(『기신론』)

삼계의 모든 법은 오직 마음이 지었다.(『십지경』)

마음이 생기면 갖가지 법이 생기고,

마음이 없어지면 갖가지 법이 없어진다.

一切境界本來一心 三界諸法唯心所作

心生則是種種法生 心滅則是種種法滅(『기신론』)

⑤ 마음이 생기기 때문에 갖가지 법이 생기고

마음이 없어지기 때문에 토굴과 무덤이 둘이 아니구나!

3세계는 오직 마음뿐이요, 만법은 오직 가리새뿐이로다!

마음 바깥에 법이 없는데 무엇을 별도로 구하겠는가?

則心生故種種法生 心滅故龕墳不二也(『송고승전』「의상전」)

三界唯心萬法唯識 心外無法胡用別心(『원효전기』)

(3) 진여문과 생멸문

『기신론』은 한마음을 진여문과 생멸문 2문으로 나눈다.

진여문은 변하지 않은 본디 그대로의 문이고, 생멸문은 변해서 나고 죽는 문이다. 진여문은 변하지 않음으로(불변) 깨침을 낳는다(능생)는 뜻이 없으나, 생멸문은 변함으로 깨침을 낳는다(능생)는 뜻이 있다.

따라서 진여문은 대승의 몸체(체)만 다루고 대승의 모습과 작용(상용)은 다루지 않으나, 생멸문은 대승의 몸체와 모습과 작용(체상용)을 모두 다룬다. 곧 한마음을 넓게 다룬다.

따라서 생멸문이 『기신론』의 핵심이 되며 대단히 복잡하다. 그러나 이 문을 통해서 깨침에 이를 수 있다.

또 이 두 문 모두 비지 않았으며(불공) 모두 설명할 수 있기(가설) 때문에 서로 회통한다.

〈진여문과 생멸문〉(『기신론』)

진여문眞如門 — 불변不變 — 대승의 체體

생멸문生滅門 — 능생能生 — 대승의 체상용體相用

[진여문] 진여는 2종진여 10종진여 등이 있는데 2종진여만 간단히 본다.

진여는 변하는가? 변하지 않는가?

변한다고 보는 것이 수연진여 곧 인연을 따르는 진여이고, 변하지 않는다고 보는 것이 불변진여 곧 변하지 않는 진여이다. 원효는 진여에 이 2성질이 모두 있다고 한다.

또 진여는 말로 표현할 수 있는가? 없는가?

말로 표현할 수 있다고 보는 것이 인언진여 곧 말에 의하는 진여이고, 말로 표현할 수 없다고 보는 것이 이언진여 곧 말을 떠나는 진여이다. 역시 원효는 진여에 이 2성질이 모두 있다고 한다.

〈2종진여二種眞如〉: 2가지 진여

①불변진여不變眞如, 수연진여隨緣眞如

②이언진여離言眞如, 인언진여因言眞如

진여眞如는 공空의 다른 이름이다. 따라서 진여를 통해 공의 의미를 되새겨볼 수 있다. 원효는 『기신별기』에서 진여를 바다에 비유해 설명한다.

바다에는 4가지 뜻이 있다(해유4의).

하나는 깊고 깊다는 것이고, 둘은 넓고 크다는 것이며, 셋은 온갖 보배가 다함이 없다는 것이고, 넷은 만 가지 모습이 비친다는 것이다.

진여의 큰 바다도 이와 같다(진여4의).

온갖 잘못을 아주 끊기 때문이고, 온갖 만물을 품어 안기 때문이며, 갖추지 않은 덕이 없기 때문이고, 나타내지 않는 모습이 없기 때문이다. …(중략)…

마치 『화엄경』에서 말하는 것과 같다.

"비유하면 깊고 큰 바다에는 값진 보배들이 다함이 없는데, 이 중에는 중생의 갖가지 모습이 모두 나타나는 것과 같다. 깊고 깊은 인연의 바다에는 공덕의 보배가 다함이 없는데 맑고 깨끗한 법신 중에는 나타나지 않은 모습이 없다."(『기신별기』)

〈진여4의眞如四義〉

해유4의海有四義－심심甚深, 광대廣大, 백보무궁百寶無窮, 만상영
　　　　　　　현萬像影現

진여4의眞如四義－영절백비永絶百非, 포용만물苞容萬物, 무덕불비
　　　　　　　無德不備, 무상불현無像不現

『기신론』은 진여의 6공덕을 말한다.

진여 자기의 몸체와 모습은 범부, 이승, 보살이나 모든 부처에게서 늘고 줆이 없다.
앞 세상에서 나지도 않았고 뒷세상에서 없어지지도 아니해서 결국 한결같다. 본디부터 성질 스스로에 일체 공덕이 가득하다. 이른바 자기 몸체에 큰 슬기가 밝게 빛나려는(대지혜광명) 뜻이 있기 때문이고, 법의 세계를 두루 비추려는(변조법계) 뜻이 있기 때문이며, 진실하게 헤아려 알려는(진실식지) 뜻이 있기 때문이고, 자기 성질이 맑고 깨끗하려는 마음의(자성청정심) 뜻이 있기 때문이며, 항상하고 즐겁고 참되고 깨끗하려는(상락아정) 뜻이 있기 때문이고, 맑고 시원하며 변하지 않고 자재하려는(청량불변자재)

뜻이 있기 때문이다.(『기신론』)

진여는 완벽함 그 자체를 뜻한다. 그러면서 보이지 않게 작용한다.

〈진여眞如의 6공덕六功德〉

대지혜광명大智慧光明, 변조법계偏照法界, 진실식지眞實識知, 자성청정심自性淸淨心, 상락아정常樂我淨, 청량불변자재淸凉不變自在

『금강삼매경』은 진여의 성질을 이렇게 말한다.

진여의 빈 성질은, 성질이 비고 슬기가 불같아, 모든 매듭(번뇌)을 태워 없앤다. 평등하고 평등해서, 고르게 깨친 3땅(등각3지)이 된다.(『금강삼매경』)

등각3지等覺三地는 등각(51)을 백겁위, 천겁위, 만겁위 3가지로 나눈 것이다.

곧 진여는 하는 일이 없으면서도 스스로 일을 한다. 이를 진여의 자유자재한 작용이라 한다(無作而自作 眞如自在用).
『기신론』을 본다.

진여가 하는 일은 이른바 모든 부처와 여래들이 본디부터 수행 자리에 있으면서 큰 자비를 내어 모든 바라밀(건너감)을 닦아

126

사람들을 거두어 교화하는 것이다.

큰 바람을 세워 사람들을 똑같이 끝까지 건너가 해탈하도록 하며
또한 한량없는 시간에 제한을 두지 않고 미래까지 다한다.

이는 모든 사람들을 취해서 자기 몸과 똑같이 여기기 때문이다.

그러나 사람들의 모습을 취하지는 않는다. 이것이 무슨 뜻인가?

이른바 모든 사람들과 부처 자기 몸이 진여로 평등해서, 다른
점이 없음을 진실로 알기 때문이다.(『기신론』)

[글귀]

① 한마음 법(1심법)에 의하면 2가지 문(2종문)이 있는데,

　심진여문과 심생멸문이다.

　이 2문은 모두 모든 법을 두루 포함하는데,

　이 2문은 서로 떨어질 수 없기 때문이다.

　依一心法有二種門　心眞如門心生滅門

　二門皆總攝一切法　以是二門不相離故(『기신론』)

② 진여문에서 그치는 수행(지행)을 닦고,

　생멸문에서 보는 수행(관행)을 일으켜

　그침과 보기(지관)가 함께 움직여서

　중생으로 하여금 모든 괴로움을 떨치고 끝 되는 즐거움을
　얻게 함이지, 세상 사이의 명리를 구함이 아니다.

　眞如門修止行生滅門起觀行　止觀雙運(『기신론소』)

　爲令衆生離一切苦　得究竟樂非求世間(『기신론』)

③ 진여문은 물듦과 깨끗함이 통하는 모습(염정통상)으로,

    달리 물들고 깨끗함이 없기 때문에 모든 법을 두루 포함한다.

    생멸문은 물듦과 깨끗함을 나눠 나타냈으나(염정별현),

    포함하지 않는 것이 없기 때문에 모든 법을 두루 포함한다.

    眞如門者染淨通相 無別染淨總攝諸法

    生滅門者別顯染淨 無所不該總攝諸法(『기신별기』)

④ 마음의 진여(심진여자)는

    곧 하나의 법계를 크게 통튼 모습으로 법문의 몸체이다.

    마음 바탕은 나지도 않고 죽지도 않는다.

    모든 법은 오직 헛된 생각의 차별로서,

    마음을 떠나면 대상이 없다.

    心眞如者 卽是一法界大總相法門體也(『기신론』)

    心性不生不滅 諸法妄念差別離心無境(『기신론』)

⑤ 진여는 2가지 뜻이 있다.

    하나는 진실로 빈 것(여실공)이니

    이는 결국 진실을 나타내기 때문이고,

    둘은 진실로 비지 않은 것(여실불공)이니 이는 자기 몸체에

    샘이 없는 바탕 공덕을 두루 갖추고 있기 때문이다.

    眞如有二 一者如實空以能究竟顯實故

    二者如實不空 以自體具足無漏性功德(『기신론』)

[생멸문] 진여문에서 말하는 대승의 몸체는 그대로 진여(공)이다. 모습과 작용은 없다.

생멸문에서 말하는 대승의 몸체는 본각이다. 대승의 모습은 여래장이고, 대승의 작용은 아뢰야식이다.

본각本覺은 바탕 깨침으로 중생이 본디부터 깨친 사람이란 뜻이고, 여래장如來藏은 여래 세계, 여래가 될 바탕이란 뜻이며, 아뢰야식阿賴耶識은 8식으로 모든 가리새의 기본이라는 뜻이다.

모든 가리새가 이 아뢰야식에서 나오므로 이를 다루는 것이 생멸문의 핵심이다.

〈1심 2문 3대〉(『기신론소』)

(一心)　　(二門)　　　(三大)　　　(心識)

일심 ― 진여문眞如門 ― 몸체(體) ― 진여眞如

　　　― 생멸문生滅門 ― 몸체(體) ― 본각本覺

　　　　　　　　　　 ― 모습(相) ― 여래장如來藏

　　　　　　　　　　 ― 작용(用) ― 아뢰야식阿賴耶識

　　　　　　　　　　　　　　　　 ― 말나식末那識

　　　　　　　　　　　　　　　　 ― 의식意識

생멸문을 1심 2문 3대 등의 말로 정리할 수 있다.

본디 한마음(一心)뿐인데, 이를 나누면 진여문과 생멸문 2문二門이 된다.

이 중 생멸문을 나누면 몸체와 모습과 작용(체상용)이 되는데 이를

3대三大라 해서, 합쳐 1심, 2문, 3대가 된다.

여기에 4상, 5의, 6염, 7위, 8식, 9상, 10지를 추가할 수 있다.

4상四相은 4가지 모습으로 생주이멸生住異滅을 말하고, 5의五意는 5가지 뜻으로 업식, 전식, 현식, 지식, 상속식을 말하며, 6염六染은 6가지 물듦으로 3상응염과 3불상응염을 말하고, 7위七位는 보살수행 52단계로 10신, 10주, 10행, 10회향, 10지, 등각지, 묘각지를 말하며, 8식八識은 8가지 가리새를 말하고, 9상九相은 3세6추三細六麤를 말하며, 10지十地는 법계 10지를 말한다.

이를 한 줄로 꿰면 일이관지가 되는데, 곧 원효『기신론소·별기』의 핵심이다. 원효는 복잡다단한 불교이론은 보살수행 52단계를 고리로 해서 모두 연계시켰는데 이것이 일이관지다.

내용은 그때그때 설명한다.

〈생멸문 일이관지一以貫之 : 한 줄로 꿰기〉(『기신론소』)

①	②	③	④	⑤	⑥	⑦	⑧	⑨
8식	-7위	-4상	-4각	-9상	-5의	-6염	-3신	-3취

여래장-51/52   -법신

아뢰야-50 -생상-구경각-업상 업식-근본업 -보신-정정취

49   -전상-전식-능견심불상응염

48   -현상-현식-현색불상응염

말나-41/47-주상-수분각-지상-지식-분별지상응염

의식-11/40-이상-상사각-상속상-상속식-부단상응염

1/10-멸상-불각 -업계고상 -집상응염-응신-부정취

1아래-삼악도 -사정취

2. 무가애, 공포

[무애] 무가애無罣礙는 무애와 같은 말로 걸림이 없다는 뜻이다.
무애는 한자로 无㝵, 無碍, 無礙라 쓴다. 걸림이 장애이고 번뇌인데,
번뇌가 없으니 자재自在이고 해탈解脫이다.

이는 일체종지一切種智에서 나온다. 일체를 모두 알고, 일체를 씨까
지 아는 데서 나온다. 깊은 학문, 깊은 사색, 깊은 수행, 곧 문사수聞思修
에서 나온다. 『화엄경』은 이렇게 말한다.

일체 거리낌이 없는 사람(무애인)은 한 길로 생사를 벗어난다.
一切無㝵人 一道出生死

물론 이렇게 되면 좋다. 그러나 이렇게까지는 못되도 어느 정도
마음을 다스리면 이런 경지를 엿볼 수는 있다. 원효는 『이장의』에서
이렇게 말한다.

일체 삼세는 모두 끊는 것이 아니다. 다만 이 다스리는 도道로
자기 성질을 해탈해서 삼세를 두루 다녀도 항상 얽매임과 묶임(계
박)을 떠나면 삼세를 통틀어 끊는다고 한다.(『이장의』)

비록 해탈은 못해도 자기 마음을 다스려 거리낌이 없으면 어느 정도는 자재함을 누릴 수 있다는 말이다.

[7무애] 생生과 사死가 한 길이고 한결같아 다름이 없다. 따라서 삶과 죽음에 미련이 없다.

이 몸은 4대 화합이니 아쉬울 것이 전혀 없고, 이 맘도 생각 화합이니 아쉬울 것이 전혀 없다. 천하만물 부모 삼고 세상만사 스승 삼아 생활 속에 도 닦으면 곳곳 모두 극락이다.

일체 번뇌 망상, 근심걱정, 집착 거리낌이 발붙일 곳이 없다. 미련 둘 것도 없다.

세상살이가 한바탕 연극이고 한바탕 꿈이다. 지나고 나면 아무것도 없다. 온 세상이 무대이고 나는 배우이며 인생이 대사이다. 배우가 어찌 무대에서 대사를 읊조리며 춤추고 노래하지 않겠는가?

여기에 자유자재한 행동이 나온다. 거리낌 없는 행동이 나온다. 거리낌 없는 노래가 나오고, 거리낌 없는 춤이 나온다. 이른바 무애행 無碍行, 무애가無碍歌, 무애무無碍舞다.

이의 대표적 예가 신라 신승神僧 원효이다. 원효의 거리낌 없는 행동에는 7가지, 곧 7무애七無碍를 세울 수 있다.

하나는 이무애로, 일체종지를 터득해 진리나 이치에 거리낌이 없다. 세상만사 이치에 거리낌이 없다.

둘은 학무애로, 불교경전은 물론 당시 배척받던 참서, 비기까지 섭렵해 200부 100여 권을 저술해서 세상을 놀라게 했으니 학문에 거리낌이 없다.

셋은 수무애로, 얼음장 같은 바닥에서 절을 하고 창자가 끊어질 듯 배고픔을 참고 수행했으니 수행에 거리낌이 없다.

넷은 행무애로, 부처와 중생을 가리지 않고 하나로 봐 똑같이 행동했으며, 요석공주를 얻어 설총까지 낳았으니 행위에 거리낌이 없다.

다섯은 인무애로, 중생을 미래불로 봐 일반 서민은 물론 거지와 기생에게도 설법했으니 사람에 거리낌이 없다.

여섯은 형무애로, 승속과 미추를 가리지 않고 있는 대로 입고, 있는 대로 먹고, 있는 대로 잤으니 모습에 거리낌이 없다.

일곱은 처무애로, 저잣거리는 물론 거지 굴, 기생집에도 드나들며 노래하고 춤추며 설법했으니 처소에 거리낌이 없다.

원효는 이런 자재함을 통해서 보살의 경지에 이르렀다. 아니 본디 보살이었기 때문에 이런 자재한 행동을 할 수 있었다.

〈원효의 7무애七無碍〉

이무애理無碍, 학무애學無碍, 수무애修無碍, 행무애行無碍, 인무애人無碍, 형무애形無碍, 처무애處無碍

[공포] 불안과 공포는 인간을 포함한 모든 생명체의 본성적 요소이다.

어느 정도의 불안과 불확실은 이로울 수도 있다. 불안과 불확실을 발전의 계기로 삼아야 한다. 긍정적 사고, 적극적 사고가 중요하다.

일체를 즐길 수 있어야 한다. 성공은 물론 실패도 즐길 수 있어야 한다. 성공과 실패도 결국 종이 한 장 차이이고 같은 것이기 때문이다.

공포恐怖는 두려움인데 죽음에 대한 공포, 상상으로 인한 공포 등이 있다.

아라한도 공포가 있다. 오직 부처만이 공포가 없다. 따라서 아라한은 귀의하는 이가 되고 부처는 귀의하는 곳이 된다.

공포의 대표는 죽음이다. 죽으면 어떻게 되는가? 죽음 뒤에 무엇이 있는가? 나는 어디로 가는가? 등등이다.

만약 어떤 중대한 죄를 지어 정말로 두렵다면 참회해야 한다. 참회해서 털고 가는 것이 좋다. 불교는 윤회와 삼악도를 믿기 때문이다.

죄가 없어도 대부분의 사람들이 죽음에 대해 공포를 느낀다. 물론 상당한 경지에 이르러 이런 죽음을 뛰어넘은 사람도 있다. 앞서 말한 것처럼 불생불멸不生不滅, 나아가 무생무멸無生無滅을 터득한 사람 말이다.

퇴계退溪 이황李滉 선생의 「자명自銘」이란 시詩 뒤 구절은 이렇다.

벼슬하기 전의 처음으로 되돌아와 뭇사람의 헐뜯음을 벗어났다.
내 회포(마음)를 저들이 막으니
나의 이 즐거운 멋을 누가 즐길 수 있으리오.
내가 옛 사람을 생각해 보니
옛사람이 지금 내 마음을 진실로 얻었구나.
그러니 다음 사람들도
지금 내 마음을 어찌 얻지 못한다 할 수 있으리오.
근심 속에 즐거움이 있고 즐거움 속에 근심이 있어.
조화를 타고 돌아가 없어짐이여, 다시 무엇을 구하리오.

婆娑初服 脫略衆訕 我懷伊阻 我佩誰玩
我思古人 實獲我心 寧知來世 不獲今兮
憂中有樂 樂中有憂 乘化歸盡 復何求兮

고려 원감圓鑑 스님은 이렇게 말한다.

고향으로 돌아가는 길이 넓게 트였으니
앞길이 분명해서 길을 잃을 일이 없구나.
손에는 겨우 대지팡이 하나뿐이니
가는 길 발걸음도 가벼워 또한 즐겁구나.
故鄕歸路坦然平 路頭分明未曾失
手中纔有一枝筇 且喜途中脚不倦

그러나 많은 사람들은 그렇지 못하다. 죽음을 두려워한다.

이때도 참회하는 것이 좋다. 순간순간 떠오르는 생각을 참회하며,
용서 빌 것은 용서를 비는 것이다.

또 절대자나 부처님께 의지하는 것도 좋다. 가령 절대자를 믿는다면
그분을 부르거나 부처님을 믿는다면 부처님이나 보살님을 부르는
것도 좋다. 석가모니불, 아미타불, 관세음보살, 지장보살 하면서
말이다.

『관무량수경』은 말한다. "아무리 악한 사람이라도 죽음에 임박하여
부처님 이름을 부르면, 생각 생각 중에 80억겁의 나고 죽는 죄를
없애게 된다."

죽음은 아니지만 괜한 상상이나 공상, 망상으로 두려울 때가 있다. 또 악몽, 흉몽으로 두려울 때도 있다.

일체유심조이기 때문에 이것들도 대부분 헛것이나 숙세 업, 미련, 원한 등에서 오는 것일 수도 있다. 이때도 부처님이나 보살님의 이름을 부르거나 축원해 주는 것이 좋다.

예를 들어 꿈에 어떤 무서운 형상이나 모습이 나타나거나 괜한 공상으로 무서우면 바로 합장을 하며 참회하고 축원한다.

미안합니다, 죄송합니다, 참회합니다, 좋은 곳으로 가십시오, 부처님 품안으로 가십시오, 극락왕생하십시오, 해탈하십시오, 성불하십시오 등등으로 말이다. 그러면 대부분 소멸된다.

3. 전도몽상

전도몽상顚倒夢想은 꿈같이 뒤집혀진 생각이다. 곧 꿈을 현실이라고 생각하는 것과 같다.

지수화풍地水火風 4대가 화합해서 임시로 있는 우리 몸을 진짜로 있다고 생각하며 집착하고, 성주괴공成住壞空 4겁이 시시각각 변해 세상 만물도 임시로 잠깐 있는데 이것이 영원히 있다고 생각하며 집착하는 것이다.

이들 모두 착각이다. 이 세상에 있는 모든 것은 변해서 영원한 것이 없다. 곧 제행무상諸行無常이다. 일체 움직이는 것에는 항상함이 없다.

오직 변하지 않는 공空만이 진실이다. 따라서 이 세상에는 얻을 것이 없다. 얻을 것이 없기 때문에 거리낌도 없고 두려움도 없다.

　『반야심경』은 이렇게 말한다. "얻은 것이 없는 까닭에 보살은 반야바라밀다에 의지해서 마음에 걸림이 없고, 마음에 걸림이 없으므로 두려움도 없어서 뒤바뀐 헛된 생각을 멀리 떠나 끝 되는 열반에 들어간다."

[글귀]

① 밝지 못한 것(무명)에 뒤집혀져
　헛되이 바깥 대상을 지어서는
　나와 내가 있는 곳을 집착하고
　갖가지 업을 지었으나,
　스스로 잘못을 덮어버려
　보지도 못하고 듣지도 못하는 것이,
　마치 목마른 귀신이 물가에 이르렀으나
　물을 불로 보는 것과 같기 때문이다.(『대승육정참회』)

② 나와 중생들은 처음이 없는 때로부터
　모든 것은 본디 생기지 않은 것임을 이해하지 못하고,
　나와 내가 있는 곳을 헤아려서는
　헛된 생각에 뒤집혀졌습니다.
　안으로는 (보고 듣는 등) 6느낌을 세워
　그것에 의지해 가리새(식)를 낳았으며
　밖으로는 (빛깔, 소리 등) 6대상을 지어

그것이 실제 있다고 집착했습니다.

이런 모든 것들은 내 마음이 지어낸 것으로

허깨비 같고 꿈과 같아 영원히 있는 곳이 없음을 모른 것입니다.

이 중에서도 (특히) 남녀 등의 모습을 헛되이 헤아려 보고서는

여러 번뇌를 일으켜 스스로 얽매여져서

괴로움의 바다에 오랫동안 빠지기도 했으나

헤쳐 나오는 길을 찾지 아니했으니,

지금 가만히 생각해 보면 참으로 괴상한 일입니다.(『대승육정참회』)

③ 이는 마치 잠잘 때 잠이 마음을 덮어버리는 것과 같다.

(꿈에) 자기 몸이 큰물에 떠내려가는 것을 헛되이 보고서는

이것이 단지 꿈속의 마음이 지은 것임을 알지 못하고

실제로 떠내려가 빠져 죽는다고 소리치며 두려워하다가,

깨어나지 않은 채로 다시 다른 꿈을 꾸고서는

"내가 지금 보는 것이 꿈이지 현실이 아니다"라고 말하는 것과
같다.

마음 바탕이 밝아졌기 때문에 꿈속에서도 꿈임을 알아

물에 떠내려갔던 일에 대해 곧 두려움을 일으키지 않게 된다.

그렇지만 몸이 침상에 누워 있음을 능히 이해하지 못하고

머리를 움직이고 손을 흔들며 아주 깨어나기를 바란다.

아주 깨어났을 때에 지난 꿈을 미루어 생각해 보면

큰물과 떠내려갔던 몸 모두가 있었던 것이 아니며

오직 본래대로 잠자리에 조용히 누워 있음을 본다.(『대승육정참회』)

4. 열반

(1) 대멸도

[무번10의] 열반은 대반열반大槃涅槃을 말하는데 범어(고대 인도어)
니반(nibban), 니르바나(nirvana)의 한자 표기다. 저 너머, 저 건너,
저 너머로 가다, 저 건너로 가다의 뜻이다.

따라서 한자 涅槃은 아무 뜻이 없다. 그냥 기호다.

그런데 이 범어 열반을 번역할 수 있느냐 없느냐가 문제다. 있다는
사람도 있고 없다는 사람도 있다.

없다는 사람은 10가지 이유를 들어 번역할 수 없음을 밝혔는데,
이는 열반이 이 모든 뜻을 다 포함하고 있다는 뜻이다. 마치 아라야식이
여러 뜻을 포함하고 있어서 아라야식이란 말을 그대로 쓰는 것과
같다. 원효의 『열반경종요』를 본다.

『열반경』「덕왕품」 제7공덕은 말한다.
"열涅은 아니다(不)이고 반槃은 없어지다(滅)이니, 없어지지 않는
(불멸) 뜻을 열반이라 한다.
반은 덮는다는 말이니 덮지 않는(불부) 뜻을 열반이라 한다.
반은 오고간다는 말이니 가지 않고 오지 않는 것(불거불래)을 열반
이라 한다.
반은 취한다는 말이니 취하지 않는(불취) 뜻을 열반이라 한다.
반은 정해지지 않았다는 것이니 정해지지 않은 것이 없는(무부정)
뜻을 열반이라 한다.

반은 새롭다는 말이니 새로움이 없는(무신) 뜻을 열반이라 한다.

반은 장애란 말이니 장애가 없는(무장애) 뜻을 열반이라 한다.

반은 있다는 말이니 있는 것이 없는(무유) 뜻을 열반이라 한다.

반은 어우른다는 말이니 어우름이 없는(무화합) 뜻을 열반이라 한다.

반은 괴롭다는 말이니 괴로움이 없는(무고) 뜻을 열반이라 한다."

대략 10가지 뜻을 말하는데 이는 열반이 이 모든 뜻을 다 포함하고 있어서 한마디로 번역할 수 없음을 나타낸다.(『열반경종요』)

〈열반涅槃 무번無翻 10의義〉: 열涅은 불不. 반槃은 여러 뜻

불멸不滅, 불부不覆, 불거불래不去不來, 불취不取, 무부정無不定, 무신無新, 무장애無障礙, 무유無有, 무화합無和合, 무고無苦

[대멸도] 원효는 번역할 수 있다는 쪽에 서서 대반열반을 '마하반열반나'라 해야 한다고 하며 대멸도大滅度라 번역한다. '크게, 없어져, 건너가다'라는 뜻이다. 『열반경종요』의 글이다.

대반열반이란 말을 만약 범어로 갖춰 말하면

마땅히 "마하반열반나"라 해야 한다.

이를 우리나라 말로 옮기면

대, 멸, 도(크게, 없어져, 건너감)이다.

여래가 깨쳤던 도를 밝히려 했기 때문이다.

몸체는 바깥이 없는 데까지 두루하고,

하는 일은 모든 중생에게 두루하다.

넓게 둘러싸서 멀리 구제하니 이에 앞서는 것이 없다.

앞서는 것이 없다는 뜻에 의해 대(큼)라고 한다.

큰 몸체와 크게 하는 일은 둘도 아니고 다른 것도 아니다.

이미 이를 저쪽 언덕이 없는데

어찌 떠날 이쪽 언덕이 있겠는가?

떠날 곳이 없기 때문에 떠나지 못할 곳도 없다.

따라서 대멸(크게 없어짐)이라 한다.

이를 곳이 없기 때문에 이르지 못할 곳도 없다.

바야흐로 대도(크게 건너감)가 된다.

이런 뜻 때문에 이름이 대멸도大滅度이다.(『열반경종요』)

[대6의] 대멸도大滅度의 대大는 마하摩訶로 크다이다. 『열반경종요』에 의하면 크다에는 6가지 뜻(대6의)이 있다.

하나는 넓음(광)이 앞서는 것이 없기 때문에 크다고 한다.

마치 경에서 말하는 것과 같다. "크다는 것은 그 성질이 넓고 넓어 마치 허공과 같아 이르지 않는 곳이 없다. 열반은 이러하기 때문에 크다고 한다."

둘은 길이(장)가 앞서는 것이 없기 때문에 크다고 한다.

마치 경에서 말하는 것과 같다. "크다는 말은 길다는 말이니, 비유하면 마치 수명이 한량없는 사람을 크게 사는 사람(대세부)이라 하는 것과 같다."

셋은 깊이(심)가 앞서는 것이 없기 때문에 크다고 한다.

마치 경에서 말하는 것과 같다. "크다는 것은 불가사의하다는 말이다. 일체 세간의 성문, 연각은 능히 열반의 뜻을 가늠할 수 없기 때문에 크다고 한다."

넷은 높이(고)가 앞서는 것이 없기 때문에 크다고 한다.

마치 경에서 말하는 것과 같다. "비유하면 마치 큰 산은 일체 세상 사람들이 오를 수 없기 때문에 크다고 하는 것과 같다. 열반은 이와 같이 범부, 이승, 그리고 여러 보살들은 끝까지 이를 수 없기 때문에 크다고 한다."

다섯은 많음(다)이 앞서는 것이 없기 때문에 크다고 한다.

마치 경에서 말하는 것과 같다. "비유하면 마치 큰 곳간에 여러 진귀한 보배들이 많은 것과 같다. 열반도 이와 같이 갖가지 묘한 법의 진귀한 보배들이 많이 있기 때문에 크다고 한다."

여섯은 뛰어남(승)이 앞서는 것이 없기 때문에 크다고 한다.

마치 경에서 말하는 것과 같다. "마치 세간 중 뛰어난 위 주인을 큰 사람이라 하는 것과 같다. 열반도 이와 같이 모든 법 중에서 뛰어나기 때문에 크다고 한다." 크다는 뜻은 이러하다.(『열반경종요』)

〈대6의大六義〉: 대멸도大滅度에서 대大의 6가지 뜻

광廣, 장長, 심深, 고高, 다多, 승勝

[멸4의] 멸滅은 고집멸도의 멸滅과 같이 없어진다는 뜻이다. 『열반경종요』를 본다.

없어진다는 말은 대략 4가지 뜻(멸4의)이 있다. 일함이 없어지는 것(사멸), 진리가 없어지는 것(이멸), 덕이 없어지는 것(덕멸), 선택이 없어지는 것(택멸)이다.

일함이 없어진다(사멸)는 말은 함이 없음(무위)으로 돌아간다는 뜻이니, 뜻은 당연히 응해 바뀐 몸(응화신)이다. 바른 슬기 또한 죽기 때문에 없어진다고 한다.

마치 『법화경』에서 말하는 것과 같다. "부처께서는 오늘 밤 없어져 건너가신다(멸도). 마치 땔나무가 다 타고 불이 없어지는 것과 같다." 이와 같이 일함이 없어짐은 몸체에 배당해서 이름을 세웠다.

진리가 없어진다(이멸)는 말은 그윽하고 아득하다(적막)는 뜻이니, 이른바 본디부터 움직임도 없고 일어남도 없기(무동무기) 때문에 없어진다고 한다.

마치 10권 『능가경』에서 말하는 것과 같다. "일체 모든 법은 나지도 않고 죽지도 않는다. 자기 성질이 본디 열반에 들어가 있다." 이와 같이 진리가 없어짐은 온전함에 의탁해서 이름을 세웠다.

덕이 없어진다(덕멸)는 말은 영원히 떠난다(영리)는 뜻이니, 이른바 모든 공덕은 모습도 떠나고 성질도 떠나서 자기 성질을 지키지 아니해, 서로 한맛(일미)이기 때문에 없어진다고 한다.

마치 『열반경』에서 말하는 것과 같다. "안락을 받음이 곧 진실한 해탈이고, 진실한 해탈이 곧 여래이며, 여래가 곧 열반이다." 등등 넓게 풀이했다. 이와 같이 덕이 없어짐은 뜻을 따라서 이름을 받았다.

선택이 없어진다(택멸)는 말은 끊어 없앤다(단제)는 뜻이다. 부처 슬기는 일체 번뇌를 능히 끊기 때문에 없어진다고 한다.(『열반경종요』)

〈대멸도大滅度에서 멸4의減4義〉

일함이 없어짐(사멸事滅) - 무위無爲 - 응화신 - - 몸체

진리가 없어짐(이멸理滅) - 적막寂漠 - 무동무기 - 온전함

덕이 없어짐(덕멸德滅) - - 영리永離 - 일미 - - - 뜻

선택이 없어짐(택멸擇滅) - 단제斷除 - 번뇌 끊음

앞서 마하반야바라밀을 대혜도, 곧 큰 슬기로 건너감으로 번역했다.
도度는 저 언덕에 이르다와 끝까지(구경究竟)라는 2뜻이 있고, 또
저쪽 언덕에 이르다 등 4가지 뜻이 있다고 했다. 대멸도의 도度도
이와 같다.

〈대혜도와 대멸도〉

대혜도大慧度(대지도大智度, 마하반야바라밀) - 큰 슬기로 건너감

대멸도大滅度(대반열반, 마하반열반나) - 크게 없어져 건너감

[열반과 보리] 열반涅槃과 보리菩提의 관계는 어떤가?『종요』는
이렇게 말한다.

열반과 보리의 관계는 나눈 뜻(별)도 있고 통튼 뜻(통)도 있다.
나눈 뜻으로 말하면, 보리는 결과를 증명하는 덕에 있어서 도의
진리(도제)에 포함되고, 열반은 결과가 증명된 법이어서 없어지는

진리(멸제)에 포함된다. 곧 보리는 수행단계이고 열반은 성취단계이니 열반이 더 깊다.

통튼 뜻으로 말하면, 결과 땅의 도의 진리 역시 열반이고, 증명된 진여 역시 보리이다. 예를 들면 나고 죽음에 통튼 것도 있고 나눈 것도 있는 것과 같다.

나고 죽음을 구분하면 나고 죽음으로 나눠지지만, 하나로 보면 나고 죽음이 하나다. 열반과 보리도 나누면 둘이지만 나누지 않으면 하나다. 곧 보리가 열반이고, 열반이 보리이다.(『열반경종요』)

〈열반과 보리〉

별別－보리菩提는 결과를 증명함－도제道諦

　　－열반涅槃은 증명된 결과－－멸제滅諦

통通－도의 진리 역시 열반, 증명된 진여 역시 보리

　　－보리가 열반이고, 열반이 보리임

[글귀]

① 보리는 현재 마음이나, 미래 마음이나,

　　과거 마음으로 얻을 수 없다.

　　보리를 떠나면 보리심도 얻을 수 없으며,

　　보리는 말로 설명할 수 없다.

　　於菩提者 現在心未來心過去心不可得

　　離菩提者菩提心不可得 菩提不可言說(『금광명경』 정리)

② 일체법이 생김이 없기 때문에, 보리를 얻을 수 없고,
   보리라는 이름도 얻을 수 없다.
   중생과 중생이라는 이름, 부처와 부처라는 이름
   수행과 수행이 아니라는 것도 얻을 수 없다.
   一切法無生 菩提不可得菩提名不可得
   衆生衆生名佛佛名 行非行亦不可得也(『금광명경』 정리)

[열반과 본각] 열반과 본각의 관계는 어떤가?『금강삼매경론』은
다름이 없다고 한다.

다름이 없다는 뜻에는 4가지가 있다(무이4종).
첫째, 본 진리에 다름이 없으니(본리무이) 마치 경에서 "열반이
   바탕 깨침의 이익이고, 바탕 깨침의 이익이 본디 열반이다"라고
   한 것과 같다.
이는 그 처음 깨침이 곧 바탕 깨침과 같아서 다름이 없기 때문에
   얻을 것이 없음을 밝혔다.
둘째, 깨침 부분에 다름이 없으니(각분무이) 마치 경에서 "열반의
   깨침 부분이 곧 바탕 깨침의 부분이다"라고 한 것과 같다.
이는 열반의 뭇 덕이 곧 바탕 깨침의 덕으로 다름도 없고 얻을
   것도 없음을 밝혔다.
셋째, 한맛으로 다름이 없으니(일미무이) 마치 경에서 "깨침의
   성질이 다르지 않듯이, 열반의 성질도 다름이 없다"라고 한 것과
   같다.

이는 깨침의 성질이 한맛으로 차별되는 모습이 없듯이 열반의 성질도 차별 없음을 밝혔다.

넷째, 생멸生滅 둘이 없어 다름이 없으니(무이무이) 마치 경에서 "깨침은 본디 생김이 없고, 열반도 본디 생김이 없으며, 깨침은 본디 없어짐이 없고, 열반도 본디 없어짐이 없다"라고 한 것과 같다.

이는 바탕 깨침이 본디 나고 죽음이 없듯이, 열반도 본디 나고 죽음이 없음을 밝혔다.

이런 4가지 다름이 없는 도리 때문에 열반과 본각은 본디 다름이 없다. 따라서 열반을 얻음도 없다. 이는 능히 얻을 열반과 깨침이 모두 없음을 밝혔다.(『금강삼매경론』)

〈열반본각涅槃本覺 무이4종無異四種〉: 4가지 다름이 없음

본리무이本理無異, 각분무이覺分無異, 일미무이一味無異, 무이무이 無二無異

[2종열반] 『승만경』은 열반을 남김 있는 열반과 남김 없는 열반으로 나눈다.

세존이시여, 함이 있는 생사(유위생사)와 함이 없는 생사(무위생사) 가 있습니다. 열반 또한 이러합니다. 남김이 있고(유여) 남김이 없습니다(무여).(『승만경』)

함이 있는 생사는 온전하지 못한 것이니 아라한의 생사이고, 함이 없는 생사는 온전한 것이니 부처님의 생사이다.

열반도 남김 있는 열반(유여열반)과 남김 없는 열반(무여열반) 2가지가 있으며, 이의 설명도 2가지가 있다.

하나는 아라한과 부처님을 구분한 것으로 아라한의 열반을 유여열반이라 하고, 부처님의 열반을 무여열반이라 한다.

둘은 부처님의 열반을 나눈 것으로, 살아계시지만 실제로 열반과 같은 경지를 유여열반이라 하고, 돌아가셔서 몸과 마음이 다 없어진 (회신멸지灰身滅智) 경지를 무여열반이라 한다. 회신멸지에 대해서는 이견이 있다.

⟨2종생사와 2종열반⟩

−함이 있는 생사(有爲生死), 함이 없는 생사(無爲生死)

−남김 있는 열반(有餘生死), 남김 없는 열반(無餘涅槃)

[글귀]

① 열반은 끝나는 원인(요인)이 나타난 것이지만,

  역시 생기는 원인(생인)이 일어난 것이라 할 수 있다.

  마치 보리(깨침)를 생기는 원인이 생긴 것이라 하지만,

  역시 끝나는 원인이 끝난 것이라 하는 것과 같다.

  當知涅槃了因所顯 而亦得言生因所起

  如說菩提生因所生 而亦有說了因所了(『열반경종요』 정리)

② 열반은 곧 있는 그대로의 진리로

범부와 성인이 한맛으로 같은 모습의 열반이다.

이제 나는 이 몸이 곧 열반이다.

이러이러한 모든 법은 평등하다.(『대품경』)

涅槃卽是如如理也　凡聖一味同相涅槃(『열반경종요』)

今我此身卽是涅槃　如是如是諸法平等(『열반경』)

③ 일체 모든 법의 모습이 곧 본래 열반이며,

열반과 빈 모습 또한 이러하다.

이와 같이 바탕 깨침이 본디 나고 죽음이 없듯이,

곧 열반은 나고 죽음이 없다.

一切法相　卽本涅槃　涅槃空相　亦復如是(『삼매경』)

如是本覺　本無生滅　卽是涅槃　而無生滅(『삼매론』)

④ 열반에 항상 머묾은 열반에 묶인 것이다.

나아가 열반도 허깨비 같고 꿈만 같다.

만약 어떤 법에 뛰어난 열반이 있다고 말한다면,

나는 또 다시 허깨비 같고 꿈만 같다고 말할 것이다.

常住涅槃　是涅槃縛　乃至涅槃　如幻如夢(『삼매경』)

若當有法　勝涅槃者　我說亦復　如幻如夢(『삼매경』 정리)

⑤ 모든 법은 먼저 있다가 지금 없는 것이 아니다.(『대품경』)

부처가 있든 부처가 없든 법의 성질은 항상 비었다.(『대품경』)

성질이 빈 것이 곧 열반이다.(『대품경』)

여래 역시 비었으며, 대반열반 역시 비었다.(『열반경』「덕왕품」)

諸法先有而非今無 有佛無佛法性常空

제법성공즉시열반 如來亦空大般亦空(『열반경종요』)

⑥ 여래께서는 오늘 밤중에 남김 없는 열반(무여열반)에 드신다.

마치 땔나무가 다 타고 불이 없어지는 것과 같다.(『법화경』)

처음 도를 얻은 날 밤부터, 열반하신 날 밤까지,

그 두 밤 사이에 여래는 한마디 말씀도 하지 않았다.(『이야경』)

如來今日夜中入無餘涅槃 如薪盡火滅

初得道夜至涅槃夜 二夜中間不說一字(『열반경종요』)

(2) 열반4덕

[열반4덕] 열반에는 4덕이 있다. 상락아정으로 한결같음, 즐거움, 참됨 또는 나 없음, 깨끗함을 말한다.

　상常은 한결같음으로 법신法身이 되고, 낙樂은 즐거움으로 열반이 되며, 아我는 참됨 또는 나 없음으로 부처(佛)가 되고, 정淨은 깨끗함으로 법法이 된다. 원효는 『열반경종요』에서 상세히 풀이한다.

〈열반4덕涅槃四德〉: 상락아정常樂我淨

　상－법신(常是法身), 낙－열반(樂是涅槃), 아－불(我是佛), 정－법(淨是法)

150

[열반3사] 열반3사가 있다. 열반의 3가지 일인데 법신, 반야, 해탈을 말한다. 열반은 통튼 개념이고, 3사는 나눈 개념이다.

법신, 반야, 해탈 3사는 반드시 범어 이伊(∴)자, 곧 정삼각형 모습을 갖춰야 한다. 서로 균형을 맞춰야 한다. 하나가 빠지거나 크기가 다르거나 삐뚤어지면 열반3사가 아니다.(『열반경종요』 정리)

사찰의 지붕에는 이자3점(∴)이 많은데 셋이 곧 하나이고, 하나가 곧 셋이라는 뜻이다. 여기의 셋은 법신, 반야, 해탈을 포함해서 불법승, 법신, 보신, 화신 등 셋으로 나타낼 수 있는 여러 가지를 말한다.

〈열반3사涅槃三事〉

이자3점伊字三點. 원이3점圓伊三點. 열반의 3작용. 곧 법신法身, 반야般若, 해탈解脫을 말함

원효는 열반3사를 나누어 설명하기도 하고, 통틀어 설명하기도 한다.

나누면(별), 열반은 그윽하다(적정)는 뜻이고, 법신은 만 가지 덕이 쌓였다(만덕적집)는 뜻이며, 반야는 끝까지 비친다(조달)는 뜻이고, 해탈은 묶임을 떠난다(이박)는 뜻이다. 따라서 4가지가 다르다.

통튼(총) 것은 마치 경에서 말하는 것과 같다.

"만약 법신이 없으면 괴로움의 대가가 다하지 않는데 어떻게 열반을 이루는가? 만약 반야가 없으면 어두운 의혹을 없애지 못하는데

어떻게 열반을 얻는가? 만약 해탈이 없으면 업에 매임을 면할
수 없기 때문에 열반이 아니다."

따라서 법신, 반야, 해탈 그 뜻은 같다. 왜냐?

만약 열반이 없으면 삶과 죽음은 없어지지 않는데 어떻게 법신이
되는가? 만약 반야가 없으면 번뇌에 얽매이는데 어떻게 법신이라
하는가? 만약 해탈이 없으면 모든 업에 묶이기 때문에 법신이
아니다.

법신, 반야, 해탈 셋을 모두 갖추어야 곧 열반을 이룬다.

일체 공덕 모두가 또한 이러하다. 하나가 곧 모두이고, 모두가
곧 하나이다. 따라서 통틀고 나눈 것(총별)은 장애도 없고 같지도
않음을 알 수 있다.(『열반경종요』)

〈열반3사涅槃三事와 4종공덕四種功德〉

-4종공덕이 모두 통틀고(총) 모두 나눈 것임(별)

-4종공덕-열반涅槃-적정寂靜, 법신法身-만덕적집萬德積集
　　　　　반야般若-조달照達, 해탈解脫-이박離縛

[글귀]

① 지금 이 『열반경』은 이에 곧

　부처 법의 큰 바다요,

　큰 수레의 감춰진 곳간이다.

　그 가르침은 가늠하기 어렵다.

　참으로 비고 넓어 가없고,

152

깊고 깊어 밑이 없다.

밑이 없기 때문에 끝까지 다하지 않은 것이 없고,

가없기 때문에 갖춰지지 않은 것이 없다.(『열반경종요』)

今是經者 斯乃 佛法之大海 方等之秘藏

其爲敎也 難可測量 良由

曠蕩無涯 甚深無底 以無底故

無所不窮 以無涯故 無所不該

② 뭇 경전의 요점을 통합해

만 갈래를 한맛으로 돌아가게 했으며,

부처 뜻의 지극한 공평함을 열어

백 개 집안의 다른 논쟁을 아울렀다.

그리하여 헤매는 4중생이

모두 둘도 없는 진실한 성질에 돌아가게 했으며,

꿈꾸고 꿈꾸는 긴 잠으로부터

모두 큰 깨침의 지극한 결과에 이르게 했다.(『열반경종요』)

統衆典之部分 歸萬流之一味 開佛意之至公 和百家之異諍

遂使 擾擾四生 僉歸無二之實性 夢夢長睡 並到大覺之極果

③ 지극한 결과의 큰 깨침은

진실한 성질(실성)을 몸체로 해서 마음을 없애는 것이며,

진실한 성질이 둘이 없음은

참과 거짓(진망)을 섞어서 하나로 만드는 것이다.

이미 둘이 없는데 어찌 하나가 있겠으며,

참과 거짓이 섞였는데 누가 그것을 진실이라 하겠는가.

이에 곧 진리와 슬기가 모두 없어지고,

이름과 뜻도 이에 끊어진다.

이를 열반의 그윽한 뜻(현지)이라 한다.(『열반경종요』)

極果之大覺也 體實性而亡心 實性之無二也 混眞妄而爲一

旣無二也 何得有一眞妄混也 孰爲其實

斯卽 理智都亡名義斯絶 是謂涅槃之玄旨也

④ 다만 모든 부처들은 깨쳐 머물지는 않지만,

응하지 않은 것이 없고 말하지 않은 것이 없다.

이를 열반의 지극한 가르침(지교)이라 한다.

그윽한 뜻(현지)을 없앴으나 일찍이 고요한 적이 없고,

지극한 가르침(지교)을 말했으나 일찍이 말한 적이 없다.

이를 진리와 가르침이 한맛이다(이교일미)라고 한다.(『열반경

종요』)

但以諸佛證而不住 無所不應無所不說 是謂涅槃之至敎也

玄旨亡而未嘗寂 至敎說而未嘗言 是謂理敎之一味也

⑤ 따라서 글을 가득히 들은 이는

털구멍까지 모두 이로움을 입게 되고,

반쯤 글귀라도 구한 이는

뼈마디가 부러짐도 돌보지 않게 되며,

극악무도한 죄를 지은 이도

이 경을 믿어서 능히 없앨 수가 있고,

좋은 바탕이 끊어진 이도

이 가르침에 의해 되살릴 수 있다.(『열반경종요』)

爾乃

聽滿字者 咸蒙毛孔之益 求半偈者 不顧骨髓之摧

造逆罪者 信是經而能滅 斷善根者 依玆敎而還生

(3) 극락

[모습] 극락極樂은 지극히 즐거운 땅이다. 정토淨土, 낙토樂土, 안양安養, 안락安樂이라고도 하는데 그 모습을 『유심안락도』를 통해 본다.

진기하고 향기로운 법의 맛이 몸과 마음을 봉양하니,

누구에게 아침에 배고프고 저녁에 목마른

괴로움이 있겠는가?

옥 같은 수풀과 꽃다운 바람으로

따뜻함과 서늘함이 항상 알맞으니,

본디부터 겨울은 춥고 여름은 더운 번거로움이 없다.

여러 신선들과 함께 모여

때때로 8덕의 연꽃 못에서 목욕하니,

이로 인해 치우치고 싫은 시절을

오래도록 이별한다.

뛰어난 벗들과 서로 어울려,

시방 부처 땅 저 멀리에 노니니,

이에 멀리 보내져서

어렵고 근심스런 고달픔을 위로한다.(『유심안락도』)

珍香法味逐養身心 誰有朝飢夜渴之苦

玉林芳風溫凉常適 本無冬寒夏熱之煩

群仙共會時浴八德蓮池 由是長別偏可厭之時劫

勝侶相從遠遊十方佛土 於玆遠送以難慰之憂勞

[2토] 2토二土는 2가지 땅으로 정토와 예토를 말한다. 정토는 깨끗한 땅이니 극락이고, 예토는 더러운 땅이니 우리들이 사는 사바세계이다.

〈2토二土〉 2가지 땅

－정토淨土와 예토穢土

－법성토法性土와 수용토受用土＝정토淨土와 보토報土

『무량수경종요』는 법성토와 수용토를 이야기한다. 정토淨土와 보토報土라 하기도 하는데, 법성토는 법 성질의 땅, 수용토는 받아쓰는 땅, 정토는 깨끗한 땅, 보토는 노력해서 이룬 땅 곧 대가로 얻는 땅 정도로 해석된다.

수용토는 다시 자수용토와 타수용토로 나눠진다.

자수용토自受用土는 내가 받아쓰는 땅으로 정보正報라 하고, 타수용토他受用土는 남이 받아쓰는 땅으로 의보依報라 한다.

예를 들어 내가 부처가 되면 바로 극락의 주인이니 극락 자체가 내가 받아쓰는 땅(자수용토)이 되고, 나는 극락을 주관하는 사람이 되니 정보가 된다.

그러나 중생의 위치에 있으면 극락의 주인이 못되니 극락은 남이 만든 것을 내가 받아쓰는 땅(타수용토)이 되고, 나는 극락에 의지하는 사람이 되니 의보가 된다.

〈법성토法性土와 수용토受用土〉(『무량수경종요』)

법성토法性土(정토淨土)

수용토受用土(보토報土) ─자수용토＝정보正報＝내토內土

　　　　　　　　　　 ─타수용토＝의보依報＝외토外土

[4방불] 정토는 여러 방향에 있는데 그곳마다 모두 부처가 있다. 이른바 4방불, 6방불, 8방불, 10방불 등이다. 두 가지만 본다.

4방불은 4방향의 부처로 몇 가지 설명이 있다.

『금광명경』(『금고경』)에 의하면 중앙에 석가모니불, 동방에 아촉불, 서방에 아미타불, 남방에 보상불, 북방에 미묘성불이 있다.

이들은 차례대로 연화세계, 향적세계, 안락세계, 환희세계, 연화장엄세계를 이룬다. 이 중 아미타불이 계시는 안락세계, 곧 서방정토가 유명하다.

어떤 경에는 중앙에 화장세계, 동방에 만월세계, 서방에 극락세계, 남방에 환희세계, 북방에 무우세계를 둔다. 무우세계는 근심이 없는 세계이다.

〈4방불四方佛〉

① 『금광명경』(『금광명경소』)

　　중앙-연화세계, 석가모니불

　　동방-향적세계, 아촉불, 약사여래, 유리광정토

　　서방-안락세계, 무량수불, 아미타불, 서방정토

　　남방-환희세계, 보상불,

　　북방-연화장엄세계, 미묘성불

② 기타

　　중앙-화장세계華藏世界,

　　동방-만월세계滿月世界, 서방-극락세계極樂世界

　　남방-환희세계歡喜世界, 북방-무우세계無憂世界

[6방불] 6방불은 『아미타경』 6방불을 예로 본다.

6방은 동서남북상하인데 동방 5불, 서방 7불, 남방 5불, 북방
5불, 상방 10불, 하방 6불이 있어 모두 6방 38불이 된다. 이름만
나열한다. (『아미타경소』)

〈『아미타경』 6방불六方佛〉: 모두 38불

동방-아촉비불, 수미상불, 대수미불, 수미광불, 묘음불

남방-일월등불, 명문광불, 대염견불, 수미등불, 무량정진불

서방-무량수불, 무량상불, 무량당불, 대광불, 대명불, 보상불,
　　정광불

북방-염견불, 최승음불, 난저불, 일생불, 망명불

하방-사자불, 명문불, 명광불, 달마불, 법당불, 지법불

상방-범음불, 숙왕불, 향상불, 향광불, 대염견불, 잡색보화엄신
　　　불, 사라수왕불, 보화덕불, 견일체의불, 여수미산불

[글귀]

① 부처님이 장로 사리불에게 말씀하셨다.

　여기에서 서쪽으로 10만억 부처 땅을 지나가면

　세계가 있는데 극락이라 이름한다.

　아미타불이 지금 현재 설법하고 계신다.

　佛告長老舍利弗 從是西過十萬億佛土

　有世界名曰極樂 阿彌陀佛今現在說法(『아미타경』)

② 그 나라의 중생은 뭇 괴로움이 없다.

　단지 모든 즐거움만 받는다. 따라서 극락이라 한다.

　저 부처 나라의 땅에는 항상 하늘 음악이 흐른다.

　땅은 황금으로 되었으며, 만다라 꽃이 하늘 비같이 내린다.

　其國衆生無有衆苦 但受諸樂故名極樂

　彼佛國土常作天樂 黃金爲地天雨曼華(『아미타경』)

[16관]『관무량수경』은 16관觀, 곧 극락의 16가지 아름다움을
설명한다.

　①일상관은 지는 해를 상상하여 극락의 아름다움을 보는 것이고,

②수상관은 맑고 깨끗한 물과 얼음을 상상하여 극락의 아름다움을 보는 것이며, ③지상관은 넓고 평평한 땅을 상상하여 극락의 아름다움을 보는 것이고, ④보상관은 화려한 보배 나무를 상상하여 극락의 아름다움을 보는 것이다.

⑤보지관은 보배 연못의 8가지 공덕을 상상하여 극락의 아름다움을 보는 것이고, ⑥보루관은 아름다운 누각들을 상상하여 극락의 아름다움을 보는 것이며, ⑦화좌관은 아미타불이 앉아 있는 연꽃받침을 상상하여 극락의 아름다움을 보는 것이고, ⑧상상관은 아미타불의 거룩한 모습을 상상하여 극락의 아름다움을 보는 것이다.

⑨변관일체색상은 진신관眞身觀이라고도 하는데 아미타불의 참모습을 상상하여 극락의 모든 아름다운 모습을 두루 보는 것이고, ⑩관음관은 관세음보살을 상상하는 것이며, ⑪세지관은 대세지보살을 상상하는 것이고, ⑫보상관은 아미타불과 보살과 국토를 두루 상상하는 것이다.

⑬잡상관은 우둔한 사람이 1장 6척의 아미타불을 상상하게 하는 것이고, ⑭상배관은 위층에 태어나는 것을 보는 것이며, ⑮중배관은 중간층에 태어나는 것을 보는 것이고, ⑯하배관은 아래층에 태어나는 것을 보는 것이다.

〈『관무량수경』 16관十六觀〉: 극락의 16가지 아름다움

일상관日想觀 수상관水想觀 지상관地想觀 보상관寶想觀 보지관寶池觀 보루관寶樓觀 화좌관花座觀 상상관想像觀 변관일체색상遍觀一切色想 관음관觀音觀 보상관普想觀 잡상관雜想觀 상배관上輩觀 중배관中輩

觀 하배관下輩觀

[왕생난이] 석가모니가 계시는 도솔천과 아미타불이 계시는 서방
정토 중 어느 쪽이 가기가 쉽고 어느 쪽이 가기가 어려운가?

천당에 갈 수 있을까 없을까를 모르는 사람에게는 꿈같은 이야기지
만 원효는 『유심안락도』에서 이에 대해서도 설명한다.

어떤 이는 서방정토는 태어나기 쉽고(서방이생) 도솔천은 태어나
기 어렵다고(도솔난생) 한다.
어떤 이는 도솔천은 태어나기 쉽고(도솔이생) 극락은 태어나기
어렵다고(극락난생) 한다.
어떤 이는 앞의 두 말씀 모두 이치를 다 아는 것이 아니라고
한다. 무릇 그 왕생의 쉽고 어려움(往生難易)은 오로지 인연에
일임한다고 한다. 이 말이 옳다고 할 수 있다.(『유심안락도』 정리)

제4장 수행

삼세의 모든 부처님도 반야바라밀다를 의지하므로
최상의 깨달음을 얻느니라.
반야바라밀다는 가장 신비하고 밝은 주문이며
위없는 주문이며 무엇과도 견줄 수 없는 주문이니,
온갖 괴로움을 없애고 진실하여 허망하지 않음을 알지니라.
이제 반야바라밀다주를 말하리라.
아제 아제 바라아제 바라승아제 모지 사바하
三世諸佛 依般若波羅蜜多故 得阿耨多羅三藐三菩提故知
般若波羅蜜多 是大神呪 是大明呪 是無上呪 是無等等呪
能除一切苦 眞實不虛故說 般若波羅蜜多呪 卽說呪曰
揭諦揭諦 波羅揭諦 波羅僧揭諦 菩提娑婆訶

『발심수행장』은 수행의 마음을 일으키는 글인데 원효가 지었다.

지눌의 「계초심학인문」, 야운의 「자경문」과 함께 초발심의 중요한 글이다. 이 3편을 묶어 『초발심자경문』이라 한다.

『발심수행장』 일부를 본다.

〈『초발심자경문初發心自警文』〉

「계초심학인문誡初心學人文」, 지눌(知訥, 1158~1210) 지음

「발심수행장發心修行章」, 원효(元曉, 617~686) 지음

「자경문自警文」, 야운(野雲. 나옹 제자, 생몰 미상) 지음

[글귀]

① 하늘나라 막지 않나, 가는 이가 적은 것은,
　　제 스스로 삼독 번뇌, 집안 보배 삼은 까닭.
　　악한 세상 꾀지 않나, 가는 이가 많은 것은,
　　부질없는 사대오욕, 마음 보배 삼은 까닭.
　　無防天堂 少往至者 三毒煩惱 爲自家財
　　無誘惡道 多往入者 四蛇五欲 爲妄心寶(『발심수행장』)

② 맛난 음식 보양해도, 이 몸 필히 부서지고,
　　편안하게 보호해도, 목숨 필히 끝나건만.
　　메아리친 바위굴을, 염불하는 도량 삼고,
　　슬피 우는 기러기를, 마음속의 벗을 삼아.
　　喫甘愛養 此身定壞 著柔守護 命必有終
　　助響巖穴 爲念佛堂 哀鳴鴨鳥 爲歡心友(『발심수행장』)

③ 절하는 무릎 얼음 되도, 불 쬘 생각 아니 내고,

　주린 창자 끊어져도, 먹을 생각 아니 내네.

　어느 결에 백년인데, 어찌 해서 공부 않고,

　한 세상이 얼마라고, 닦지 않고 허송하나.

　拜膝如氷　無戀火心　餓腸如切　無求食念

　忽至百年　云何不學　一生幾何　不修放逸(『발심수행장』)

④ 올해 다함없었으니, 번뇌 망상 한이 없고,

　내해 다함없을 테니, 깨침 세계 못 나간다.

　시간시간 자꾸 흘러, 하루하루 훌쩍 가고,

　하루하루 자꾸 흘러, 한 달 한 달 훌쩍 간다.

　今年不盡　無限煩惱　來年無盡　不進菩提

　時時移移　速經日夜　日日移移　速經月晦(『발심수행장』)

⑤ 한 달 한 달 자꾸 흘러, 어느 결에 한 해의 끝,

　한 해 한 해 자꾸 흘러, 어느 결에 죽음 문턱

　깨진 수렌 갈 수 없고, 늙은이는 닦지 못해.

　누우면은 게으름뿐, 앉으면은 어지럼뿐.

　月月移移　忽來年至　年年移移　暫到死門

　破車不行　老人不修　臥生懈怠　坐起亂識(『발심수행장』)

⑥ 인생길이 얼마라고, 닦지 않고 허송하며,

　헛된 몸이 얼마 산다, 일생 한 번 닦지 않나.

지금 몸은 끝이 있어, 다음 몸은 어쩔 텐가.

급하구나 급하구나, 어찌 아니 급하겠나.

幾生不修 虛過日夜 幾活空身 一生不修

身必有終 後身何乎 莫速急乎 莫速急乎(『발심수행장』)

1. 3세, 3계

[3세] 3세와 3계를 혼용하기도 하나 여기서는 구분한다.

3세三世는 시간적 개념으로 과거, 현재, 미래를 말하고, 3계三界는 공간적 개념으로 욕계, 색계, 무색계를 말한다.

　원효는 『이장의』에서 3세를 세분해 9세를 세운다.

과거의 과거, 과거의 미래, 과거의 현재 그리고 미래의 과거, 미래의 현재, 미래의 미래 또 현재의 미래, 현재의 과거, 현재의 현재를 9세라 한다.

곧 과거, 현재, 미래를 다시 과거, 현재, 미래로 세분하는데 이해가 잘 되지 않는다. 그러면서 3세가 한 생각뿐이라 한다.

부처는 3세의 길고 먼 시간이 극히 짧은 한 생각 무렵이어서, 긴 시간을 짧게 할 수도 없고, 또한 생각을 길게 할 수도 없음을 안다.

마치 저 『화엄경』에서 말하는 것과 같다. "한량없고 수없는 시간도 곧 한 생각 무렵이다. 그러나 오랜 시간을 짧게 해서 마지막 찰나법이 되게 하는 것은 아니다."(『이장의』)

『본업경』은 이렇게 말한다. "3세가 하나의 합친 모습으로 그윽이 비춰 둘이 없다(三世一合 寂照無二)."

〈9세〉: 3세三世의 세분

과거의 과거, 과거의 미래, 과거의 현재
현재의 미래, 현재의 과거, 현재의 현재
미래의 과거, 미래의 현재, 미래의 미래

[3계] 부처님 가르침의 세계를 법계法界라 하는데 이는 불, 보살, 연각, 성문, 천, 인간, 수라, 축생, 아귀, 지옥 10계十界로 나눠진다. 이 중 부처를 뺀 9계九界를 욕계, 색계, 무색계로 나눈 것이 3계이다.

4성四聖은 불, 보살, 연각, 성문을 말하고, 6도六道는 천, 인간, 수라, 축생, 아귀, 지옥을 말한다. 이 중 수라를 빼면 5도五道가 되는데 6도와 같은 뜻으로 쓴다.

3선도는 천, 인간, 수라이고, 3악도은 축생, 아귀, 지옥이다. 중생들이 끊임없이 윤회하므로 길바닥에 비유해서 도道라 했다. 참고로 6도六度는 6바라밀이다.

〈10계十界〉

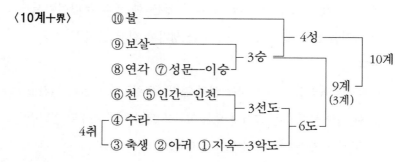

〈10계 구분〉

3계三界—욕계欲界, 색계色界, 무색계無色界

3선도三善道—천, 인간, 수라

3악도三惡道—축생, 아귀 지옥

4성四聖—부처, 보살, 연각, 성문

4취四趣—4악취四惡趣. 4가지 나쁜 세계. 3악도＋수라

5도五道—6도六道와 같음. 6도六道에서 수라를 뺀 것

5정거천五淨居天—무번천, 무열천, 선현천, 선견천, 색구경천

6도六道—천, 인간, 수라, 축생, 아귀, 지옥

28천 또는 30천—보살, 연각, 성문, 천을 자세히 나눈 것

〈무색계無色界 4천四天〉

4공정四空定, 4무색정四無色定, 4공처四空處, 4공천四空天, 4무위四無爲, 4무색四無色, 4처四處이라고도 함. 곧 공무변처空無邊處 식무변처識無邊處, 무소유처無所有處, 비상비비상처非想非非想處를 말함

[30천] 6도六道 맨 위인 천天은 욕계 일부와 색계 무색계에 걸쳐 있는데, 천天의 개수와 명칭은 경전마다 다르다. 『화엄경』은 30천을 이야기하고, 『본업경』은 28천을 이야기한다.

이와 같이 다른 이유는 경전마다 구분법이 다르기 때문이다. 마치 등산을 할 때 2번 쉬는 사람이 있고 3번 쉬는 사람이 있는 것과 같다. 따라서 적절히 연계시켜 생각해야 한다.

여기서는 30천을 보기로 한다.

먼저 욕계에는 6개의 천天이 있어 6욕천六欲天이라 한다.

4천왕천은 천天의 수문장에 해당된다. 그 위가 도리천인데 이 도리천은 신라 선덕여왕이 평소 가고자 했던 곳이다. 그 위가 염라대왕이 머무는 야마천(염마천)이고, 또 그 위가 부처님과 미륵보살이 계시는 도솔천이다.

도솔천 위에 화락천, 타화자재천이 있어 모두 6천이 된다. 욕계에 천이 여섯 개나 있으니 우리 같은 중생도 기대해 볼 만하다.

욕계 위가 색계인데 이는 초선천, 2선천, 3선천, 4선천, 정범지로 나눠지며 다시 20천으로 세분된다. 정범지를 4선천에 포함시키는 경우도 있다.

무색계는 무색계 4천 등 여러 이름이 있는데 공무변처, 식무변처, 무소유처, 비상비비상처 넷을 말한다.

공무변처는 공이 가없는 곳이고, 식무변처는 가리새가 가없는 곳이며, 무소유처는 있는 것이 없는 곳이고, 비상비비상처는 생각도 아니고 생각이 아닌 것도 아닌 곳이다.

『구사론』에 의하면 욕계에는 생명체의 안이비설신의 6식六識이 모두 있으나, 색계 초선천에서는 코, 혀 2가리새(2식)가 없어지고, 2선천 이상에서는 안이비설신 5가리새(5식)가 모두 없어져 의식만 남는다.

무색계에서는 이 의식마저 사라지고 그 기운 곧 습기習氣만 남는데, 이 습기는 부처가 되면 사라진다.

또 3선천 이상은 우주 성주괴공에 걸리지 않는다. 성주괴공에 걸릴 몸과 마음이 없기 때문이다. 따라서 지구가 부서지든 말든, 우주가 무너지든 말든 자기하고는 상관이 없다. 공과 가까워졌다는 뜻이다.

곧 위로 올라갈수록 몸이라는 개념이 점점 희박해져 마음만 남는데, 그 마음마저 없어져 해탈함을 알 수 있다.

〈3界와 30天〉(길상, 『불교대사전』, 홍법원)

무색계(4공처)-공무변처, 식무변처, 무소유처, 비상비비상처

색계-⑤정범지(7천)-무번천, 무열천, 선현천, 선견천, 색구경천,

　　　　화음천, 대자재천(마혜수라천)

　　④4선천(3천)-무운천, 복생천, 광과천

　　③3선천(3천)-소정천, 무량정천, 변정천

　　②2선천(3천)-소광천, 무량광천, 광음천

　　①초선천(4천)-범천, 범중천, 범보천, 대범천

욕계-②6욕천-4천왕천, 도리천, 야마천, 도솔천, 화락천, 타화자

　　　재천

　　①5하도-지옥, 아귀, 축생, 수라, 인간

[글귀]

① 부처는 삼세의 길고 먼 시간이

　　극히 짧은 한 생각 무렵이어서,

　　긴 시간을 짧게 할 수도 없고,

　　생각을 길게 할 수도 없음을 안다.

　　따라서 저 소리가 지금에 이름을 안다.(『대혜도경종요』)

　　한량없고 수없는 시간도

곧 한 생각 무렵이다.

그러나 오랜 시간을 짧게 해서

마지막 찰나법이 되게 하는 것은 아니다.(『화엄경』)(『이장의』)

佛知三世長遠之劫 卽是極促一念之頃

不令劫促不令念長 是故當知彼聲至今

無量無數劫 卽是一念頃

亦不令劫短 究竟刹那法(『대혜도경종요』)

② 현재 시간은 영원히 잠깐의 머묾도 없다.

　미래는 있는 것이 아니어서 일어나는 뜻이 없고,

　과거는 이미 없음으로 역시 일어나는 뜻이 없다

　3세가 모두 비어 그윽하기 때문이다.

　現在之時 永無暫住 未來未有 故無起義

　過去已無 亦無起義 三世皆是 以空寂故(『삼매론』 정리)

③ 과거 일체법이 하나의 합친 모습이고,

　현재 일체법이 하나의 합친 모습이며,

　미래 일체법이 하나의 합친 모습이다.

　법계 인연이 그윽이 없어져서 둘이 없다.

　過去一切法一合相 現在一切法一合相

　未來一切法一合相 法界因緣寂滅無二(『본업경』)

2. 중생

(1) 중생

[취집이생] 중생은 뭉쳐서 생긴다는 뜻이다. 모여서 생긴다는 뜻이다. 곧 취집이생聚集而生이다.

무엇이 뭉치는가? 탄소, 수소, 질소, 산소 등등의 원소가 뭉친 것이다.

그런데 옛날에는 이런 말을 몰랐다. 그래서 자기들이 이해하는 용어를 썼다. 곧 지地, 수水, 화火, 풍風이란 말을 썼다. 흙, 물, 불, 바람인데 요샛말로 해석하면 원소라는 뜻이다.

이를 4대四大, 4사四蛇라 한다. 4가지 큰 것, 4가지 뱀이란 뜻인데 이것들이 모여 몸을 이루는 것이다.

몸이 이루어지니 생각 곧 가리새가 합쳐진다. 안이비설신의가 합쳐져 마음을 이룬다. 그리고는 몸과 합쳐져서 나를 이룬다.

나를 이루고 보니 생각하고 뜻하게 된다. 이를 유정有情이라 한다. 뜻이 있는 것이라는 말이니 중생과 같은 말이다.

그러나 몸도 완벽하고 안이비설신의도 완벽할 필요가 없다. 한두 가지가 빠지거나 흠이 있어도 상관없다. 예를 들어 눈이 없어도 중생이고, 귀가 없어도 중생이며, 심지어 몸이 없어도 중생이다.

예를 들어 지렁이 같은 미물도 중생이고, 있는지 없는지 모르지만 몸이 없는 귀신도 중생이다. 따라서 이 우주법계에는 한량없는 중생이 있다.

중생은 부처가 되지 못한 자이다. 아무리 오래 살아도 죽음이 있으면 중생이다. 수억 겁을 살아도 마찬가지다. 곧 부처 아래 일체가 모두 중생이다. 무색계 사람도 중생이다.

[글귀]

① 법계는 하나의 모습이고, 부처 몸엔 둘이 없다.

　사람들의 진여법도 몸체 성질은 비고 깨끗하나

　한량없는 번뇌의 때가 있어서,

　여러 가지 방편으로 익히고 닦아야 깨끗한 법을 얻는다.

　法界一相佛體無二 衆生眞如體性空淨(『기신론』)

　而有無量煩惱染垢 種種方便熏修得淨(『기신론』)

② 5길을 흘러 도는 것을 중생이라 하고,

　거꾸로 흘러 근원으로 돌아가는 것을 부처(불)라 한다.(『부증불감경』)

　일체중생이 삼계 번뇌와 업의 과보를

　다 끊어 없앤 것을 부처라 한다.(『인왕경』)

　流轉五道名爲衆生 返流盡源說名爲佛

　一切衆生斷三界煩惱業果報盡 名爲佛(『이장의』)

③ 중생이란 뜻은 곳곳에서 생김을 받는다는 것이니,

　세로로는(시간적) 3세를 지나다니고,

　가로로는(공간적) 5덩어리(육신)를 붙잡는다.

　5덩어리를 붙잡기 때문에 선악이 모두 한 사람에게 속하며,

3세를 지나다니기 때문에 앞뒤 백겁이 서로 이어진다.

衆生之義處處受生　縱逕三世橫攬五陰

攬五陰故善惡屬人　逕三世故相續百劫(『본업경소』99쪽)

[4중] 중생을 분류하는 용어에는 중衆, 취聚, 배輩 등 여러 말이 있는데 모두 무리라는 뜻이다. 중衆은 대중大衆인데 2중, 4중, 5중, 7중 등이 있다.

⟨대중大衆의 분류⟩

2중二衆 - 도중道衆, 속중俗衆

4중四衆 - 비구, 비구니, 우바새, 우바이

5중五衆 - 비구, 사미, 비구니, 식차마니, 사미니

7중七衆 - 비구, 사미, 비구니, 식차마니, 사미니, 우바새, 우바이

8중八衆 - 7중七衆에 근주近住를 더한 것.

4중四衆은 4무리로 몇 가지 설명이 있다.

하나는 4부대중으로 비구, 비구니, 우바새, 우바이를 말한다.

비구는 남자 스님이고, 비구니는 여자 스님이며, 우바새는 재가在家 남신도男信徒(청신사)이고, 우바이는 재가在家 여신도女信徒(청신녀)이다.

둘은 『금강삼매경론』에서 말하는 것으로 성문중, 보살중, 장자중, 잡류중이다.(『금강삼매경론』)

〈4중四衆〉

① 4배四輩. 4부대중四部大衆 — 비구, 비구니, 우바새, 우바이.
② 성문중聲聞衆, 보살중菩薩衆, 장자중長者衆, 잡류중雜類衆.

[3취] 3취三聚는 3층의 무리라는 뜻이다. 정정취, 부정취, 사정취로 원효는 『기신론소』에서 상세히 다룬다.

정정취는 바르게 정해진 층으로 이미 부처 법에 바르게 들어간 사람이다. 당연히 이 사람은 노력하여 깨침에 이를 수 있다. 보살수행 52단계 중 10행(行, 11~20) 이상이다.

부정취는 층이 정해지지 않은 사람이다. 잘할 수도 있고 잘못할 수도 있다. 잘하면 위로 올라가 정정취가 되고, 잘못하면 아래로 떨어져 사정취가 된다. 보살수행 52단계 중 10신(信, 1~10)이다.

이는 대단히 중요한 단계로 원효도 상세히 설명한다. 잘하는 사람은 해행(解行, 11~40)을 닦으며 나아가 증명(證, 41~50)을 닦아 깨침을 얻는다.

못하는 사람은 4가지 믿는 마음(4종신심)을 가지고 5문을 닦아 위로 올라가야 한다.

4가지 믿는 마음은 근본을 믿고(신근본), 부처를 믿으며(신불), 부처 법을 믿고(신법), 승단을 믿는 것(신승)이다.

5문五門은 시문, 계문, 인문, 진문, 지관문인데 곧 베풀고, 계율을 지키며, 참고, 나아가며, 그침과 보기(지관)을 닦는 것이다.

사정취는 그릇되게 정해진 층으로 삼악도에 떨어진다. 이는 부단히 노력해야 한다. 『기신론』은 사정취를 다루지 않는다.(『기신론』)

〈3취三聚〉: **정정취正定聚, 부정취否定聚, 사정취邪定聚**

정정취(11~50)－10행(11~20) 이상

부정취(1~10)－잘함－정정취로 올라감

　　　　　　　　－못함－4종신심으로 5문 닦음

사정취(1이하)－삼악도

〈4종신심, 5문〉

4종신심四種信心－신근본信根本, 신불信佛, 신법信法, 신승信僧

5문五門－시문施門, 계문戒門, 인문忍門, 진문進門, 지관문止觀門

[3배9배] 3배三輩는 3품三品이라고도 하는데 3무리다.

　중생을 상배, 중배, 하배 3등급으로 나누며 이를 다시 상중하로 세분해서 9배九輩 9품九品으로 한다. 곧 상품상, 상품중, 상품하, 중품상, 중품중, 중품하, 하품상, 하품중, 하품하이다.(『유심안락도』)

　석가모니를 삼계도사三界導師라 하는데, 이는 석가가 욕계, 색계, 무색계 3계를 주로 설했기 때문이고, 아미타불을 9품도사九品導師라 하는데, 이는 아미타불이 정토경에서 9품을 주로 설했기 때문이다. 도사導師는 이끄는 스승이란 뜻이다.

〈3배三輩와 9배九輩〉

　상배上輩－상품상, 상품중, 상품하

　중배中輩－중품상, 중품중, 중품하

　하배下輩－하품상, 하품중, 하품하

『유심안락도』는 9품을 이렇게 설명한다.

9품은 모두 10신十信 보살이 나아가기도 하고 물러서기도 하며,
선을 짓기도 하고 악을 짓기도 해서, 오르내림이 같지 않아, 9품으
로 나눠진 것이다.

상3품은 10신(1~10) 자리이다. 본디부터 물러나지 않아 곧장
고요 보기(관)에 들어가나 수행에 얕고 깊음이 있어서, 상3품을
이룬다.

중3품은 큰 수레의 마음을 물리치고 작은 수레의 뜻을 피우며,
큰 수레의 수행을 물리치고 작은 수레의 업을 닦아, 수행에 얕고
깊음이 있어서 중3품을 이룬다.

하3품은 큰 수레의 마음을 물리치고 나고 죽는 흐름으로 나아가며,
큰 수레의 수행을 물리치고, 나고 죽는 죄를 짓는다. 죄에 무거움과
가벼움이 있어 하3품을 이룬다.(『유심안락도』)

곧 9품은 부정취 중생이 나아가기도 하고 물러서기도 함을 세분한
것이다.

9품에 대한 차이는 죽을 때 극명하게 드러난다. 상품상과 하품하는
하늘과 땅 차이이다. 『유심안락도』에 인용된 『관경』(『관무량수경』)을
본다.

부처님이 아난과 위제회에게 말했다.

"상품상에 태어나는 것이다. 만약 어떤 중생이 저 나라에 태어나기

176

를 바라며 3가지 마음(3종심)을 피우면 문득 가서 태어나는데, 무엇이 3가지인가?

하나는 지극히 정성스런 마음(지성심)이고, 둘은 깊은 마음(심심)이며, 셋은 돌려주기를 바라는 마음(회향발원심)이다. 이 3마음을 갖춘 이는 반드시 저 나라에 태어난다.

또 3가지 중생은 당연히 저 나라에 가서 태어남을 얻는데, 무엇이 3가지인가?

하나는 자비심으로 죽이지 않고(자심불살) 모든 계율수행을 갖추는 것이며, 둘은 큰 수레의 크고 두루한 경전을 읽고 외우는 것(독송)이고, 셋은 6가지 생각을 닦는 것(수행6념)이다.

이 돌려주려는 바람을 피워서 저 나라에 태어나기를 바라면, 이 공덕이 갖추어져 하루에서 이레 사이에 가서 태어난다.

저 나라에 태어날 때는, 이 사람이 용맹 정진했기 때문에, 아미타여래가 관세음보살, 대세지보살, 무수한 변한 부처, 백천 비구, 성문 대중, 한량없는 모든 하늘과 7보 궁전에 함께 계신다. 관세음보살은 금강대를 잡고 대세지보살과 더불어 수행자 앞에 이른다. 아미타불은 대광명을 놓아 수행자 몸을 비추며, 여러 보살들과 함께 손을 내밀어 받아들인다. 관세음보살과 대세지보살은 무수한 보살과 함께 수행자를 찬탄하며 그 마음이 나아가기를 권한다.

수행자가 보고 나면 춤출 듯이 기뻐하며, 스스로 그 몸이 금강대에 오름을 보고, 부처의 뒤를 좇아 손가락을 튕길 무렵에 저 나라에 가서 태어난다.

저 나라에 이미 태어나면, 부처 빛깔 몸(색신)이 여러 좋은 모습을 다 갖췄음을 보게 되고, 여러 보살들도 빛깔 모습을 다 갖췄음을 보게 된다. 밝게 빛나는 보배 숲에서 묘한 법을 말씀하시니, 그것을 듣고 나면 곧 무상법인(위없는 진리)을 깨친다.

잠깐 지나는 사이에 모든 부처의 일을 분명히 보고 시방세계에 두루하며, 모든 부처 앞에 나아가 다음에는 깨치기를 약속받는다. 다시 본국에 돌아오면 한량없는 백천 다라니문(짧은 글)을 얻는데, 이를 상품상에 태어난다고 한다."(『유심안락도』)

6념六念은 염불念佛, 염법念法, 염승念僧, 염계念戒, 염시念施, 염천念天을 말한다.

"하품하에 태어나는 것이다.

혹 어떤 중생이 선하지 못한 업, 5역죄, 10악을 짓고 모든 선하지 못함을 지었다면, 이런 어리석은 사람은 이 악업 때문에 당연히 악도惡道에 떨어져, 여러 겁이 지나도록 받는 괴로움이 끝이 없다. 이런 어리석은 사람은 목숨이 끝날 때에 비록 선지식을 만나 갖가지로 위안 받고, 묘한 법의 이야기를 듣고 부처를 생각하게 가르쳐도, 저 사람은 괴로움이 다급하여 능히 부처를 생각하지 못한다.

선지식이 충고해 말한다. '그대가 만약 생각마저 할 수 없다면, 마땅히 무량수불을 일컬어라.'

이렇게 지극한 마음으로 일컫게 해서 끊어지지 않게 하면 10번 생각을 갖추어 나무아미타불을 일컫게 된다. 부처 이름을 일컬었기 때문에 생각 생각 중에 80억겁의 나고 죽는 죄를 없앤다. 목숨이 끝난 뒤에는 금빛 연꽃을 보게 되는데 마치 해 바퀴가 그 사람 앞에 머무는 것과 같고, 마치 한 생각 무렵에 극락세계 연꽃 가운데 가서 태어나는 것과 같다.

12대겁이 가득차면 연꽃이 바야흐로 열리며 관세음보살, 대세지보살이 큰 자비로운 목소리로 그를 위해 여러 법의 참된 모습과 죄를 없애는 법을 넓게 말해 준다. 이미 듣고 나면 기뻐하며 때 맞춰 큰 깨침의 마음을 피운다."(『유심안락도』)

(2) 윤회

윤회는 거듭 태어나는 것으로 6도를 돌아다니며 태어나기 때문에 6도윤회六道輪廻라 한다.

한 번은 인간으로 태어났다가 악을 지어 다음에는 축생으로 태어난다. 거기서 도를 닦아 다시 인간으로 태어나서는 더욱 더 노력하여 이번에는 천상에 태어난다. 그러다 또 그 다음에는 죄를 지어 지옥에 떨어진다.

이를 멀리서 보면 마치 불타는 이쪽 집에 들어갔다가 다시 나와서는 불타는 저쪽 집에 들어가고, 또 나와서는 불타는 다른 집에 들어가는 것과 같다.

이를 3계화택三界火宅이라 한다. 3계를 돌아다니며 괴로움을 겪으며 사는 것이 마치 불타는 집에 연방 들락거리며 살을 태우는 것과 같다는 것이다.

이에 이들을 구하고자 부처님이 오셨다. 원효는 『기신론소』에서 이렇게 말한다.

부처는 오히려 큰 어른이다. 사람들을 아들로 삼아 3계三界의 불타는 집에 들어가서 살을 태우는 듯한 모든 괴로움을 구하려 하기 때문이다.(『기신론소』)

佛猶大長者 以衆生爲子 入三界火宅 救諸焚燒苦

[상속상] 윤회가 일어나는 근본 원인은 업業이다. 이 업이 의식을 거쳐, 말나식을 지나, 아라야식에 들어가 스며 있다. 이를 버릇, 습習, 습기習氣라 하는데 배어든 기운이다.

사람이 죽어도 말나식과 아라야식은 없어지지 않고 뭉쳐서 돌아다닌다. 그러다 적당한 곳에 작용해 다시 생生을 시작한다. 이런 버릇, 습기를 없애는 것이 수행의 최종목표다.

아라야식, 말나식, 의식을 3식三識이라 하는데 이를 세분하면 9상九相이 된다.

이 중 상속상相續相이 있다. 상속식相續識이라고도 하는데 이것이 실무 담당자로 과거의 업을 이끌어 와서는 현재 다시 태어남에 영향을 주고 또 미래의 생까지 이어지게 하는 것이다.

상속식에 대한 『기신론』의 글을 본다.

다섯째 이름은 이어지는 가리새(상속식)이니, 이는 생각이 서로 응해 끊어지지 않게 하기 때문이다.

과거 한량없는 세상에서 지은 선악의 업에 달라붙어 잃지 않게 하기 때문에, 이것이 다시 현재와 미래의 괴로움과 즐거움 등의 결과를 잘 무르익게 해서는, 서로 이어져서 어긋남이 없게 한다. 또 현재와 이미 지난 일들을 문득 생각나게 해서는, 미래의 일들도 헛것이란 생각을 깨닫지 못하게 해서, 이 헛것들이 서로 이어지게 한다.

따라서 3계는 헛것이며 오직 마음이 지은 것이다. 마음을 떠나면 6대상(색성향미촉법)도 없다.(『기신론』)

이와 같이 과거에 지은 나쁜 업 때문에 현재 괴로움을 받는다. 곧 현재 괴로움은 과거의 나쁜 업 때문이다.

따라서 참회하고 수행해서 과거에 지은 나쁜 업을 소멸시켜야 한다. 곧 위에 말한 아라야식에 스며 있는 습기를 없애야 한다. 『기신론』의 글을 더 본다.

만약 사람들이 비록 믿는 마음을 닦는다 하더라도, 지난 세상으로부터 내려온 무거운 죄와 나쁜 업의 장애가 많이 있기 때문에, 사악한 마귀나 여러 귀신들의 괴롭힘과 어지럽힘을 받기도 하고, 혹은 세상의 일들로 인해 여러 가지로 얽혀서 끌려다니기도 하며, 혹은 병으로 인해 번거로울 때도 있다. 이와 같은 여러 가지 많은 장애가 있기 때문에 응당 용맹 정진해서 낮밤 6시에 모든 부처에게 예를 올려야 한다.

성실한 마음으로 잘못을 뉘우쳐서, 부처 법을 청해 듣고, 남의 잘됨을 따라 즐거워하며, 깨달음(보리)으로 되돌아가 언제나 쉬거나 그치지 아니하면, 모든 장애가 면해져서, 좋은 뿌리가 더욱 자라기 때문이다.(『기신론』)

곧 지금 나의 고통과 병고는 과거에 내가 지은 업 때문일 수도 있다. 조금 수행했다고 당장 좋아지는 것이 아니니, 남을 탓할 것 없이 부지런히 노력하는 것뿐이다.

원효는 잘못을 뉘우쳐서 장애를 없애는 4가지 방법(별제4장)을 특별히 설명한다.

모든 나쁜 업의 장애(제악업장)는 뉘우쳐서(참회) 없애고, 바른 법을 헐뜯은(비방정법) 잘못은 부처 법을 청해 들어서(권청) 없애며, 다른 사람의 뛰어남을 시샘하는(질투타승) 잘못은 남의 잘됨을 따라 즐거워해서(수희) 없애고, 삼계에 즐거이 달라붙는(낙착삼유) 잘못은 깨달음으로 되돌아가서(회향) 없앤다.(『기신론소』)

〈별제4장別除四障〉: 특별히 4장애를 없앰

제악업장除惡業障 − 참회懺悔, 비방정법誹謗正法 − 권청勸請
질투타승嫉妒他勝 − 수희隨喜, 낙착삼유樂着三有 − 회향迴向

[4생] 중생이 태어나는 모습에는 4유형, 곧 태란습화가 있다. 4생이라 하는데 태아로 태어나는 태생, 알로 태어나는 난생, 물에서 태어나는 습생, 변해서 태어나는 화생이다.(『열반경종요』)

화생은 물질의 기반이 없이 과거 자신의 업력에 의해 비물질적으로 홀연히 태어나는 것으로 천인, 지옥중생 등을 말한다.

〈4생四生〉: 태란습화胎卵濕化

태생胎生, 난생卵生, 습생濕生, 화생化生

[2생] 2생二生은 2종생사라 하는데 업생과 변생을 말한다. 분단생사, 변역생사라 하기도 한다.

『본업경』과 원효 풀이를 정리하면 업생業生은 자기가 지은 업으로 인해 생겨나는 것이고, 변생變生은 자기가 변해서 생겨나는 것이다.

업생은 자기 업에 끌리는 것이니 낮은 수준이고, 변생은 어느 정도 자율성을 가지는 것이니 높은 수준이다.

업생이 곧 분단생사로 몸이 나고 죽는 것이다. 몸이 나고 죽음으로 몸의 괴로움이 있다. 보살수행 52단계 중 47단계 이하이다. 이 업생은 3층의 어진이(3현위)와 성인 자리(성위)로 나눠진다.

변생은 곧 변역생사인데 마음이 나고 죽는 것이다. 몸이란 개념이 없어 몸의 고통이 없다. 곧 성인 자리(성위)로 보살수행 52단계 중 48~50단계이다.

〈2생二生〉: 2종생사二種生死. 분단생사와 변역생사(『본업경』)

업생業生 − 3현위三賢位 11~40 − 분단생사分斷生死

　　　− 성위聖位 중 41~47 − 분단생사分斷生死

변생變生 − 성위聖位 중 48~52 − 변역생사變易生死

『승만경』도 2생을 설명한다.

"2가지 죽음이 있습니다. 무엇이 2가지입니까. 이른바 분단 죽음
(분단사)과 불가사의한 변해 죽음(변역사)입니다.
분단 죽음은 이른바 헛되고 거짓된 중생입니다.
불가사의한 변해 죽음은 이른바 아라한, 벽지불, 대력보살이니,
뜻으로 생기는 몸(의생신), 나아가 끝 되는 무상보리입니다."(『승
만경』)

아라한은 나한羅漢이고, 벽지불은 연각緣覺이며, 대력보살大力菩薩
은 대권보살大權菩薩인데 크게 힘 있는 보살이다.
뜻으로 생기는 몸은 육신이 없이 마음만 나고 죽는 것으로 변역생사
를 뜻한다. 원효는 『승만경소』에서 이렇게 말한다. "뜻으로 생기는
몸은 빛깔(색)이 아닌 수상행식 4덩어리로 생기는 것이다(謂意生身
非色四蘊)."

〈3종의생신三種意生身〉: 3가지 뜻으로 생기는 몸
아라한, 벽지불, 대력보살(대권보살)

[글귀]
① 2수레와 보살이 3종 의생신인데,
　의생신은 변역의 다른 이름이다.(『상현기』)
　아리야식이 변역생사 과보의 몸체인데,

이른바 뜻으로 생기는 몸(의생신)으로
빛깔이 아닌 4덩어리(수상행식)이다.(『상현기』)
二乘菩薩三意生身 意生身者變易異名
梨耶爲變易果報體 謂意生身非色四蘊(『승만경소』)

② 목숨을 마칠 때 최후로 생각하는 마음은
반드시 달리 익는 법(이숙법)이다.(『유가론』)
만약 중유(죽음과 생김사이)로 말하면
최후로 생각하는 마음은 반드시 물든 것(염오)이다.
이 이전에는 정해진 자리가 없다.
臨命終時最後念心 必異熟法若論中有
最後念心必是染汚 從此已前卽無定位(『이장의』)

③ 통틀어 말하면 일체 번뇌가 모두
이끄는 업을 피우고 또한 생기는 업을 피운다.
그 가장 뛰어난 것으로 말하면,
밝지 못한 것(무명)은 이끄는 업을 피우고,
좋아 달라붙는 것(애취)은 생기는 업을 피운다.(『이장의』)
通而論之一切煩惱 皆發引業亦發生業
論其最勝 無明能發引業愛取能發生業

④ 만약 어떤 사람이 베풂 등 여러 선한 뿌리를 닦아서,
나는 세상 세상에서 열반에 들어가기를 바라지 않는다 해도

나는 이 사람은 반드시 열반에 들어간다고 한다.(『대비경』)

인과의 도리는 털끝만한 어긋남도 없기 때문이다.

若人行施諸餘善根 願我世世莫入涅槃

我說是人必入涅槃 因果道理無毫釐違(『본업경소』)

(3) 불성

모든 중생에게 불성佛性, 부처 성질이 있다. 이른바 개유불성皆有佛性
실유불성悉有佛性이다. 『열반경』「사자후품」을 본다.

무릇 마음 있는 자는 정말로 마땅히 위없는 깨침을 얻는다. 이런
뜻 때문에 나는 항상 말한다. 모든 중생에게 모두 불성이 있다고.

凡有心者定當得成阿耨菩提 以是義故我常宣說 一切衆生悉有佛
性.(『열반경종요』)

[2종불성] 불성에는 2가지가 있다. 인불성과 과불성으로 합쳐
인과불성因果佛性이라 한다.

인불성은 부처의 원인이 되는 성질, 부처를 짓는 성질이니 중생을
말하고, 과불성은 부처의 결과가 되는 성질, 부처의 몸체 성질이니
부처를 말한다.

본래 부처였던 사람이 번뇌에 물들어 중생이 되었다(인불성). 그러
다 6바라밀 등을 수행하여 번뇌를 떨치고 다시 부처가 되었다(과불성).

곧 원인도 부처이고 결과도 부처이다. 부처에서 출발해서 부처로
끝난다. 중생이 부처라는 말이다.(『열반경종요』 정리)

신라 명효明晶 스님은 『해인삼매론』에서 이렇게 말한다.

온 우주를 헤매어 부처되기 바라지만, 몸과 마음이 일찍이 부처였
음을 모른 것이다. 옛적부터 애써서 삶 죽음을 떨치려 하지만,
삶 죽음과 해탈함이 본디 같은 것임을 모른 것이다.
遍詣十方求成佛 不知身心舊成佛
往昔精進捨生死 不知生死則涅槃

〈2불성二佛性〉: 2종불성, 인과불성因果佛性
과불성果佛性 — 불지체성佛之體性
인불성因佛性 — 작불지성作佛之性

[4종불종] 『섭대승론』은 보살수행 52위에 대비해 4가지 부처 씨
를 설명한다. 이른바 4종불종四種佛種이다. 원효『보살계본사기』를
본다.

부처 씨란 말은 『섭대승론』에서 말하는 것과 같다.
"첫째는 신심(믿는 마음)이 씨가 된다. 이 믿는 마음에 의해서
부처의 결과를 이루기 때문이고, 이 마음에 의해서 믿음이 끊긴
이(천제)의 믿지 않은(불신) 장애를 능히 대응하기 때문이다. 만약
자리를 말한다면 10신(1~10)이다.
둘째는 반야(슬기)가 어머니가 된다. 바깥 도(외도)가 나에 집착하
는(착아) 장애를 능히 대응해 다스린다. 이는 곧 10해(11~20)이다.

셋째는 선정(고요함)이 태아가 된다. 배워 깨치는 이(성문)의 뭇 괴로운 장애(중고)를 능히 대응해 다스리기 때문이다. 이는 곧 10행(21~30)이다.

넷째는 대비(큰 자비)가 젖어미(유모)가 된다. 홀로 깨치는 이(연각)의 마음 버리는(사심) 장애를 능히 대응해 다스린다. 이는 곧 10회향(31~40)이다."

초지(41) 이상은 이 4뜻을 모두 갖추고 또한 진실해서 비슷하지 않기 때문에 참된 부처의 아들딸이라 한다.(『보살계본사기』)

〈4종불종四種佛種〉(『섭대승론』 정리)

(마음)	(부처 씨)	(대응)	(자리)
신심信心ー씨(種子)ーー		천제闡提, 불신不信ー10신	
반야般若ー어머니(母)ー		외도外道, 착아著我ー10해	
선정禪定ー태아(胎)ーー		성문聲聞, 중고衆苦ー10행	
대비大悲ー유모乳母ーー		연각緣覺, 사심捨心ー10회향	

[글귀]

① 진실한 경지의 법은, 법에 경지가 없다.

경지 없는 마음이 곧 진실한 경지에 들어간다.

이런 한 깨침이 곧 법신이고,

법신이 곧 중생의 본각이다.

實際之法 法無有際 無際之心 則入實際(『삼매경』)

如是一覺 卽是法身 法身卽是 衆生本覺(『삼매론』)

② 불성은 원인도 있고 원인의 원인도 있으며,

　결과도 있고 결과의 결과도 있으나 그 성질은 한마음이다.

　(인법) 2가지 빈 진여가 곧 불성이다.

　3보가 한 몸체인 것(3보1체)이 곧 불성이다.

　佛性有因有因因有果有果果 其性一心(「사자후품」)

　二空眞如卽是佛性 三寶一體卽是佛性(『열반경종요』)

③ 중생과 부처 성질은 같은 것도 아니고 다른 것도 아니다.

　중생의 성질은 본디 나고 죽음이 없다.

　나고 죽는 성질은 성질이 본디 열반이다.

　성질과 모습도 본디 그대로이다.

　그대로에는 움직임이 없기 때문이다.

　衆生佛性 不一不異 衆生之性 本無生滅

　生滅之性 性本涅槃 性相本如 如無動故(『금강삼매경』)

④ 모든 중생 모두에게 다 마음이 있다.

　무릇 마음 있는 자는 반드시 위없는 깨침을 이룬다.

　한 중생도 미래 결과를 포함하지 않는 것이 없다.

　미래 결과를 포함한 이는 반드시 큰 깨침을 이룬다.

　一切衆生悉皆有心 凡有心者當得菩提(『열반경』)

　無一有情不含當果 含當果者必成大覺(『열반경종요』)

⑤ 5음은 있지 않아, 인연으로 생기지 않으나,

없는 것도 아니어서, 성인聖人의 경계를 지나가지 않는다.
성인과 법부의 경계가 같다. 속됨도 참됨도 버리지 않고,
법계에 의해 보리행을 수행한다.

五陰非有不因緣生 非不有不過聖境界(『금광명경』)
聖凡境同 不捨俗眞依於法界行菩提行(『금광명경』)

⑥ 무릇,

중생의 마음 성질은 둥글게 통해 걸림이 없다.
크기는 빈 하늘과 같고,
맑기는 큰 바다와 같다.
빈 하늘과 같기 때문에 그 몸체가 평등해서
특별한 모습은 없으나 얻을 수는 있다.
어디에 깨끗하고 더러운 곳이 있겠는가?
큰 바다와 같기 때문에 그 성질이 매끄러워
능히 인연을 따르나 거스름은 없다.
어찌 움직이고 조용한 때가 없겠는가?

然夫
衆生心性融通無礙 泰若虛空湛猶巨海
若虛空故其體平等 無別相而可得
何有淨穢之處 猶巨海故其性潤滑
能隨緣而不逆 豈無動靜之時(『유심안락도』)

⑦ 이에

혹은 먼지바람으로 인해

5탁에 빠져 오래 구르기도 하고,

괴로운 물결에 잠겨 오래 흐르기도 하며,

혹은 선한 힘을 이어받아

4흐름(4류)을 끊고 돌아오지 않아서,

저 언덕에 이르러 아주 고요하기도 하다.

만약

이 움직임과 고요함이 모두 큰 꿈이라면,

깨침에서 말하면 이쪽도 없고 저쪽도 없다.

더러운 땅과 깨끗한 나라가 본디 한마음이다.

생사와 열반 마침내 2세계가 없다.

爾乃

或因塵風 淪五濁而久轉 沈苦浪而長流

或承善力 截四流而不還 至彼岸而永寂

若斯動寂皆是大夢 以覺言之無此無彼

穢土淨國本來一心 生死涅槃終無二際(『유심안락도』)

3. 부처

(1) 여래

[여래10호] 여래10호는 여래를 부르는 10가지 호칭이다. 원효는 『본업
경소』에서 상세히 설명한다. 여래를 나타내는 다른 이름도 많다.

〈여래10호如來十號〉

여래如來, 응공應供, 정변지正遍知, 명행족明行足, 선서善逝, 세간해世間解, 무상사無上士, 조어장부調御丈夫, 천인사天人師, 불세존佛世尊

〈여래의 다른 이름〉

공왕(空王, 공의 임금), 능인(能仁, 어진 이), 능인(能人, 능한 이), 대도사(大導師, 크게 이끄는 스승), 대명(大名, 큰 이름), 대모니(大牟尼, 대각자), 대사(大師, 큰 스승), 대선(大仙, 큰 신선), 대성(大聖, 큰 성인), 대웅(大雄, 큰 영웅), 대음사자후(大音師子吼, 크게 소리치는 사자), 대자만족존(大慈滿足尊, 크게 자비로운 스승), 도사(導師, 이끄는 스승), 등왕(燈王, 등불의 왕), 묘산왕(妙山王, 수미산의 임금), 무등대명(無等大名, 짝이 없는 큰 이름), 무상의(無上依, 위없는 의지처), 무상인(無上人, 위없는 사람), 박가범(薄伽梵, 바가바, 바가바트, 세존), 법왕(法王, 법의 임금), 법주(法主, 법의 주인), 상왕(象王, 임금 코끼리), 석가모니(釋迦牟尼, 석가족의 성자), 선행(善行, 잘 닦는 사람), 세웅(世雄, 세상의 영웅), 수미산왕(須彌山王, 수미산의 임금), 수선다불(須扇多佛, 심정심정甚淨, 지극히 깨끗함), 양족존(兩足尊, 복덕과 지혜가 충족하신 분, 두 발을 가진 이 중 가장 존귀한 분), 인사자(人師子, 사람의 스승), 조세간(照世間, 세간을 비추는 이), 조어사(調御士, 잘 다루는 선비), 존자(尊者, 존경스런 어른)

[여래] 있는 그대로를 여여如如라 한다. 본래 자리로 변함이 없어 부처 자리가 된다.

이 있는 그대로에서 조금도 물들거나 변함이 없이 있는 그대로 왔다. 이것이 여래如來다.

중생을 제도하기 위해 중생에게 왔지만 조금도 물들거나 변하지 않았다. 중생에게 왔지만 중생을 따르지 않아 부처 성질 그대로다. 이것이 여래다.

『승만경소』(『상현기』)는 이렇게 말한다.

여래란 말은 여실한 결과를 타고 세간을 교화하러 왔기 때문에 여래라 한다. 여래는 여실히 왔다, 있는 그대로 왔다는 뜻이다. 여실한 결과는 이른바 살반야(일체지一切智)인데, 마치 『인왕경』에서 말하는 것과 같다. "살반야를 타고 3계를 교화하러 왔기 때문에 여래라 한다."(『승만경소』)
言如來者 乘如實果來化世間 故曰如來
如實果者 謂薩婆若 如仁王經曰 "乘薩婆若 來化三界" 故.

『금강삼매경론』은 이렇게 말한다.

『부증불감경』에서 말하는 "미래 세상까지 평등하고 항상하다"는 말이 그대로(여)라는 뜻이고, "또 있다"는 말이 온다(래)는 뜻이다.(『금강삼매경론』)
謂 "未來際平等恒" 者 卽是如義, 言 "及有" 者 是其來義.

『열반경』「금강신품金剛身品」은 여래의 몸을 이렇게 풀이한다.

여래의 몸은, 몸이 아니지만 또한 몸이고, 가리새가 아니지만 또한 가리새이며, 마음을 떠났지만 또한 마음을 떠나지 아니했고, 장소가 없지만 또한 장소가 있으며, 집이 없지만 또한 집이 있고, 형상도 아니고, 모습도 아니지만 또한 여러 모습이 장엄하다.(『열반경종요』)

여래는 있고 없음, 오고감이 한결같다는 뜻이다.

如來之身 非身是身 無識是識 離心亦不離心

無處亦處 無宅亦宅 非像非相 諸相莊嚴.

[기타] 응공은 공양을 받을만하다는 뜻으로 아라한이나 부처를 가리킨다. 비슷한 말로 응진應眞이 있는데 이는 진리와 응한다는 뜻으로 아라한(나한)을 가리킨다.

정변지는 바르고 두루한 슬기로 모든 것을 두루 안다는 뜻이고, 명행족은 밝게 움직이는 발로서 지혜와 수행이 충족했다는 뜻이다.

선서는 위로 끝까지 잘 가는 사람으로 어두움(미혹)을 다 벗어났다는 뜻이고, 세간해는 세상을 잘 이해하는 사람으로 세간과 출세간을 다 안다는 뜻이다.

무상사는 위없는 선비로 세간에서 가장 뛰어나다는 뜻이고, 천인사는 천과 인간의 스승이니 6도중생의 스승이란 뜻이다.

불세존은 함께 쓰기도 하나 나눠 쓰기도 한다. 나누면 불은 불타(佛陀, Buddha)의 준말로 깨친 이라는 뜻이고, 세존은 덕을 많이 갖추어 세간에서 존경받는 사람이란 뜻이다.

조어장부는 잘 부리는 대장부로 중생을 잘 다스려 열반으로 잘

이끈다는 뜻이다.

조어장부를 흔히 대장부라 하는데 이는 남자만을 지칭하지 않는다. 남자든 여자든 대장부다운 사람이면 모두 대장부다. 거꾸로 남자라 해도 대장부답지 못하면 대장부가 아니다. 『본업경』은 이렇게 말한다.

"선남자야, 일체 남녀가 만약 대장부가 지녀야 할 4법을 갖춘다면 대장부라 하는데, 무엇이 4가지인가?
하나는 좋은 지식(선지식)을 갖추는 것이고, 둘은 법을 잘 듣는 것(능청법)이며, 셋은 뜻을 잘 생각하는 것(사유의)이고, 넷은 부처님 말씀대로 잘 닦는 것(여설수행)이다. 남자든 여자든 이 4법을 갖추면 곧 대장부라 한다.
만약 남자라도 이 4법이 없으면 대장부라 하지 못한다. 왜냐? 몸은 비록 대장부이지만 행동은 짐승과 같기 때문이다."(『본업경』)

〈대장부大丈夫 4법四法〉: 대장부가 지녀야 할 4가지 법
선지식善知識, 능청법能聽法, 사유의思惟義, 여설수행如說脩行

(2) 부처

[7불] 불佛은 불타인데 편하게 발음해 부처라 한다. 석가釋迦를 서가라 하고 십방十方을 시방이라 하는 것과 같다.

과거7불은 과거에 오셨던 부처로 비바시불, 시기불, 비사부불, 구루손불, 구나함불, 가섭불, 석가모니불을 말한다. 석가모니불도 과거불에 들어간다.

연등불燃燈佛은 7불에 포함되지 않지만 석가 이전에 태어나 석가에게 성불할 것을 예언한 사람이다. 미륵불彌勒佛은 석가 다음에 오실 미래불이다.

〈7불〉: 과거7불過去七佛

비바시불毘婆尸佛, 시기불尸棄佛, 비사부불毘舍浮佛, 구루손불拘樓孫佛, 구나함불拘那含佛, 가섭불迦葉佛, 석가모니불釋迦牟尼佛

[불공법] 부처에게는 불공법不共法이 있다. 곧 중생이 함께할 수 없는 것으로 부처에게만 특유한 것이다. 18불공, 140불공, 180불공 등이 있으나 18불공만 간단히 본다.

원효는 『금광명경소』(『현추』)에서 이렇게 설명한다.

18불공이란 말에도 2부문이 있으니 하나는 10력, 4무외, 대비, 3념처이고, 둘은 신구의 무과실(과실 없음)과 거래(오고감)이다. 10력은 『무상의경』에서 설하는 10가지 힘이고, 4무외는 설법에 4가지 두려움 없는 것이며, 3념처는 부처님이 가지는 3가지 평정한 마음이다.

부처님은 자기를 믿어도 기쁜 마음 없이 바른 생각, 바른 지혜(正念正智)에 머물고, 자기를 믿지 않아도 근심걱정 없이 바른 생각, 바른 지혜에 머물며, 자기를 믿든 말든 관계없이 항상 바른 생각, 바른 지혜에 머문다. 이를 3념처라 한다.

〈18불공법十八不共法〉(『금광명경소』)

1설－10력十力, 4무외四無畏, 대비大悲, 3념처三念處

2설－신구의身口意 무과실과 거래(오고감)

[유일대사] 불교의 최종목표는 생사를 자유자재하는 것이다.

태어나고 싶으면 태어나고, 태어나고 싶지 않으면 태어나지 않는 것이다. 이를 터득한 사람이 대자유인大自由人, 곧 부처다.

그런데 이런 사람이 왜 다시 태어나는가? 태어나지 않아도 될 텐데. 이는 자기가 원해서이다. 이른바 원생願生이다. 중생은 그렇지 못하다. 자기가 지은 업에 이끌려 강제로 태어난다. 이른바 업생業生이다.

그러나 아무리 부처라도 일단 사람으로 태어나면 사람이 겪는 생로병사 모든 고통을 다 겪어야 한다. 부처라고 고고하게 있을 수만 없고 고통을 피할 수도 없다. 단지 태어나고 태어나지 않고 만을 자유로이 할 뿐이다.

그러면 이런 고통을 감내하면서도 왜 다시 태어나는가? 이는 오직 한 가지 이유, 곧 중생을 제도하겠다는 한 가지 이유 때문이다. 이를 유일대사唯一大事, 오직 하나의 큰일이라 한다.

『법화경』은 이렇게 말한다. "모든 부처는 오직 하나의, 큰일의 인연 때문에 세상에 나타나신다."

부처의 이런 마음을 우리는 대자대비大慈大悲라 하고, 이런 부처님을 구세대비자救世大悲者라 한다. 세상을 건지는 크고 자비로운 사람이란 뜻이다.

[5탁] 부처는 언제 출현하는가?

5탁五濁이 있다. 5가지 탁함으로 세계가 탁하고(겁탁), 견해가 탁하며(견탁), 번뇌가 탁하고(번뇌탁), 중생이 탁하며(중생탁), 목숨이 탁한 것(명탁)이다.

이런 시대에는 부처가 출현하지 않는다. 왜냐? 가르칠 수 없기 때문이다. 원효 『미륵상생경종요』를 본다.

"겁劫이 오르는 시기(수명이 늘어나는 시기)에 부처가 세상에 나옵니까? 겁이 내려가는 시기(수명이 줄어드는 시기)에 부처가 세상에 나옵니까?"
게송은 말한다. "겁이 내려갈 때 부처가 나온다. 사람의 수명이 8만 살에서 100살로 줄어들 때이다."
"어째서 겁이 오르는 시기에는 나오시지 않습니까?"
"이 시기의 중생은 괴로움 떨치기를 싫어해 가르치기 어렵기 때문이다.
또 100살에서 10살로 줄어들 때도, 괴로움 떨치기를 싫어하는 마음이 너무 무거워 아주 쉽게 다른 것으로 변해 태어난다. 5탁五濁이 불처럼 무성하기 때문이다."(『미륵상생경종요』)

곧 부처는 가르칠 수 있을 때만 출현한다.

시절이 좋아서 사람의 수명이 늘어날 때는, 교만해서 닦으려 하지 않기 때문에 부처가 가르칠 수 없어 출현하지 않고, 시절이 나빠서 사람의 수명이 극히 짧아질 때는, 다급해서 닦을 여유가 없기 때문에 역시 부처가 출현하지 않는다. 이때도 가르칠 수 없기 때문이다.

성주괴공에서 사람의 수명이 무량세無量歲에서 8만 4천 세로, 다시 10세歲로 줄어드는 과정을 20번 반복한다고 했는데, 사람의 수명이 8만에서 100살로 줄어들 때만 부처가 출현한다. 이 때의 사람들은 겸손하고 닦을 여유가 있기 때문이다.

지금이 어느 때인가는 스스로 판단할 일이다. 겸손하면 부처가 출현할 시기이고, 겸손하지 않으면 부처가 출현할 시기가 아니다.

〈5탁五濁〉: 5가지 탁함

겁탁劫濁, 견탁見濁, 번뇌탁煩惱濁, 중생탁衆生濁, 명탁命濁

[글귀]

① 모든 부처는 오직 하나의

큰일의 인연 때문에 세상에 나타나신다.(「방편품」)

일체중생이 깨침을 이루지 못하면,

부처 법은 가득하지 않고 본디 바람도

가득하지 않다.(『화엄경』)

經言 諸佛唯以一大事因緣故出現於世

一切衆生未成菩提 佛法未足本願未滿(『법화경종요』)

② 부처 한 사람만이 법계 바깥으로 벗어나 있다.

(그 후) 다시 법계 중으로 들어옴은,

무명 중생에게, 일체 선악도善惡道의 과보에

한량없는 차별이 있음을 보이기 위해서다.

唯佛一人在法界外 爲復來入法界藏中

無明衆生 示一切善惡道果報差別無量(『본업경』)

③ 모든 나고 없어지는 법을 없애면 열반에 머물지만,

큰 자비에게 빼앗기면 열반이 없어져 머물지 않는다.

하나의 작은 먼지 중에서도 한량없는 부처를 널리 보며.

하나의 작은 먼지들과 같이, 모든 먼지 또한 그러하다.(『화엄경』)

滅諸生滅 住於涅槃 大悲所奪 涅槃不住

一微塵中 見無量佛 如一微塵 一切塵然(『금강삼매경』)

(3) 3신

[3신] 부처 몸을 3가지, 곧 3신三身으로 나누기도 한다. 3불, 3신불,
묘각3신, 3존 등으로도 불리는데, 3몸, 3부처 몸 정도로 해석된다.
  곧 법신, 응신, 화신을 말하는데 응신을 보신報身이라 하기도 하고,
화신을 보신報身이라 하기도 하며, 응신과 화신의 위치를 바꾸기도
한다. 경전마다 설명이 다르기 때문이니 그때그때 적절히 이해해야
한다.
  그러나 원효는 대체로 법신, 응신, 화신의 차례를 쓴다. 그러면서
응신은 보살을, 화신을 중생을 주로 교화하는 것으로 본다.
  원효 『금고경소』는 이렇게 설명한다.

중생을 교화하기 위해 방편으로 몸을 나타내기 때문에 화신이라

한다.

근기에 응해 나타나는 것을 응신이라 하고, 또한 일체 장애를 떨치고 진리와 상응하기 때문에 응신이라 한다.

만 가지 수행의 보답으로 뛰어난 대가의 모습이 나타나는 것을 보신이라 한다.

모든 공덕의 법이 의지하는 몸체이기 때문에 법신이라 한다.

자기 몸체가 본디 있어서 끝내 변함이 없는 것을 자성신自性身이라 한다.(『금고경소』)

〈3신三身〉: 3불三佛, 3신불三身佛, 묘각3신妙覺三身, 3존三尊

─비로자나불(법신), 노사나불(보신), 석가모니불(화신)

─법 몸(法身), 응한 몸(應身), 변한 몸(化身)

─법신불法身佛, 보신불報身佛, 화신불化身佛

원효 『기신론소』는 응신과 보신(화신)을 이렇게 설명한다.

응신은 10신(1~10) 자리로 범부2승이고, 보신(화신)은 10해(11~20) 이상이다.

10해 이상에도 2가지가 있는데 10지(41~50) 아래와 10지十地 위다. 10지 아래에 있는 사람은 법신의 일부만 보지만, 10지 위에 있는 사람은 법신을 끝까지 본다.

여기서는 보신을 응신 위에 두고 있다.

〈응신과 보신〉(『기신론』)

응신 - 10신十信 자리 - 범부2승凡夫二乘 - 6도 차이 있음

보신 - 10해十解 이상 - 10지十地 아래 - 법신 일부 봄

　　　　　　　　　　　　10지十地 위 - 법신 끝까지 봄

『금광명경』은 3신을 이렇게 설명한다.

무엇이 보살이 화신(변한 몸)을 잘 분별하는 것인가?

선남자야, 여래가 옛날 수행 자리에 있으면서, 일체중생을 위해 갖가지 법을 닦았는데, 이 닦은 모든 법이 가득한 수행에 이르렀고, 이 수행한 힘 때문에 자재함을 얻었다.

이 자재한 힘 때문에 중생의 마음을 따르고, 중생의 행동을 따르며, 중생의 세계를 따라서 갖가지를 잘 분별해, 때를 기다리지도 않았고, 때를 넘어서지도 않았다.

처소에 상응하고, 시간에 상응하며, 행동에 상응하고, 설법에 상응해서 갖가지 몸을 나타냈으니 이를 화신化身이라 한다.

무엇이 보살이 응신(응한 몸)을 잘 분별하는 것인가?

선남자야, 이 모든 부처 여래는 모든 보살이 통달을 얻게 하기 때문에 참 진리(진제)를 말씀하신다.

생사 열반이 한맛임을 통달했기 때문이고, 몸으로 중생의 두려움과 즐거움을 보았기 때문이며, 가없는 부처 법의 근본을 짓기 때문이고, 여래의 여여함(있는 그대로, 본연의 모습)과 상응하니 여여한 지혜의 원력 때문이다.

202

이 몸이 부처님의 32상과 80종호를 갖춰, 등 뒤에 둥글게 빛이 나니 이를 응신應身이라 한다.

선남자야, 무엇이 보살마하살이 법신(법 몸)을 잘 분별하는 것인가? 일체 모든 번뇌의 장애를 없애려 하고, 일체 모든 선법善法을 다 갖추려 하기 때문에, 오직 여여함과 여여한 지혜(여여지)만 있으니 이를 법신法身이라 한다.

앞의 화신과 응신 2몸은 가짜로 이름만 있으나, 셋째 법신은 이름이 진실로 있어서, 앞 2몸의 근본이 된다.(『금광명경소』)

⟨3신三身⟩

법신─여여함(본연의 모습)과 여여한 지혜만 있음
응신─보살의 통달을 위해, 32상 80종호 광배光背가 있음
화신─중생에 따라 갖가지 몸을 나타냄

또 『금광명경』은 이렇게 말한다.

선남자야, 이 법신은 번뇌의 장애(번뇌장)가 청정하기 때문에 능히 응신을 나타내고, 업의 장애(업장)가 청정하기 때문에 화신을 나타내며, 앎의 장애(지장)가 청정하기 때문에 법신을 나타낸다. 비유하면 마치 허공에 의해 번개가 나오고, 번개에 의해 빛이 나오는 것과 같다. 이와 같이 법신에 의하기 때문에 응신이 나오고, 응신에 의하기 때문에 화신이 나온다.

따라서 성질이 극히 청정하면(성극청정) 법신을 받아들이고, 지혜

가 청정하면(지혜청정) 응신을 받아들이며, 삼매가 청정하면(삼매 청정) 화신을 받아들인다. …(중략)…

따라서 모든 부처 몸은 하나로서 다르지 않다.

〈법신 3청정三清淨〉

법신－허공－지장청정智障清淨   －성극청정性極清淨

응신－번개－번뇌장청정煩惱障清淨－지혜청정智慧清淨

화신－빛   －업장청정業障清淨   －삼매청정三昧清淨

〔글귀〕

① 법신은 번뇌가 청정하기 때문에 응신을 나타내고,

   업의 장해가 청정하기 때문에 화신을 나타내며,

   앎의 장해가 청정하기 때문에 법신을 나타낸다.

   허공에 의해 번개가 나오고, 번개에 의해 빛이 나오는 것과

   같다.

   煩惱清淨故現應身 業障清淨故現化身

   智障清淨故現法身 依空出電依電出光(『금광명경』 정리)

② 중생의 마음을 따르고, 중생의 행동을 따르며,

   중생의 세계를 따라서 갖가지를 잘 분별해서,

   처소와 시간과 행동과 설법에 상응해,

   갖가지 몸을 나타내는 것이 화신化身이다.

   隨衆生心隨衆生行 隨衆生界多種了別

處所時行說法相應　現種種身是名化身(『금광명경』정리)

③ 생사 열반이 한맛임을 통달해,

　　몸으로 중생의 두려움과 즐거움을 보며,

　　가없는 부처 법으로 근본을 짓고,

　　여래의 여여함과 상응하는 것이 응신이다.

　　通達生死涅槃一味　身見衆生怖畏歡喜

　　爲無邊佛法而作本　如來相應如如應身(『금광명경』정리)

[체상용 3신] 부처를 체상용體相用, 곧 몸체와 모습과 작용 셋으로 나누기도 한다.

　몸체는 비로자나불毗盧遮那佛이고, 모습은 노사나불盧舍那佛이며, 작용은 석가모니불釋迦牟尼佛이다. 각각 청정법신, 원만보신, 백천억 화신이라 부른다.

　원효는 『보살계본사기』에서 달리 설명한다.

노사나는 번역하면 둥글고 깨끗함(원정)이다. 이른바 검은 법은 다하지 않음이 없기 때문에 흰 법을 능히 얻지 못함이 없다. 따라서 둥글고 깨끗함이라 한다.

비로자나는 번역하면 넓고 둥글고 깨끗함(광원정)이다. 가로로는 (공간적) 시방 법계 중에 통하지 않는 곳이 없고, 세로로는(시간적) 삼세 중에 두루하지 않은 곳이 없다. 따라서 넓고 둥글고 깨끗함이라 한다.

만약 이름을 일으킨다면, 석가란 이름은 바뀐 몸(화신) 중에서 일어났고, 노사나는 응한 몸(응신) 중에서 일어났으며, 비로자나는 법의 몸(법신) 중에서 일어났다.

만약 일으킨 이름을 몸체라 부른다면, 하나하나의 이름 모두가 3몸을 통틀어 부르는 것이다.(『보살계본사기』)

〈3신 풀이〉(『기신론소』)　　　　　（『보살계본사기』)

체體(법신)－비로자나불－청정법신淸淨法身, 광원정廣圓淨
상相(보신)－노사나불——원만보신圓滿報身, 원정圓淨
용用(화신)－석가모니불－백천억화신百千億化身, 화신化身

[10신] 부처를 10가지로 나누어 10신, 10불이라 한다.

『화엄경』에 의하면 2가지가 있는데, 수행 자리를 기준한 것(해경시불)과 깨침 자리를 기준한 것(행경시불)이다. 깨침 자리를 기준한 것은 여래신如來身을 나눈 것이다.

이름을 나열하면 아래 표와 같다.

이 중 원효는 정각불을 무착불, 주지불을 지불, 화불을 열반불이라 한다.(『화엄오교장지사』)

〈10신十身〉: 10불十佛

① 수행 자리 기준(해경시불解境十佛, 『화엄경』 27권)

중생신衆生身, 국토신國土身, 업보신業報身, 성문신聲聞身, 벽지불신辟支佛身, 보살신菩薩身, 여래신如來身, 지신智身, 법신法身, 허공신

虛空身

②깨침 자리 기준(행경시불行境十佛, 『화엄경』 37권) −여래신을 나눔

정각불正覺佛, 원불願佛, 업보불業報佛, 주지불住持佛, 화불化佛, 법계불法界佛, 심불心佛, 삼매불三昧佛, 성불性佛, 여의불如意佛.(원효는 정각불正覺佛을 무착불無著佛, 주지불住持佛을 지불持佛, 화불化佛을 열반불涅槃佛이라 함.)

[불전] 부처의 세계를 지상에 표현한 것이 절(사찰)이다.

마을에 표시가 있듯이 절에도 표시가 있는데 곧 일주문一柱門이다. 보통 양쪽에 기둥 하나씩을 세우고 지붕을 얹은 후 절 이름을 써놓는다.

조금 더 가면 건장한 자들이 이상한 물건을 들고 이상한 몸짓을 하며 눈을 부라리는데 절간을 수호하는 4천왕이다. 임무가 그렇다보니 하는 수 없다.

더 가면 종루, 종각이 나오는데 범종각梵鐘閣이다. 북, 종, 목어, 운판이 걸려 있는데 4물四物이라 한다. 북은 법고로 모든 중생을 제도하고, 종은 범종으로 지옥 중생을 제도하며, 목어는 물속 중생을 제도하고, 운판은 날짐승을 제도한다.

불교는 인간을 넘어 일체 생명체의 제도를 목표로 하는데, 이는 불교의 뛰어난 장점 중의 하나이다.

〈4대천왕四天王天〉: 4천왕

동−지국천왕持國天王−죄罪와 복福을 주관, 비파琵琶
서−광목천왕廣目天王−탄생誕生을 주관, 용과 여의주

남－증장천왕增長天王－지혜智慧을 주관, 취모검吹毛劍
북－다문천왕多聞天王－청법請法을 주관, 보탑과 삼지창

〈4물四物〉

절에서 소리를 내는 4가지 물건. 곧 법고法鼓, 범종梵鐘, 목어木魚,
운판雲版

사찰의 집을 전각, 불전이라 하는데 벽에는 8상도와 십우도가 많다.

8상八相은 8황八荒, 8상성도八相成道라 하기도 하는데 부처님의
일생을 8가지 그림으로 나타낸 것이다. 두 가지가 있는데 그중 하나를
본다.

중생을 제도코자 코끼리를 타고 도솔천을 물러나서는(천퇴天退), 마야
부인의 몸에 잉태하여(입태入胎), 룸비니동산에 태어난다(출퇴出胎).

그 후 4대문을 둘러보고 진리를 얻기 위해 왕궁을 나오며(출가出家),
히말라야 설산에서 수도한 후(설산수도雪山修道), 보리수나무 아래에
서 도를 이룬다(성도成道).

그 뒤 녹야원에서 법을 굴리다가(전법륜轉法輪), 사라수나무 아래에
서 열반한다(입멸入滅). 이 과정을 그린 것이 8상도八相圖이다.

〈8상도八相圖〉

도솔내의상 비람강생상 사문유관상 유성출가상
설산수도상 수하항마상 녹원전법상 쌍림열반상

兜率來儀相 毘藍降生相 四門遊觀相 踰城出家相

208

雪山修道相 樹下降魔相 鹿苑轉法相 雙林涅槃相

「십우도十牛圖」는 「심우도尋牛圖」라고도 하는데 10마리 소 그림, 10마리 소 찾기라는 뜻이다. 소는 마음을 뜻하니 곧 마음 수행의 과정을 10마리 소에 비유했다.

송宋나라 보명普明의 「목우도牧牛圖」와 역시 송宋나라 곽암廓庵의 「십우도」가 있으나 앞의 것을 본다.

심우尋牛는 처음으로 소(마음)를 찾는 것이고, 견적見跡은 비로소 소의 자취를 보는 것이며, 견우見牛는 소의 모습을 보는 것이고, 득우得牛는 소를 얻는 것이며, 목우牧牛는 소를 길들이는 것이다 기우귀가騎牛歸家는 길들인 소를 타고 집으로 돌아오는 것이고, 망우존인忘牛存人은 소를 잊어버리고 자기만이 홀로 남는 것이고, 인우구망人牛俱忘은 자기와 소 모두를 모두 잊어버리는 것이며, 반본환원返本還源은 본래의 본바탕으로 다시 돌아가는 것이고, 입전수수入塵垂手는 중생을 제도하기 위해 저잣거리로 나서는 것이다.

〈십우도十牛圖〉: 심우도尋牛圖.

심우尋牛, 견적見跡, 견우見牛, 득우得牛, 목우牧牛, 기우귀가騎牛歸家, 망우존인忘牛存人, 인우구망人牛俱忘, 반본환원返本還源, 입전수수入塵垂手

불전 안에는 가운데 불상이 있고 좌우에 그림이 있다. 이 그림을 불화佛畵, 탱화幀畵라 한다.

불상이 있는 가운데가 상단이고, 불상 뒤에 있는 그림이 후불탱화인데, 석가모니인 경우 영산회상도가 많다.

영산은 영취산, 영축산이라고도 하는데 고대 인도 마갈타국의 수도인 왕사성 북동쪽에 있는 산이다. 석가는 이 산에서 대중을 모아놓고 『법화경』 등 많은 경전을 설했는데, 그 모습을 그린 것이 영산회상도靈山會上圖이다.

불상을 바라보고 오른쪽이 중단이고, 그림이 신중탱화(칠성탱화)인데 절을 지키는 호법신장이다.

불상을 바라보고 왼쪽이 하단이고, 그림이 감로탱화(지장보살)인데 죽은 사람을 모시는 영가단이다. 절은 상단, 중단, 하단 순서로 3번 이상 한다.

〈3단三壇〉: **불상을 바라보고**

정면－－상단上壇－불상－－－－후불탱화(영산회상도)

오른쪽－중단中壇－호법신장－신중탱화 또는 칠성탱화

왼쪽－－하단下壇－영가단－－감로탱화 또는 지장보살

불상은 부처님의 형상으로 주불(본존불)과 협시불이 있다. 주불은 가운데 있는 분이고, 협시불은 좌우에서 주불을 돕는 분이다.

대적광전, 대광명전은 비로자나불이 주불이고, 대웅전, 대웅보전, 응진전, 영산전은 석가모니불이 주불이며, 팔상전은 팔상도를 모신다.

극락전은 아미타불, 약사전은 약사여래, 미륵전은 미륵불, 명부전은 지장보살, 원통보전은 관세음보살이 주불이다. 이들 각각에 협시불이 있다.

　적멸보궁寂滅寶宮은 부처님의 진신사리眞身舍利를 모시는 곳으로 불상을 모시지 않는다.

　그러나 이상은 원칙적인 이야기고, 사찰에 따라 그 방법과 모습이 매우 달라 불교의 다양성을 낳는다.

〈불전佛殿〉: 전각殿閣. 주불主佛과 협시불挾侍佛.

(불전)	(불상을 바라보고 우측)	(중앙)	(좌측)
대적광전大寂光殿(대광명전)	노사나,	비로자나,	석가모니
대웅전大雄殿	문수보살,	석가모니,	보현보살
대웅보전大雄寶殿	아미타불,	석가모니,	약사여래
응진전應眞殿(나한전)	아난(미륵),	석가모니,	가섭(갈라)
영산전靈山殿	갈라보살,	석가모니,	미륵보살
극락전極樂殿(무량수전)	관세음보살,	아미타불,	대세지보살
약사전藥師殿	일광보살,	약사여래,	월광보살
미륵전彌勒殿(용화전)	법화림보살,	미륵불,	대묘상보살
명부전冥府殿(지장전)	도명존자,	지장보살,	무독귀왕
원통보전圓通寶殿(관음전)	해상용왕,	관음보살,	남순동자

　[삼성각] 사찰에는 우리 고유의 신앙을 모시는 곳이 많다. 이는 불교가 우리 문화를 수용한 모습이다.

　삼성각三聖閣은 환인桓因, 환웅桓雄, 단군檀君 3분을 모시는 곳이고,

칠성각七星閣은 환인을 모시는 곳이며, 용왕각龍王閣은 환웅을 모시는 곳이고, 독성각獨聖閣은 나반존자를 모시는 곳이며, 산신각山神閣은 단군을 모시는 곳이다.

환인은 하느님으로 칠성七星, 칠불(七佛 일곱 부처)로 나타난다. 이들이 하늘을 대표하기 때문이다.

환웅은 구세주로 용龍, 물, 폭포수 등으로 나타난다. 용은 미르이고 물(믈)과 발음이 비슷한데다 모양도 폭포수와 비슷하기 때문이다.

나반존자는 환웅 또는 서낭을 나타내기 위해 특별히 창안된 분 같다. 불교에는 잘 나타나지 않는 분으로 독성각에 모셔진다. 독각獨覺이 연각緣覺이니, 연각승 정도로 대접해서 수용한 것 같다.

단군은 우리 민족의 시조로 산신, 호랑이로 나타난다. 『삼국유사』에는 단군이 구월산에 들어가 산신이 되었다는 기록이 있고, 또 산을 대표하는 것이 호랑이이기 때문이다.

우리 고유의 전각 명칭이 비록 다양하지만 구분법은 간단하다. 칠성이나 칠불이 있으면 환인이고, 물, 폭포수, 용龍이 있으면 환웅이며, 산신이나 호랑이가 있으면 단군이다.

이런 것이 없으면 나이가 많은 순서로 구분해도 되고, 중앙(환인), 좌(환웅), 우(단군)로 구분해도 된다.

주련柱聯은 전각의 기둥에 쓴 글이다. 대부분 주련이 있는데 그중 대웅전, 지장전, 삼성각의 예 하나씩만 본다. 의역意譯을 해서 운율을 맞췄다.

(대웅전)

온누리에 부처 몸 널리널리 두루해

세 세계의 여래는 모두 모두 똑같아

부처 바람 넓고 커 항상 다함 없으나

깨침 바다 또 넓어 끝을 알기 어려워.

佛身普遍十方中　三世如來一體同

廣大願雲恒不盡　汪洋覺海渺難窮

(불신보편시방중　삼세여래일체동)

(광대원운항부진　왕양각해묘난궁)

(지장전)

위엄 있고 신력 있는 지장보살 대성인은

항하사겁 칭송해도 이루 말로 다 못해.

보고 듣고 우러러서 예를 갖춘 한순간에

사람과 천인天人에게 이익 줌이 한량없네.

地藏大聖威神力　恒河沙劫說難盡

見聞瞻禮一念間　利益人天無量事

(지장대성위신력　항하사겁설난진)

(견문첨례일념간　이익인천무량사)

(삼성각)

영통하고 광대하며 거울 같은 지혜로

허공중에 계시면서 만방을 비추누나.

푸른 하늘 늘어서서 부처 세계 임해서는

중생 수명 늘려주려 셈을 하고 계시누나.

靈通廣大慧鑑明 住在空中映無方

羅列碧天臨刹土 周天人世壽算長

(영통광대혜감명 주재공중영무방)

(나열벽천임찰토 주천인세수산장)

(4) 법신

[5분법신] 법신이 중요함으로 다시 본다.

5분법신이 있다. 법신을 5부분으로 나눈 것인데 3학, 곧 계정혜에
해탈과 지견을 더한 것이다.

계정혜는 계율, 선정, 지혜를 말하고, 해탈은 벗어남이며, 지견은
알아보는 것이다. 『본업경』의 글을 본다.

3보가 다 갖춰짐을 구하기 때문에 5분법신이다.

계율로 모습과 나쁜 것을 제거하고, 선정으로 마음의 어지러움이
없으며, 지혜로 생각이 허망함을 깨치고, 해탈로 번뇌가 없으며,
번뇌 없음으로 일체중생에게 번뇌 없음을 알아본다. 이것이 5분법
신이다.(『본업경』)

〈5분법신五分法身〉: 법신의 5부분

3학三學, 곧 계정혜戒定慧에 해탈解脫과 지견知見을 더함

[법신5의] 법신에는 5가지 뜻(법신5의)이 있다. 『금강삼매경론』을 정리한다.

첫째, 하나하나의 공덕이, 취해지는 모습을 떠나기 때문에 법신은 떨치는 곳이 아니다(불리).

둘째, 하나하나의 공덕이, 능히 취하는 집착을 벗어나기 때문에 법신은 벗어나는 곳이 아니다(불탈).

셋째, 이 하나하나의 공덕은, 3세에 두루해서 세로로(시간적으로) 앞뒤 세상에서 끊어짐이 없다(부단).

넷째, 이 하나하나의 공덕은, 허공계와 같아서 가로로(공간적으로) 이쪽저쪽이라는 차이가 없어 달라지지 않는다(불리).

다섯째, 하나하나의 공덕은, 모두 모든 치우침을 떠나서, 헤아릴 수 있는 경계가 아니다. 언어(말)의 길도 끊어져서 불가사의하다(부사의).

곧 법신은 모습을 떨치는 곳도 아니고, 집착을 벗어나는 곳도 아니어서 온전한 곳이고, 시간적으로 3세에 두루하고, 공간적으로 허공에 보편적이어서, 헤아릴 수 없는 곳이다.(『금강삼매경론』)

〈법신5의法身五義〉: 법신의 5가지 뜻

불리不離, 불탈不脫, 부단不斷, 불이不異, 부사의不思議

[법신5자재] 법신에는 5자재가 있다. 『금광명경소』(『현추』)의 글이다.

물음. 법신은 일함을 끊는데 어째서 가없는 작용이 있다고 하는가?

대답. 원효는 말한다. 곧 이는 법신의 자재한 작용이다. 마치 『섭대승론』 지차별智差別에서 말하는 것과 같다.

"이 법신法身에는 어떤 자재함이 있는가? 만약 간단히 말하면 5자재가 있다.

하나는 정토에 나타나는 자기 몸의 좋은 모습이 가없어, 말소리로 볼 수 없는 자재이니, 색 덩어리(색음)가 바뀌어 의지하기 때문이다.

둘은 잃어지지 않는 무량 대안락 자리가 자재하니, 받음 덩어리(수음)가 바뀌어 의지하기 때문이다.

셋은 일체 이름자나 글귀 등을 다 갖춰, 중도 바른 설법이 자재하니, 생각 덩어리(상음)의 집착하는 모습의 차별이 바뀌어 의지하기 때문이다.

넷은 변화하고 바뀐 것이 큰 번뇌 덩어리를 끌어오나, 희고 깨끗한 법이 자재하니, 가리새 덩어리(식온)가 바뀌어 의지하기 때문이다."(『금광명경소』)

행음에 대한 설명은 빠진 듯하다.

곧 법신은 임의로 작용하지 않지만 스스로 작용함을 알 수 있다. 법신자재용法身自在用인데 진여자재용眞如自在用과 같은 뜻이다.

이를 함이 없이 일함이라 한다. 생각으로 이해할 수 없기 때문에 불가사의하다고 한다.

〈법신法身 5자재自在〉(행음行陰 설명 빠진 듯)

좋은 모습(相好)이 가없음－색음色陰이 의지함

무량 대안락大安樂 자리가 자재함－수음受陰이 의지함

중도 바른 설법(中正說)이 자재함－상음想陰이 의지함

희고 깨끗한 법(白淨法)이 자재함－식음識陰이 의지함

[글귀]

① 이 법신에는 모습(상)과 모습의 처소(상처),

　　이 둘이 모두 없다. 있는 것도 아니고 없는 것도 아니며,

　　하나도 아니고 둘도 아니며,

　　숫자도 아니고 숫자가 아님도 아니며,

　　밝음도 아니고 어두움도 아니다. 여여한 지혜이다.

　　於此法身相及相處 二皆是無非有非無

　　非一非二 非數非非數非明非闇如如智(『금광명경』)

② 법신은, 자기자체(自體)에 의함으로

　　항상하다 진실하다고 하며,

　　대삼매(마하삼매)에 의함으로 안락하다고 하고,

　　대지혜에 의함으로 청정하다고 한다.

　　항상 자재하고 안락하고 청정함에 머문다.

　　法身依自體說常實 依大三昧故說於樂

　　依於大智故說清淨 常住自在安樂清淨(『금광명경』)

③ 가르침을 받은 대중, 모든 제자들은

　　이 법신法身의 영상이다.

　　바람의 힘 때문에 (응화) 두 몸과 응해서,

　　갖가지 모습을 나타내나, 법신 자리에는 다른 모습이 없다.

　　受化之衆諸弟子等是法身影 以願力故

　　應於二身現種種相 於法身地無有異相(『금광명경』)

④ 3층의 어진이(3현, 11~40)는

　　오직 굴복시킬 뿐 능히 끊지 못한다.

　　제11지(51) 중에서는 굴복시키기도 하고 끊기도 한다.

　　묘하게 깨친 슬기(묘각지, 52) 중에서는

　　오직 끊을 뿐 굴복시키지 못한다.

　　근본무명이 이미 영원히 다했기 때문이다.

　　三賢唯伏未能斷故 十一地中亦伏亦斷

　　妙覺智中唯斷非伏 根本無明已永盡故(『본업경소』)

(5) 불지

[불지7덕] 부처 땅에는 7가지 덕이 있다. 이른바 불지7덕이다.

　상, 락, 아, 정, 진, 실, 선으로 항상함, 즐거움, 본질, 깨끗함, 참됨, 진실함, 선함이다.

　상락아정은 열반4덕이니 불지는 열반과 통하고, 진실선은 청정심이니 불지는 청정심과 통한다.

　여기에 선불선(선과 선하지 않음), 가견(보는 것), 소견(보이는 것)을 더하면 불지10사가 된다.(『열반경종요』)

〈불지7덕佛地七德〉

상常, 락樂, 아我, 정淨, 진眞, 실實, 선善을 말함. 여기에 선불선善不善, 가견可見, 소견所見을 더하면 불지10사佛地十事가 됨

[2종불지] 부처 땅은 등각지, 묘각지 2가지로 나눠진다.

경전마다 명칭이 다르나 대체로 등각지는 51단계로 조적, 방편도, 무구지라 하고, 묘각지는 52단계로 적조, 무간도라 한다. 묘각지 이상은 없다.

지地는 지智, 위位, 도道와 혼용하니 땅, 지혜, 자리, 도道 등의 뜻이다.

〈2종불지二種佛地〉

52단계: 묘각지妙覺地, 적조寂照, 무간도無間道

51단계: 등각지等覺地, 조적照寂, 방편도方便道, 무구지無垢地

원효는 『금강삼매경론』에서 이렇게 설명한다.

이 슬기의 작용이 같게 깨친 자리(등각위)에 있는 것을 그윽함을 비추는 슬기(조적혜)라 하는데, 이는 나고 죽음이 움직이는 모습을 떠나지 않았기 때문이다.

이 슬기의 작용이 묘하게 깨친 자리(묘각위)에 이른 것을 그윽함이

비치는 슬기(적조혜)라 하는데, 이미 제9식의 끝까지 고요함에 돌아갔기 때문이다.(『금강삼매경론』)

원효는 8식(아라야식) 위에 9식(암마라식)을 잘 인정하지 않는데 여기서는 인정한다.

구태여 풀이하면 등각은 생사의 흔적이 조금 남아 있는 단계이고, 묘각은 생사의 흔적이 전혀 남아 있지 않은 단계이다.

등각을 조적照寂이라 하는데 고요함을 비춰본다는 뜻이니, 고요함과 비춰보는 이가 둘로 나뉘져 온전한 상태가 못된다.

묘각은 적조寂照라 하는데 고요함이 비친다는 뜻이니, 고요함이 비치기만 할 뿐 고요함과 보는 이가 둘로 나눠지지 않는다. 곧 한 몸으로 동화되어 진정한 깨침의 세계이다.

〈등각等覺과 묘각妙覺〉(『금강삼매경론』)
등각위(51)─8식(아라야식), 마음그림자 있음, 조적혜照寂慧
묘각위(52)─9식(암마라식), 마음그림자 없음, 적조혜寂照慧

[4대신주] 원효는 『금강삼매경론』에서 등각을 수행이 가득한 단계(인만)로 보고, 묘각을 결과가 둥근 단계(과원)로 본다. 묘각이 더 위다.

또 4대신주 곧 대신주, 대명주, 무상주, 무등등주를 등각과 묘각에 배당한다.

등각을 백겁 자리(백겁지), 천겁 자리(천겁지)와 만겁 자리(만겁지), 3지三地로 나누어 대신주와 대명주를 배당하고, 묘각을 응신, 화신과 법신의 3신三身으로 나누어 무상주와 무등등주를 배당한다. (『금강삼매경론』)

대신주는 가장 신비한 주문이고, 대명주는 가장 밝은 주문이며, 무상주는 위없는 주문이고, 무등등주는 무엇과도 견줄 수 없는 주문이다.

〈등각3지等覺三地 묘각3신妙覺三身〉

인만因滿 — 등각3지 — 백겁지, 천겁지 ┄┄┄┄ 대신주大神呪

             — 만겁지 ┄┄┄┄┄┄┄┄┄ 대명주大明呪

과원果圓 — 묘각3신 — 응화법신(응신, 화신) -- 무상주無上呪

             — 법성신(법신) ┄┄┄┄┄ 무등등주無等等呪

4. 수행단계

(1) 37도품

[37도품] 수행의 단계(계위)에는 여러 가지가 있으나 37도품을 먼저 본다.

37도품은 37가지 도道의 자리란 뜻인데, 37가지를 7종류로 구분한 것이다.

7종류는 4념주, 4정단, 4신족, 5근, 5력, 7각지, 8정도를 말하는데 명칭과 설명은『중변론』,『유가론』등 경전마다 다르다. 여기서는 주로 원효의 견해를 따르는데 그것도 너무 어려워 용어풀이에 그친다.

〈37도품三十七道品〉: 37가지 도道의 자리(『중변론』)

〈7종〉　　　　　〈37도품〉

①4념주四念住: 身念住, 受念住, 心念住, 法念住

②4정단四正斷: 이생악불선법已生惡不善法, 미생악불선법未生惡不善法, 미생선법未生善法, 이생선법已生善法

〔『유가론』: 율의단律儀斷, 단단斷斷, 수단修斷, 방호단防護斷〕

③4신족四神足: 욕欲삼마지, 근근勤삼마지, 심심心삼마지, 관觀삼마지

④5근五根: 신근身根, 정진근精進根, 염근念根, 정근定根, 혜근慧根

⑤5력五力: 신력信力, 정진력精進力, 염력念力, 정력定力, 혜력慧力

⑥7각지七覺支: 염각지念覺支, 택법각지擇法覺支, 정진각지精進覺支, 희각지喜覺支, 안각지安覺支, 정각지定覺支, 사각지捨覺支

〔『중변론』: 염각念覺, 택법각擇法覺, 정근각正勤覺, 희각喜覺, 의각猗覺, 정각定覺, 사각捨覺〕

⑦8성도八聖道: 정견正見, 정사유正思惟, 정어正語, 정업正業, 정명正命, 정정진正精進, 정념正念, 정정正定

〔『중변론』: 정견正見, 정사유正思惟, 정언正言, 정업正業, 정명正命, 정근正懃, 정념正念, 정정正定〕

이 7종류를 범부의 단계(범위)와 성인의 단계(성위)로 나누기도 한다.

그러면 범부의 단계는 앞의 5가지로 4념주 〈 4정근 〈 4여의족 〈 5근 〈 5력의 순서가 되고, 성인의 단계는 뒤의 2가지로 7각지 〈 8성도의 순서가 된다. 곧 8성도가 제일 위다.

〈범위凡位와 성위聖位〉(『중변론소』)
범부단계－4념주 〈 4정근 〈 4여의족 〈 5근 〈 5력
성인단계－7각지 〈 8성도

(4념주) 4념주四念住는 신념주, 수념주, 심념주, 법념주를 말한다.
신념주身念住는 몸에 대한 생각이 머무는 것이고, 수념주受念住는 받음(감각, 느낌)에 대한 생각이 머무는 것이며, 심념주心念住는 마음에 대한 생각이 머무는 것이고, 법념주法念住는 법(진리)에 대한 생각이 머무는 것이다.

(4정근) 4정근四正勤은 4정단四正斷이라고도 하는데, 바르게 노력하는 것(정근)이 악惡을 바르게 끊는 것(정단)이기 때문이다. 4가지 바른 노력, 4가지 바르게 끊음으로 해석된다.
이미 생긴 악과 선하지 못한 법(이생악불선법)은 끊고, 아직 생기지 않는 악과 선하지 못한 법(미생악불선법)은 생기지 않게 하며, 아직 생기지 않는 선한 법(미생선법)은 생기게 하고, 이미 생긴 선한 법(이생선법)은 머물게 하는 것이다.
『유가론』에서는 차례대로 율의단, 단단, 수단, 방호단이라 한다.

(4신족) 4신족四神足은 4여의족四如意足이라고도 하는데, 4가지 신통한 발로서 4가지 뜻대로 하는 자유자재함을 말한다.

족足은 발과 충족 2가지로 해석하는데, 모두 자유자재하다는 뜻이다. 충족하니 자유자재하다.

부처님을 양족존兩足尊이라 하는데, 두 발을 지닌 인간 중에서 가장 존귀하다는 뜻과 지혜와 복덕을 다 충족했다는 2가지 해석이 가능하다.

삼마지三摩地는 삼매三昧, 선정禪定의 뜻이니 욕欲삼마지는 의욕의 삼매로 자유자재한 것이고, 근勤삼마지는 부지런함의 삼매로 자유자재한 것이며, 심心삼마지는 마음의 삼매로 자유자재한 것이고, 관觀삼마지는 관조함의 삼매로 자유자재한 것이다.

(5근, 5력) 5근과 5력은 함께 설명되는데, 『중변론소』에 의하면 근根은 뿌리가 커진다는 뜻(증상의增上義)이고, 역力은 굴복시키기 어렵다는 뜻(난복의難伏義)이다.

5근은 신근身根, 정진근精進根, 염근念根, 정근定根, 혜근慧根을 말하는데 몸, 정진, 생각, 선정, 지혜의 커짐이다.

5력五力은 신력信力, 정진력精進力, 염력念力, 정력定力, 혜력慧力을 말하는데 곧 이들의 힘이다.

원효는 5근을 4위 중 난위와 정위에 배당하고, 5력을 인위와 세제일법에 배당한다. 5력이 더 높다.

〈5근五根 5력五力과 4위四位〉(『중변소』)

5근－난위煖位, 정위頂位

5력－인위忍位, 세제일법世第一法

(7각지, 8정도) 7각지七覺支는 7가지 깨침의 갈래로 해석된다.

곧 생각으로 깨침(염각지), 법을 가려서 깨침(택법각지), 정진으로 깨침(정진각지), 기쁨으로 깨침(희각지), 안전하게 깨침(안각지), 선정으로 깨침(정각지), 버려서 깨침(사각지)이다.

8정도八正道는 8성도八聖道라고도 하는데 8가지 바른 도道로 해석된다.

곧 바른 견해(정견), 바른 사유(정사유), 바른 말(정어), 바른 업(정업), 바른 목숨(정명), 바른 정진(정정진), 바른 생각(정념), 바른 선정(정정)이다.

『본업경』은 이렇게 말한다.

스승을 좇아 지혜가 생기는 것을 바르게 알아 봄(정지견)이라 하고, 법을 얻어 사유가 생기는 것을 바른 사유(정사유)라 하며, 힘써 노력해 게으르지 않은 것을 바른 정진(정정진)이라 하고, 집을 나와 도를 받아서 견도, 수도, 구경도 3도三道를 일부분이라도 얻는 것을 차례대로 바른 말(정어), 바른 업(정업), 바른 목숨(정명)이라 하며, 법의 성질이 비었음에 들어가는 것을 바른 선정(정정), 바른 지혜(정혜)라 한다.

7각지와 8정도는 성인의 단계인데, 7각지는 인공을 얻어 견도 자리가 되며, 8정도는 법공을 얻어 수도 자리가 된다.

〈7각지와 8성도〉(『중변소』)

7각지七覺支 - 인공人空 얻음, 견도見道

8성도八聖道 - 법공法空 얻음, 수도修道

[10법] 원효는 『금강삼매경론』에서 37가지를 10가지로 모으고, 10가지를 4가지로 모으며, 4가지를 결국 하나로 합친다.(『금강삼매경론』)

먼저 37가지를 정定, 혜慧, 근근勤, 염念, 계戒, 신信, 사思, 수受, 안安, 사捨 10가지로 분류하여 10법十法이라 한다.

그러면 정定, 혜慧, 근근勤이 각각 8개, 염念이 4개, 계戒가 3개, 신信이 2개, 사思, 수受, 안安, 사捨가 각각 1개로 총 10법 37가지가 된다.

다음 이 10법을 4가지로 모아서 4법四法으로 한다.

곧 계율(계)은 5위100법 중 빛깔 법(색법)에 포함되고, 사유와 받음(사수)은 두루 움직이는 마음(변행심소)에 포함되며, 생각과 선정과 슬기(염정혜)는 특별한 대상의 마음(별경심소)에 포함되고, 부지런함, 믿음, 편안함, 버림(근신안사) 4가지는 선한 마음(선심소)에 포함된다. 곧 4법이다.

이 4법을 합치면 한뜻(일의)으로 평등일미가 된다. 일미평등이라고도 하는데 평등한 한맛, 한맛의 평등함으로 진여불성과 같은 뜻이다.

곧 한마음뿐이다.

〈4법四法〉〈10법十法〉〈37도품道品〉

색법　　－① 계戒3－정어, 정업, 정명

변행심소－② 사思1－정사유

　　　　　③ 수受1－희각지

별경심소－④ 염念4－염근, 염력, 염각지, 정념

　　　　　⑤ 정定8－4여의족, 정근, 정력, 정각지, 정정

　　　　　⑥ 혜慧8－4념주, 혜근, 혜력, 택법각지, 정견

선심소－　⑦ 근勤8－4정단, 정진근, 정진력, 정진각지, 정정진

　　　　　⑧ 신信2－신근, 신력

　　　　　⑨ 안安1－안각지

　　　　　⑩ 사捨1－사각지

〈포함 관계〉

37도품 〈 10법 〈 4법 〈 1의(一義, 平等一味, 一味平等)

[8대인각] 『본업경』은 성문, 연각, 보살 등 대인大人들이 깨치는 8가지 방법을 말한다.

불자야, 다섯째 방편주方便住는 모든 맑고 흰 법을 닦는 것이니 이른바 8대인각이다.

적은 욕심(소욕)으로 만족함을 알아(지족) 그윽하고 조용하게(적

정) 정진하며(정진) 바른 생각(정념) 바른 선정(정정) 바른 지혜(정혜)로 논쟁하지 않으니(불쟁론), 일체법에 순응하기 때문이다.

곧 한마음으로 위의 37가지를 아울러서 수행하는 것이다.

<8대인각八大人覺>

소욕少欲, 지족知足, 적정寂靜, 정진精進, 정념正念, 정정正定, 정혜正慧, 부쟁론不諍論

(2) 4위

4위는 4선근四善根이라고도 하는데 소승의 수행단계로 난정인과 세제일법을 더한 것이다.

난정인暖頂忍은 난위, 정위, 인위로, 난위는 따뜻한 자리이고, 정위는 정수리 자리로 이 둘은 비유이다. 인위는 참는 자리이고, 세제일법은 세계 첫째가는 법으로 이 둘은 이론이다.

난暖은 유燸로도 쓰며 모두 따뜻하다는 뜻이다. 원효『중변분별론소』를 본다.

불을 피우는 비유에 의해 모습의 차별을 밝히는 것은 마치『유가론』에서 말하는 것과 같다.

"비유하면 마치 어떤 사람이 불로 무슨 일을 하고자 한다면 먼저 불을 구해야 한다.

아래에 마른 나무를 놓고 위에는 불쏘시개를 놓는다. 부지런히

228

노력해서 불이 피기를 간절히 바라면 아래 나무에서 위로 처음 따뜻함이 생긴다.

다음에는 따뜻함이 커져 열기가 위로 솟고(난위), 다음에는 두 배로 커져서 연기도 따라 오른다(정위). 다음에는 연기 없이 불꽃만 흘러나온다(인위). 또 다음에는 불이 틈도 없이 나와 사나운 화염을 피운다(세제일법). 사나운 화염이 생기고 나면 불로 할 일을 할 수 있다. …(중략)…

그 따뜻함의 선한 뿌리 또한 이러하다. 모든 번뇌를 태우는 샘이 없는 법의 불이 앞서 생기는 모습이기 때문이다. 마치 따뜻함이 커져 열기가 위로 솟는 것과 같다.

그 정수리의 선한 뿌리 또한 이러하다. 마치 다음으로 연기가 피어오르는 것과 같다.

그 진리를 따라 참음 또한 이러하다. 마치 연기 없이 불꽃만 흘러나오는 것과 같다.

세계 첫째가는 법 또한 이러하다. 마치 불이 틈도 없이 나와서 사나운 화염을 피우는 것과 같다."(『중변소』)

『대법론』은 산에 비유하여 등산하기, 정상에 머물기, 하산하기로 설명한다.

〈4위四位 비유〉　　　　(『유가론』)　　　/ (『대법론』)

비유-난위暖位(유법燸法) -- 열기 위로 솟음　　/등산하기

정위頂位(정법頂法) -- 연기 피어오름　　/정상에 머묾

법法-인위忍位(인법忍法) -- 불꽃만 흘러나옴   /하산하기

세제일법世第一法 --- 사나운 화염 피움 /

(3) 보살수행 52위

보살수행의 단계를 52가지로 나누어 52위位, 52현성賢聖, 간단히 5위, 5계라 한다.

곧 10신, 10주, 10행, 10회향, 10지, 불지(등각지, 묘각지)로 불지佛地를 제외한 각각에 10가지가 있어 도합 52단계가 된다.

『본업경』은 10신을 제외하고 42위를 써서 4위, 4계라 하나 실제로 10신을 설명하고 있어 『화엄경』과 큰 차이가 없다.(『기신론소』)(『본업경소』)

〈보살수행 52위〉: 5위五位, 5계五階

① 10신(十信, 1~10)

신심信心, 진심進心, 염심念心, 혜심慧心, 정심定心, 계심戒心, 회향심迴向心, 호법심護法心, 사심捨心, 원심願心

② 10주(十住, 十解, 11~20)

발심주發心住, 치지주治地住, 수행주修行住, 생귀주生貴住, 방편주方便住, 정심주正心住, 불퇴주不退住, 동진주童眞住, 법왕자주法王子住, 관정주灌頂住

③ 10행(十行, 21~30)

환의행歡喜行, 요익행饒益行, 무진한행無瞋恨行, 무진행無盡行, 이치란행離癡亂行, 선현행善現行, 무착행無著行, 존중행尊重行, 선법행善

法行, 진실행眞實行

④ 10회향(十迴向, 31~40)

구호일체중생이중생상회향救護一切衆生離衆生相迴向, 불괴회향不壞迴向, 등일체불회향等一切佛迴向, 지일체처회향至一切處迴向, 무진공덕장회향無盡功德藏迴向, 수순평등선근회향隨順平等善根迴向, 수순등관일체중생회향隨順等觀一切衆生迴向, 여상회향如相迴向, 무박해탈회향無縛解脫迴向, 법계무량회향法界無量迴向

⑤ 10지(十地, 41~50)

환희지歡喜地, 이구지離垢地, 명지明地, 염지燄地, 난승지難勝地, 현전지現前地, 원행지遠行地, 부동지不動地, 묘혜지妙慧地, 법운지法雲地

⑥ 불지(佛智, 51~52)

방편지方便智, 묘각지妙覺智

10신(1~10)은 10가지 믿는 마음이나, 믿는 마음이 굳지 못해 바람에 흔들리는 깃털 같음으로 진정한 믿음이 못된다. 따라서 『화엄경』은 단계로 치나 『본업경』은 단계로 치지 않는다.

10주(11~20)는 10해十解라고도 하는데 10가지 머무는 자리이다.

11단계는 발심주發心住인데 처음 낸 마음이 머무는 자리로 초발심初發心이라고도 하며, 이 자리의 보살을 초발의보살初發意菩薩이라 한다.

17단계는 불퇴주不退住인데 수행이 뒤로 물러서지 않는 자리로 이 자리부터가 진정한 수행이 된다.

10행(21~30)은 10가지 더 수행하는 자리이고, 10회향(31~40)은 다소나마 닦은 것을 중생들에게 돌려주는 자리이다.

10주, 10행, 10회향을 합쳐 30심心 또는 3현보살三賢菩薩이라 한다.

10지(41~50)는 10가지 땅인데 곧 법계가 된다. 수행과 지혜가 땅과 같이 단단히 굳어졌다는 뜻이다. 따라서 지智(지혜)와 지地(땅)는 같은 뜻이다.

모든 법이 그렇듯 정확히 구별되지는 않지만 대충 말하면 40단계 이하가 의식에 해당되고, 41~47단계가 말나식에 해당되며, 48단계 이상이 아라야식에 해당된다.

41단계가 초지初地인데 법계에 들어가는 첫 단계로 견도見道가 되고, 42~50단계가 수도修道가 되며, 51~52단계가 구경도究竟道가 된다.

47단계 이하가 분단생사가 되고, 48~50단계가 변역생사가 된다. 48단계가 성문이고, 49단계가 연각이며, 50단계가 보살이고, 51~52 단계가 부처이다.

〈52현성賢聖〉

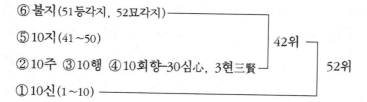

⑥ 불지(51등각지, 52묘각지) ─────────┐
⑤ 10지(41~50)   │ 42위 ─┐
②10주 ③10행 ④10회향─30심心, 3현三賢─┘   │ 52위
①10신(1~10) ─────────────────────────────┘

『금강삼매경』은 묘각을 뺀 6가지를 둘로 나누어 2가지 들어감(2입) 을 세운다.

곧 이입과 행입인데 이입은 진리, 이치로 들어가는 것이니 교敎가 주가 되고, 행입은 수행으로 들어가는 것이니 선禪이 주가 된다.

이입에는 10신, 10주, 10행, 10회향 등 4가지가 포함되고, 행입에는 10지, 등각 등 2가지가 포함된다. 묘각은 움직임이 없는 자리다.(『금강삼매경론』)

〈2입二入과 6행六行〉

이입理入 − − 10신, 10주, 10행, 10회향

행입行入 − − 10지, 등각

(4) 6종성

영락은 보배 이름인데 주로 『본업경』에서 설명한다.

동보영락, 은보영락, 금보영락, 유리보영락, 마니보영락, 수정보영락 6가지가 있어 6종영락, 6보영락이라 한다.

이 중 앞의 3가지 동보영락, 은보영락, 금보영락은 3현보살이고, 유리보영락은 10지보살이며, 마니보영락은 등각이고, 수정보영락은 묘각이다.

〈6종영락六種瓔珞〉: 6보영락六寶瓔珞

3현보살 − − − 동보銅寶영락, 은보銀寶영락, 금보金寶영락

10지보살 − − 유리보琉璃寶영락

등각 − − − − 마니보摩尼寶영락

묘각 − − − − 수정보水精寶영락

6종성六種姓이 있다. 6위六位라고도 하는데 6가지 씨가 되는 성질이다.

『본업경』, 『인왕경』 등 경전마다 설명이 다르나 대충 말하면, 습종성은 익힌 것이 씨가 되는 성질이고, 성종성은 바탕이 씨가 되는 성질이며, 도종성은 도가 씨가 되는 성질이고, 성종성은 성인의 씨가 되는 성질이며, 등각성은 부처같이 깨치는 성질이고, 묘각성은 묘하게 깨치는 성질이다. 성姓과 성性은 혼용한다.

〈6종성六種姓〉: 6종성六種性, 6위六位
묘각성妙覺性, 등각성等覺性, 성종성聖種性, 도종성道種性, 성종성性種性, 습종성習種性

[3현보살] 『본업경』은 6보영락, 6종성, 52단계를 법계와 연계해서 설명한다. 이 중 3현보살, 곧 10주, 10행, 10회향을 먼저 본다.

10주住 동보영락 동륜왕은 1백 명의 복된 아들딸이 권속이 되는데, 한 부처 땅에 태어나 부처의 가르침과 수행을 받아 2천하天下를 가르친다.

10행行 은보영락 은륜왕은 5백 명의 복된 아들딸이 권속이 되는데, 2부처 나라 중에 태어나 부처의 가르침과 수행을 받아 3천하를 교화한다.

10회향廻向 금보영락 금륜왕은 1천 명의 복된 아들딸이 권속이 되는데, 시방 부처나라 중에 들어가 모든 중생을 교화하며 4천하기쁨의 자리에 거처한다.(『본업경』)

　10신信에는 3왕이 있는데, 맨 아래는 인중왕人中王으로 사람 중의
왕이고, 중간은 속산왕粟散王으로 좁쌀을 뿌려놓은 것 같은 작은
나라의 왕이며, 맨 위는 철륜왕鐵輪王으로 전륜성왕轉輪聖王의 한
사람으로 남섬부주 1천하를 다스리는 왕이다.

〈6종성六種姓과 6보영락六寶瓔珞〉

(6단계)	(6종성)	(6위)	(영락)
52자리	묘각성	무간도————	수정보영락, 법계왕
51자리	등각성	방편도————	마니보영락, 3계왕
41~50	성聖종성	10지地———	유리보영락, 천왕
31~40	도종성	10회향迴向——	금보영락, 4천하, 1천 복자
21~30	성性종성	10행行———	은보영락, 3천하, 5백 복자
11~20	습종성	10주住————	동보영락, 2천하, 1백 복자
1~10		10신信————	(상품)철륜왕, 1천하
			(중품)속산왕
			(하품)인중왕

　[10지] 10지十地는 10성十聖, 10천十天, 10지보살十地菩薩이라 한
다. 10가지 땅, 10가지 성인, 10가지 하늘이란 뜻이다. 곧 환희지,
이구지, 발광지, 염혜지, 난승지, 현전지, 원행지, 부동지, 선혜지,
법운지인데 다소 어렵지만 『본업경』의 내용을 정리한다.

41 환희지는 4무량심四無量心인데, 20환희심을 지어 중도 제1의제 슬기에 머물며, 3도업도三道業道를 굴복시켜 백보영락이 되고 4천왕이 된다.

42 이구지는 10선심十善心인데, 금강해장법보가 되며, 10선행十善 行을 닦고 6신통六神通을 변화해, 인중업도人中業道를 굴복시켜 천보영락이 되고 도리천왕이 된다.

43 명지는 명광심明光心인데, 여환삼매如幻三昧로 12문선門禪을 닦고, 12부경部經을 배워서, 6천업도六天業道를 굴복시켜 만보영 락이 되고 염천왕이 된다.

44 염지는 염혜심焰慧心인데, 변행법보장이 되며 8정도, 7관법 등 37도품度品을 닦아, 제견업도諸見業道를 굴복시켜 억보영락이 되고 도솔천왕이 된다.

45 난승지는 대승심大勝心인데, 입법계지관入法界智觀으로 16제十 六諦를 닦아, 8변4변八辨四辨을 배워 법계 보기에 들어가며, 의견 업도疑見業道를 굴복시켜 천광보영락이 되고 화락천왕이 된다.

46 현전지는 현전심現前心인데, 12인연因緣을 닦아, 3계가 하나의 합친 모습으로 둘이 아님을 깨쳐 인연법因緣法을 통달하며, 인업도 因業道를 굴복시켜 마니보영락이 되고 타화자재천왕이 된다.

47 원행지는 무생심無生心인데, 10바라밀 3공지三空智로 3계2습三 界二習을 보아, 분단생사分斷生死의 끝으로 과보가 다해, 장애도 없고 걸림도 없는 슬기가 되며, 과업도果業道를 굴복시켜 천색용보 광혜영락이 되고 범천왕이 된다.

48 부동지는 부사의심不思議心인데, 무공용관無功用觀으로, 무상

대혜無相大慧를 얻고 3계업보三界業報를 버려서 공용 없음의 불가사의함을 보며, 색인업도色因業道를 굴복시켜 범사자보광영락이 되고 광음천왕이 된다.

49 묘혜지는 혜광심慧光心인데, 입법제지入法際智로 40변재辯才를 닦아, 마음이 자재하며, 심인업도心因業道를 굴복시켜 불가사의보광영락이 되고 정천왕이 된다.

50 법운지는 수위심受位心인데, 무애지관無碍智觀으로, 중도 제1의제가 이루어져 법계와 같게 되고, 심색2습업도心色二習業道를 굴복시켜 백만신통보광영락이 되고 정거천왕이 된다.

51 무구지는 입법계심入法界心인데, 10종 수행이 가득하고 중도 제1의제의 정상頂上이 되어 법이 빛나는 삼매에 들어가, 습과도習果道를 굴복시켜 천만천색보광영락이 되고 3계왕이 된다.

52 묘각지는 적멸심寂滅心인데, 일체를 아는 땅(일체지지一切智地)으로 부처 한마음이 곧 법계 그 자체이며 끝도 없고 맑음 그대로로 텅 비어, 일체 번뇌와 걸림이 없어 무량공덕장보광영락이 되고 법계왕이 된다.(『본업경』)

3도업도三道業道는 3계의 업을 말하고, 인중업도人中業道는 인간 중의 업을 말하며, 6천업도六天業道는 6욕천의 업을 말한다.

[10지보살] 『본업경』에 의하면 10지보살은 모두 천왕天王으로 유리보영락에 해당되고, 등각은 3계왕으로 마니보영락에 해당되며, 묘각은 법계왕으로 수정보영락에 해당된다.

『본업경』의 글을 본다. 위 3현보살의 글에 바로 이어지는 글이다.

백보영락의 7보상륜왕은 4천왕으로 1만 명의 아들딸이 권속이
되는데, 1백 법신이 1백 부처나라가 되어 시방천하를 교화한다.

천보영락의 8보상륜왕은 도리천왕으로 2만 명의 아들딸이 권속이
되며,

만보영락의 9보상륜왕은 염천왕으로 권속 또한 수를 일컬을 수
없고,

억보영락의 10보상륜왕은 도솔타천왕으로 권속 또한 수를 일컬을
수 없으며,

천광보영락의 11보상륜왕은 화락천왕으로 권속 또한 그러하고,

마니보광영락의 12보상륜왕은 타화천왕으로 권속 또한 그러하며,

천색용보광혜영락의 13보상륜왕은 범천왕으로 권속 또한 그러
하고,

범사자보광영락의 대응보상륜왕은 광음천왕으로 권속 또한 그러
하며,

불가사의보광영락의 백운광보상륜왕은 정천왕으로 권속 또한
그러하고,

백만신통보광영락의 무외주보상륜왕은 정거천왕으로 권속 또한
그러하며,

천만천색보광영락의 각덕보광상륜왕은 3계왕으로 일체 보살이
권속이 되고,

무량공덕장보광영락의 천복상륜왕은 법계왕으로 한 생애를 잇는

보살(일생보처보살)이 권속이 된다.(『본업경』)

〈**『본업경』 10지**〉

(『본업경』)	(현성학관품)	(세간과문)	
52 묘각지	－적멸심	－무량공덕장보광영락	－법계왕
51 무구지	－입법계심	－천만천색보광영락	－3계왕
50 법운지	－수위심	－백만신통보광영락	－정거천왕
49 묘혜지	－혜광심	－불가사의보광영락	－정천왕
48 부동지	－불사의심	－범사자보광영락	－광음천왕
47 원행지	－무생심	－천색용보광혜영락	－범천왕
46 현전지	－현전심	－마니보광영락	－타화천왕
45 난승지	－대승심	－천광보영락	－화락천왕
44 염지	－염혜심	－억보영락	－도솔천왕
43 명지	－명광심	－만보영락	－염천왕
42 이구지	－10선심	－천보영락	－도리천왕
41 환희지	－4무량심	－백보영락	－4천왕

(5) 4상, 9상

[4상] 『기신론』은 4상 9상을 이야기하는데 원효는 이를 토대로 『기신론소』에서 4상 이론을 정치하게 세운다. 간단히 설명한다.

4상四相은 생주이멸生住異滅 4가지 모습으로 곧 생겨나는 모습(생상), 머무는 모습(주상), 달라지는 모습(이상), 죽는 모습(멸상)이다.

사람이 태어나면(생) 일정기간 머무는데(주), 이 기간 중 어떤 사람은 도를 닦아 성불하거나 천상으로 올라가거나 본전치기를 해서 다시 사람으로 태어나지만(이), 또 어떤 사람은 악을 지어 삼악도에 떨어진다(멸).

이를 4상이라 한다. 여기서 달라진다(이)는 말은 사람이 부처나 천인 등 다른 것으로도 태어날 수 있다는 뜻이고, 죽는다(멸)는 말은 삼악도에 떨어져 말 그대로 망한다는 뜻이다.

〈4상四相〉: 생주이멸生住異滅. 나고 머물고 달라지고 죽음

생겨나는 모습(생상生相), 머무는 모습(주상住相), 달라지는 모습(이상異相), 죽는 모습(멸상滅相)

이 생겨나고 머물고 달라지고 죽는 것은 아라야식, 말나식, 의식과 관련된다.

생상生相은 아라야식인데 업상, 전상, 현상 셋으로 세분된다. 곧 무명이 처음 일어나서(업), 다소 발전해서는(전), 어떤 모습을 나타내는(현) 과정을 나타낸다.

업상業相은 무명업상이라고 하는데 무명이 처음으로 일어나는 모습이고, 전상轉相은 업상이 구르고 변전해서 더 발전한 모습이며, 현상現相은 전상이 어떤 모습을 나타낸 것이다.

이 셋은 마음속에서 일어나는 아주 미세한 작용이어서 3세三細, 곧 3가지 미세한 것이라 한다. 이때 아라야식을 없애고 무명 끊은 것을 구경각究竟覺, 곧 끝까지 깨침이라 한다.

주상住相은 말나식인데 나(我)라는 것이 주가 된다. 나에는 4가지가 있어 4아四我라 하는데 곧 아치, 아견, 아애, 아만이다.

나에 대한 어리석음(我癡), 나라는 견해(我見), 나를 사랑함(我愛), 나를 뽐냄(我慢)으로 말나4혹末那四惑이라고 한다. 이를 깨치면 수분각隨分覺, 곧 부분적 깨침이 된다.

이상異相은 의식인데 6가지 근본번뇌, 곧 탐, 진, 치, 만, 의, 견이 주가 된다. 곧 욕심으로 이것 때문에 천당에 태어났다 인간에 태어났다 수라에 태어났다 한다.

이와 같이 같은 것으로도 태어나지만 다른 것으로도 태어나는 것을 이상 곧 달라지는 모습이라 한다.

이를 깨치면 상사각相似覺, 곧 비슷한 깨침이 된다. 온전하지는 않지만 깨침과 비슷한 모습은 취할 수 있다는 말이다.

멸상滅相은 7악七惡, 곧 7가지 악이 주가 되는데 신3구4身三口四라 한다. 몸으로 짓는 것이 셋, 입으로 짓는 것이 넷이란 뜻이다.

신3은 살생, 투도(도둑질), 사음(음란함)이고, 구4는 망어(거짓말), 기어(교묘한 속임수), 악구(악담), 양설(이간질)이다. 입으로 짓는 악이 몸으로 짓는 악보다 더 많다.

이 멸상은 의식意識 아래로 의식에도 들지 못한다. 의식도 없이 본능대로 몸이 시키는 대로 해서는 악을 짓고 삼악도에 떨어져 괴로움을 받는다. 당연히 못 깨친 모습(不覺)으로 전혀 고려 대상이 못된다.

〈4상과 4각과 9상〉(『기신소』)

(8식)　　(4상)　(4각)　(3세6추)　　　(9상)

아라야-생상-구경각-(3세)-업상, 전상, 현상

말나식-주상-수분각-(6추)-지상

의식　-이상-상사각　　-상속상(식온), 집취상(수온),

　　　　　　　　　　　　계명자상(상온), 기업상(행온)

(본능) -멸상-불각　　　-업계고상

〈4상 내용〉

생상3-(3세) 업상, 전상, 현상

주상4-(말나4혹) 아치, 아견, 아애, 아만

이상6-(6근본번뇌) 탐, 진, 치, 만, 의, 견

멸상7-(신3) 살생, 투도, 사음. (구4) 망어, 기어, 악구, 양설

[9상] 4상을 세분한 것이 9상九相인데 3세6추三細六麤라 한다. 3가지 미세한 것과 6가지 거친 것이란 뜻이다.

3가지 미세한 것(3세)은 생상을 세분한 것으로 위에서 말한 업상, 전상, 현상이다.

6가지 거친 것(6추)은 주상, 이상, 멸상을 세분한 것이다.

주상에는 지상智相, 곧 슬기 모습 하나만 있다. 말나식이 사량식인데 이는 좋아하고 좋아하지 않음을 정확히 따져서 착오가 없기 때문에 슬기 모습이라 한다.

이상에는 4가지가 있는데 곧 상속상相續相, 집취상執取相, 계명자상計名字相, 기업상起業相이다. 서로 이어지는 모습, 달라붙는 모습, 이름자를 헤아리는 모습, 업을 일으키는 모습이라 할 수 있다.

앞서 이야기했듯이 이 중 상속상이 가장 중요해서 과거의 업을

끌어와 현재와 미래에 이어지게 하기 때문에 선악의 윤회에 착오가 없게 된다.

멸상에는 업계고상業繫苦相 하나만 있다. 업에 매여 괴로운 모습으로 곧 삼악도이다.

[글귀]
① 만약 물이 없어지면 바람의 모습(풍상)은 끊어져 없어진다.
　　의지하여 머물 데가 없기 때문이다.
　　그러나 물은 없어지지 않아서
　　바람의 모습(풍상)이 서로 이어진다.
　　오직 바람이 없어져야
　　물의 움직이는 모습(동상)이 따라서 없어진다.
　　이는 물이 없어지는 것(수멸)이 아니다.
　　若水滅者風相斷絶無所依止 以水不滅
　　風相相續 唯風滅故動相隨滅非是水滅(『기신론』 정리)

② 만약 마음의 몸체가 없어지면
　　곧 사람들(중생)은 끊어져 없어진다.
　　의지하여 머물 데가 없기 때문이다.
　　그러나 마음의 몸체는 없어지지 않아서
　　중생 마음(심)은 서로 이어진다.
　　오직 무명(치)이 없어져야만
　　마음의 모습(심상＝중생)도 따라서 없어진다.

이는 마음의 슬기가 없어지는 것(심지멸)이 아니다.

若心體滅衆生斷絶無所依止 以體不滅

心得相續 唯癡滅故心相隨滅非心智滅(『기신론』정리)

(6) 일불승

수레는 실어 나른다는 뜻이다. 범부를 실어서 부처로 나르고, 사바중생을 실어서 극락정토로 나른다.

곧 비유인데 소승小乘과 대승大乘으로 나뉜다. 소승은 작은 수레로 자기 자신의 해탈이 목표가 되니 깨치면 아라한이 되고, 대승은 큰 수레로 함께 해탈함이 목표가 되니 깨치면 부처가 된다.

이를 세분하면 2승, 3승, 5승 등이 되지만 합치면 결국 하나의 수레, 1승一乘, 1불승一佛乘이 된다. 따라서 1불승이 최고의 수레다.

『법화경』「비유품」에는 3거三車, 3수레 비유가 나오는데 양거, 녹거, 우거를 말한다.

양거는 양이 끄는 수레로 성문승을 말하고, 녹거는 사슴이 끄는 수레로 연각승을 말하며, 우거는 소가 끄는 수레로 보살승을 말하나, 이를 합치면 대백우거, 곧 크고 흰 소가 끄는 수레로 1불승이 된다.

〈수레〉

1승一乘-일불승一佛乘, 무량승無量乘. 하나의 부처 수레

2승二乘-성문승聲聞乘, 연각승緣覺乘

인천승人天乘-인간人間, 천天

3승三乘-성문승聲聞乘, 연각승緣覺乘, 보살승菩薩乘

3거三車 — 양거羊車, 녹거鹿車, 우거牛車. 대백우거大白牛車

5승五乘 — 3승(보살, 연각, 성문)에 인천승을 더한 것

[2승] 2승二乘은 2수레로 소승小乘을 뜻한다. 곧 배워서 깨치는 성문聲聞과 홀로 깨치는 연각緣覺이다.

소승을 깨침으로 구분하면 4단계, 8단계가 있다. 이른바 4과4향인데 합쳐 8성이라 한다.

과果는 결과 곧 깨침을 이룬 단계이고, 향向은 수행 곧 깨침으로 나아가는 단계이다.

수다원은 성인의 반열에 들어간 사람이고, 사다함은 한 번만 더 태어나면 깨치는 사람이며, 아나함은 뒤로 물러서지 않는 사람이고, 아라한은 나한으로 이미 깨침을 이뤄 다른 사람으로부터 공경을 받을 만한 사람이다.

〈4과4향四果四向〉: 8성八聖(『이장의』)

수다원(須陀洹, 預流果) — 성인의 흐름에 들어감. 수다원향

사다함(斯陀含, 一來果) — 한 번만 태어나면 깨침. 사다함향

아나함(阿那含, 不還果) — 뒤로 물러서지 않음. 아나함향

아라한(阿羅漢, 나한, 應供) — 공경 받을 만함. 아라한향

연각緣覺은 독각獨覺, 벽지불辟支佛이라고도 하는데 인연으로 깨침, 홀로 깨침으로 번역된다. 부처와 직접적인 관련 없이 꽃이 피고 잎이 지는 자연현상을 보고 깨친 사람이다.

연각은 불교의 포용력을 나타낸다. 불교와 관련 없는 외부 사람을 높이 인정하기 때문이다. 부처에게서 배운 사람보다 더 높게 말이다.

곧 연각이 성문보다 높다. 연간을 홀로 깨친 사람이지만 성문은 불법佛法을 듣고서 곧 부처 법을 배워서 깨친 사람이기 때문이다.

대승을 기준하면 소승은 어느 정도에 자리매김 되는가? 경전마다 견해가 다르다. 원효 『이장의』를 본다.

물음. 성문, 연각, 무학과(아라한, 배울 것 없는 이)를 큰 수레에 기준해서 배당하면 어떤 자리인가?

대답. 2수레의 바른 수행에는 높음도 있고 낮음도 있다. 따라서 그 배당하는 자리도 높고 낮음이 있다. 왜냐?

만약 몸이 있다는 생각을 이미 벗어난 것(해탈신변)으로만 나아가면 모든 부처와 같은 자리로 해탈도 같다.

마치 4권 『능가경』에서 말하는 것과 같다. "성문, 연각, 제불여래는 번뇌 막힘을 끊고 벗어나면 한맛이나, 앎에 막힘을 끊은 것은 아니다."

만약 해탈한 단계(해탈품)로 말하면 10지(50) 최후의 생각 중에서 사람이 비었음을 끝까지 이해하는 것과 같다. 이 뜻 때문에 『열반경』 사의언은 말한다. "아라한은 제10지(50)에 머문다."

만약 그 최후의 몸(최후신)을 받는 뜻으로 말하면 7지(47) 보살과 자리가 같다.

이 뜻 때문에 『인왕경』은 말한다. "멀리 통달한 보살은 삼계에서 익힌 업을 눌러 없애고, 뒷몸(후신)이 머무는 중에서 제7지(47)

아라한 자리에 머문다."

만약 바깥을 변화시키는 신통한 힘(외화신력) 등의 수행으로 말하면, 도리어 10해 보살(11~20) 아래에 있다.

마치 『인왕경』에서 말하는 것과 같다. "수행이 씨가 되는 성질(습종성, 11~20) 중에는 10가지 마음이 있어서, 이미 두 수레의 일체 선한 땅을 뛰어넘는다."

만약 마음 수행의 넓고 좁음, 길고 짧음(심행관협장단)으로 나아가면 10신 보살(1~10) 또한 그 위에 있다.

마치 『대지도론』에서 말하는 것과 같다. "아라한의 비구들은 그 사미가 보살 마음 피운 것을 안다. 밀어서 앞에 함께 있게 하기 때문이다."(『이장의』)

소승의 자리매김은 경전마다 크게 다름을 알 수 있다.

수행 기간도 단계마다 달라서 수다원은 8만겁, 사다함은 6만겁, 아나함은 4만겁, 아라한은 2만겁, 독각은 1만겁이 걸린다.

〈2승의 위치〉(『이장의』)

몸이 있다는 생각 벗음(解脫身邊) 기준----- 부처와 같음(51, 52)

해탈한 단계(解脫品) 기준------------------- 10지(50)

최후의 몸(최후신) 받음---------------------- 7지(47)

바깥을 변화시키는 신통한 힘(外化神力)---- 10해(11~20) 아래

마음 수행의 넓고 좁음(心行寬狹長短)------- 10신(1~10) 아래

〈2승의 수행기간〉(『이장의』)

수다원 8만겁. 사다함 6만겁. 아나함 4만겁. 아라한 2만겁. 독각 1만겁.

원효는 소승의 수행법도 중시한다. 비록 대승경전을 따르나 소승을 경시하지 않는다. 소승, 대승이란 구분이 없다. 모두 중요한 수행방법이다. 『미륵상생경종요』를 본다.

옷을 꿰맬 때는 짧은 바늘이 필요하다. 비록 긴 창이 있어도 소용이 없다. 비를 피할 때는 작은 우산이 소용 있지, 비록 하늘을 덮는 덮개가 있어도 찾지 않는다.

따라서 작다고 가벼이 할 수 없다. 그 뿌리의 성질을 따르면 큰 것(대승), 작은 것(소승) 모두 보배이다. (『미륵상생경종요』)

[1승] 1승, 1불승에 대한 설명을 원효 『법화경종요』를 통해 본다.

이 『법화경』은 넓고 크고 깊고 깊은, 한 수레의 진실한 모습(1승실상) 풀이를 으뜸으로 한다.

통틀어 말하면 비록 그러하나, 이를 나누면 한 수레의 진실한 모습에도 대략 2가지를 말할 수 있으니, 이른바 능히 타는 사람(능승인)과 타는 법(소승법)이다.

능히 타는 사람(능승인)은 3수레를 수행하는 사람, 4종류의 배워 깨침(4종성문), 3계에서 4가지로 생겨나는 중생들(4생중생)인데,

248

모두 능히 하나의 부처 수레(일불승)를 타는 사람들이다.(『법화경 종요』)

곧 『법화경』은 일체 모든 중생 모두가 부처 수레, 1불승을 탈 수 있다고 한다.

〈1승실상一乘實相〉

(1) 능승인能乘人(일체중생一切衆生)-3승, 성문, 4생중생
(2) 소승법所乘法(이교인과理教因果)

타는 법(소승법)도 간단히 인용한다.

타는 법(소승법)을 대략 말하면 4가지가 있는데, 이른바 한 수레의 이치(1승리), 한 수레의 가르침(1승교), 한 수레의 원인(1승인), 한 수레의 결과(1승과)이다.
한 수레의 이치(1승리)는 이른바 하나의 법계(1법계)인데, 또한 법신이라 하고 또한 여래장(여래세계)이라 한다. …(중략)…
한 수레의 가르침(1승교)은 시방삼세 일체 모든 부처가 처음 도를 이룬 이래 열반에 이르기까지, 그 사이에 하신 일체의 말로써 가르친 것(일체언교)이다. 일체 지혜에 이르지 않는 것이 없기 때문에 모두를 한 수레의 가르침(1승교)이라 한다. …(중략)…
한 수레의 원인(1승인)은 통틀어 말하면 2가지가 있는데, 하나는 부처 성질의 원인이 되는 것(성인)이고, 둘은 부처를 짓는 원인이

되는 것(작인)이다.

부처 성질의 원인이 되는 것(성인)이란 말은 일체중생에게 있는 불성(개유불성)인데, 3몸(3신)의 결과를 위해 원인을 짓기 때문이다. …(중략)…

부처를 짓는 원인이 되는 것(작인)이란 말은 성인, 범부, 내도(안의 도), 외도(바깥 도)의 도道 부분과 복福 부분의 일체 선한 뿌리는 모두 위없는 깨침(무상보리)에 이르지 않는 것이 없는 것이다. …(중략)…

범부든 성인이든 모든 중생이든, 안의 도든 바깥 도든, 일체 선한 뿌리(일체선근)는 모두 불성을 드러내 함께 근본으로 돌아간다(동귀본원).

이런 근본은 오직 부처만이 끝까지 안다. 이런 뜻 때문에 넓고 크고 깊고 깊다. 이를 한 수레의 원인(1승인)이라 한다. …(중략)…

한 수레의 결과(1승과)는 대략 말하면 2가지가 있는데, 본래 있는 결과(본유과)와 처음 일어나는 결과(시기과)이다.

본래 있는 결과(본유과)는 이른바 법불보리法佛菩提이다. …(중략)…

처음 일어나는 결과(시기과)는 이른바 나머지 보신불, 응신불 2몸(보응2신)이다. …(중략)…

통틀어 말하면, 일체중생이 만 가지 수행을 모두 닦으면 모두 이런 부처 깨침의 결과를 얻는데, 이를 한 부처 한 수레의 결과라 한다. …(중략)…

합쳐 말하면 진리, 가르침, 원인, 결과(이교인과) 이런 4법은 다시 서로 응해서 함께 한 사람을 싣고서 일체지(살바야)에 이른다. 따라서 이 넷을 한 수레 법(1승법)이라 한다.

마치 4마리 말이 서로 응해서 함께 하나의 탈 것을 만들기 때문에, 4마리 말을 한 수레라 하는 것과 같다. 이 중의 도리 또한 이러함을 마땅히 알아야 한다.(『법화경종요』)

〈소승법所乘法〉: 이교인과理敎因果가　1승법一乘法

1승리一乘理－일법계一法界,　법신法身,　여래장如來藏

1승교一乘敎－일체언교一切言敎,　일체종지一切種智

1승인一乘因－일체선근一切善根,　동귀본원同歸本原

　　　　　　－성인性因－개유불성皆有佛性,　실당작불悉當作佛

　　　　　　－작인作因－일체선근一切善根,　무상보리無上菩提

1승과一乘果－만행萬行으로 결과 얻음

　　　　　　－본유과本有果－법불보리法佛菩提

　　　　　　－시기과始起果－보응2신報應二身

5. 수행방법

(1) 가르침

[유전, 환원] 나는 본디 아무 것도 없는 곳에서 왔다. 그러다가 다시 아무 것도 없는 곳으로 돌아간다. 공에서 색으로 왔다가, 다시 색에서 공으로 돌아간다. 부처에서 중생으로 왔다가, 다시 중생에서 부처로 돌아간다.

『부증불감경』은 이렇게 말한다. "곧 이 법계가 5길을 흘러 도는 것을 중생이라 하고, 거꾸로 흘러 근원으로 돌아가는 것을 부처라 한다(卽此法界 流轉五道 名爲衆生 返流盡源 說名爲佛)."

5길은 6도六道와 같은 말이다. 지금 현재에 이른 것을 유전 곧 흘러 도는 것이라 하고, 지금 현재에서 다시 근원으로 돌아가는 것을 환원 곧 근원으로 돌아간다고 한다. 근원으로 돌아가면 부처다.

따라서 내가 현재에 이른 이유를 알아, 근원으로 돌아가는 것이 수행이다. 유전은 이론이 많아 가르침인 교敎가 주가 되고, 환원은 수행이 많아 선禪이 주가 된다.

원효의 글 중에는 유전, 환원과 비슷한 용어들이 많다. 그러나 정확히 맞지는 않는다. 여기서도 적당히 구분하여 설명함을 밝혀둔다.

〈유전流轉과 환원還源〉

유전 — 유전문, 수염문, 종성성만덕문, 종인생기문, 종성성덕문
환원 — 환멸문, 성정문, 사상귀일심문, 식연귀원문, 망상귀원문

유전문과 환멸문이 있는데 유전문流轉門은 생사에 흘러 구르는 문이고, 환멸문還滅門은 헛된 것을 없애고 본바탕으로 돌아가는 문이니 환원문還源門이라 할 수 있다.

유전문은 근원에서 현재에 이른 것이니 현재 내가 있게 된 이치를 말하고, 환멸문은 현재에서 근원으로 돌아가는 것이니 수행해서 부처가 되는 것을 말한다. 유전문은 이론, 교敎라 할 수 있고 환멸문은 수행, 선禪이라 할 수 있다.

성정문과 수염문이 있는데 성정문性淨門은 성질이 깨끗한 문이니 항상 머무는 부처 성질(상주불성)이고, 수염문隨染門은 물듦을 따르는 문이니 무상한 부처 성질(무상불성)이다.

성정문은 우리의 본바탕이 깨끗함을 말하니 진여불성이고, 수염문은 진여불성이 흘러 도는 것이니 보불의 성질이다.(『열반경종요』)

〈성정문과 수염문〉

성정문性淨門 – 상주불성常住佛性 – 진여불성眞如佛性

수염문隨染門 – 무상불성無常佛性 – 보불성報佛性

원효 『열반경종요』는 사상귀일심문과 종성성만덕문을 말한다.

부처 땅의 만 가지 덕에는 대략 2문이 있다.

만약 모습을 버리고 한마음으로 돌아가는 문(사상귀일심문)으로 나아가면, 일체 덕의 모습이 법계와 같기 때문에, 오직 이것이 첫째가는 뜻의 몸(제일의신)으로, 빛깔 모습의 차별되는 대상이 없다.

만약 성질을 따라 만 가지 덕을 이루는 문(종성성만덕문)에 의하면, 빛깔 마음의 공덕이 갖춰지지 않은 것이 없기 때문에, 한량없이 좋은 모습(무량호상)의 장엄함이라 한다.

비록 2문이 있지만 다른 모습은 없다. 따라서 모든 이야기가 모두 장애가 없다.(『열반경종요』)

〈불지만덕佛地萬德〉

사상귀일심문捨相歸一心門 ― 제일의신第一義身

종성성만덕문從性成萬德門 ― 무량호상無量相好

이 외에도 종인생기문從因生起門과 식연귀원문息緣歸原門, 망상귀원문亡相歸源門과 종성성덕문從性成德門 등이 있다.

원인을 따라 생기는 문, 인연을 그치고 근원으로 돌아가는 문, 모습을 버리고 근원으로 돌아가는 문, 성질을 따라 덕을 이루는 문이다.

[목표] 수행의 목표는 윤회를 끊고 부처가 되는 것이다. 의식을 넘고 말나식을 넘어 아라야식을 다스리는 것이다. 아라야식이 윤회의 근본 씨이기 때문이다.

사람이 죽으면 의식은 결국 소멸한다. 그러면 말나식이 활동을 시작하는데 이때는 이미 늦는다. 윤회가 시작되었기 때문이다. 따라서 죽기 전에 살아생전의 의식을 잠재워 말나식을 끄집어내 다스리고, 나아가 아라야식도 끄집어내 다스려야 한다.

의식을 잠재우기가 쉽지 않다. 한평생 찌든 마음이 쉽게 가라앉겠는가? 갖가지 번뇌 망상이 쉽게 사라지겠는가? 그래도 노력해야 한다.

의식을 잠재우고 나면 다음으로 말나식을 잠재워야 한다. 이의 속성이 좋아하고 싫어하는 것(愛不愛)을 정확히 따지는 것이고 여기에 착오가 없기 때문이다.

곧 평소 선한 일을 좋아한 사람은 반드시 선한 곳으로 가고, 악한 일을 좋아한 사람은 반드시 악한 곳으로 가지, 실수나 착오로 뒤바뀌는

예가 없다는 말이다. 이 말나식 때문에 우리는 천당과 지옥을 임의로 선택하지 못한다.

그러나 이 말나식을 넘어 그 위에 있는 아라야식을 다스려 변형시키면 이번에는 자기 마음대로 천당이나 지옥을 선택할 수 있다. 그 씨를 변형시켰기 때문이다.

평소 악한 사람이라도 마음을 바꿔 선한 일을 하면 지옥에 갈 사람이 천당에 간다. 그 씨가 좋은 것으로 변형되었기 때문이다.

또 이 아라야식의 움직임을 멈추면 윤회가 멎으며, 이 아라야식을 없애면 윤회가 끊겨 해탈한다. 그 씨가 멈췄거나 아애 없어졌기 때문이다. 이것이 수행의 최종목표가 된다.

[선교] 부처님 마음이 선禪이고, 부처님 말씀이 교敎다(禪是佛心 敎是佛語).

합쳐 선교禪敎, 교선敎禪이라 하는데 교敎는 이론이고 선禪은 수행이라 할 수 있다.

이 둘은 떨어질 수 없다. 함께해야 한다. 사실 어느 것을 하든 자연스레 함께하게 되어 있다. 이론 공부를 해도 수행을 하지 않을 수 없고, 수행을 해도 이론 공부를 하지 않을 수 없다. 부처님이 그렇게 했고 원효도 그렇게 했다. 곧 선교일여禪敎一如다.

배를 타고 큰 바다를 건너려면 충분한 지식과 부단한 노력이 필요하다. 지식만 있다고 해서 될 일도 아니고, 노만 열심히 젓는다고 해서 될 일도 아니다.

어디 있는지 어디로 가는지도 알아야 하고, 어떻게 해야 하는지도 알아야 한다. 그래야 노를 저어 바다를 건널 수 있고, 건너고 나서 다른 사람에게 그 방법을 일러줄 수도 있다.

노를 젓는 방법이 교教고, 노를 젓는 노력이 선禪이다.

수행의 방법으로는 참선, 경전, 염불, 주문, 사경 등이 있는데 상근기上根機는 참선이, 중근기中根機는 경전이, 하근기下根機는 염불이 좋다고 하기도 한다.

그러나 어느 것이든 자기에게 알맞은 방법을 택해서 꾸준히 노력하면 된다고 한다. 좋고 나쁜 것이 없다고 한다. 간혹 간화선 등 자기가 수행하는 방법만 주장하는데 이는 잘못이라 한다.

『본업경』은 이렇게 말한다. "8만 4천 법문이 있다."

『대혜도경』은 이렇게 말한다. "500비구의 말씀 모두 도리가 있다."

염불수행을 경시하는 경향이 있는데 이것도 잘못이다. 원효도 염불수행을 찬양했다. 조선시대 쾌선快善 스님이 지은 「청택법보은문請擇法報恩文」에 이런 구절이 있다.

원효 법사는 『기신론소』를 지어 염불법문을 찬양했는데 마명보살의 뜻과 한가지다.(달리 정토문이라 이른다)
元曉法師 造起信疏 贊揚念佛法門 一如馬鳴之意(別名淨土門)

곧 모두가 부처님의 수승한 수행법이다. 문제는 수행에 목숨을 걸었느냐 걸지 않았느냐는 차이다. 이른바 귀명歸命이다.

가고 머물고 앉고 눕는 행주좌와行住座臥 4위의四威儀 일체 행동에서 3학三學과 3혜三慧로 수행한 사람은 그 방법이 무엇이든 반드시 얻는 것이 있다.

〈3학과 3혜〉

3학三學—3가지 학문. 계정혜戒定慧. 계율, 선정, 지혜

3혜三慧—3가지 슬기. 문사수聞思修. 학문, 사유, 수행

[4무애지] 원효는 진리와 가르침이 한맛(理敎一味)으로 다름이 없다고 한다.(『열반종요』)

어떤 분은 문자를 세우지 않는다(不立文字)고 하는데, 문자를 세우지 않는 것이 아니라 문자에 자재해야(文字自在) 한다.

일제종지를 얻은 석가는 문자에 자재했기 때문에 상대의 근기에 맞춰 45년간 끊임없이 설법했다. 그렇지 못한 사람은 바로 말문이 막힌다.

진리와 설법에 거리낌이 없는 것에 3무애, 4무애가 있다. 비슷한 내용인데 3무애는 3가지 거리낌이 없는 것이다.

곧 모든 것을 아는 데 거리낌이 없고(총지무애), 이를 잘 풀이하는 데 거리낌이 없으며(변재무애), 법을 통달하는 데 거리낌이 없는 것(도법무애)이다.(『기신별기』)

4무애는 4무애지 등 여러 가지 다른 표현이 있는데, 4가지 거리낌 없는 슬기를 말한다.

곧 법무애는 법에 거리낌이 없고, 의무애는 뜻에 거리낌이 없으며, 사무애는 말에 거리낌이 없고, 요설무애는 즐겁게 이야기함에 거리낌

이 없는 것이다.(『기신론소』)

3무애三無碍－총지무애摠持無碍, 변재무애辯才無碍, 도법무애道法無碍

4무애四無碍－4무애지四無碍智, 4변四辯, 4무애변四無碍辯, 4무애해四無碍解, 4화법四化法라고도 함. 곧 법무애法無碍辯, 의무애義無碍, 사무애辭無碍, 요설무애樂說無碍를 말함

[교판] 석가모니가 가르친 경전을 시기별로 나누는 경우가 있다. 교판敎判, 판교判敎라 하는데 가령 처음에는 『연기경緣起經』을 가르쳤고, 다음에는 『반야경般若經』을 가르쳤으며, 끝에는 『화엄경華嚴經』을 가르쳤다는 식이다. 3교, 4교, 5교 등이 있다.

3교三敎는 3시교, 3시교판이라 하는데 가르친 시기를 3시기로 나눈 것이다. 여러 설이 있으나 원효는 『대혜도경종요』에서 3종법륜을 이야기한다. 법륜法輪은 법을 굴리는 것이니 가르침과 같은 말이다.

제1시에는 성문승을 가르쳤고, 제2시는 대승을 가르쳤으며, 제3시는 일체 모든 수레를 가르쳤다.

또 제1시에는 4제상 곧 4진리 모습을 가르쳤고, 2시에는 『반야경』을 가르쳤으며, 제3시에는 『법화경』을 가르쳤는데, 제3시가 온전한 뜻(요의)이다.(『대혜도경종요』)

〈3종법륜三種法輪〉: 3시교三時教 3시교판三時教判

제1시 — 성문승聲聞乘, 4제상四諦相, 미료의未了義

제2시 — 대승大乘, 은밀상隱密相, 미료의, 『대품경』, 『반야경』

제3시 — 일체승一切乘, 현료상顯了相, 요의了義, 『법화경』

원효는 가르침을 4시기로 나누기도 했는데 이른바 원효4교元曉四教이다. 그러나 원문은 남아 있지 않고 다른 분의 글에 인용된 글만 남아 있다.

원효는 『화엄경』에 대해서 『화엄강목華嚴綱目』, 『화엄경소華嚴經疏』, 『화엄경종요華嚴經宗要』, 『화엄경입계품초華嚴經入界品抄』 등의 글을 썼는데 모두 소실되고 일부라도 남아 있는 것은 『화엄경소』 하나뿐이다. 원효4교는 『화엄경소』에 들어 있지 않나 추측된다.

이 원효4교는 한국, 중국, 일본 등 많은 스님들이 인용했는데 신라 표원表員의 『화엄경문의요결문답華嚴經文義要決問答』에도 들어 있어 이를 보기로 한다.

신라 원효 법사 역시 4교를 세운다.

첫째는 3승별교三乘別教이니 〔마치 4제교四諦教 연기경緣起經 등과 같고〕, 둘째는 3승통교三乘通教이니 〔마치 반야교般若教 『해심밀경』 등과 같으며〕, 셋째는 1승분교一乘分教이니 〔마치 『영락경』, 『범망경』 등과 같고〕 넷째는 1승만교一乘滿教이니 〔이른바 『화엄경』 보현교普賢教이다〕.

3승이 공통으로 배우는 것을 3승교라 하는데, 이 중 법공을 밝히지

못하면 별상교別相敎가 되고, 법공을 통틀어 설명하면 통교通敎가
된다.

2승과 함께하지 않는 것을 1승교라 하는데, 이 중 보법(보편적
법)을 드러내지 못하면 수분교隨分敎라 하고, 보법을 끝까지 밝히
면 원만교圓滿敎라 한다. 〔『화엄소』 같은 것 중에 모두 나타난다.〕

(『화엄경문의요결문답』)

〈원효4교元曉四敎〉(『산일문』)(『화엄경소』)

(3승교) 3승별교－별상교－법공 모름－4제교四諦敎, 『연기경』

　　　　　3승통교－통교 － 법공法空 설명－반야교, 『해심밀경』

(1승교) 1승분교－수분교－보법普法 모름－『영락경』, 『범망경』

　　　　　1승만교－원만교－보법普法 다 앎－보현교, 『화엄경』

원효는 비록 이와 같이 시기를 나눴지만 즐기지는 않은 것 같다.
모든 것을 모두 한꺼번에 가르친다는 견해를 취한다. 다른 사람들의
이론을 통합하기 위해 3교, 4교 등을 세웠을 뿐이다. 『열반경종요』를
본다.

마치 수나라 때 천태종의 지자 대사智者大師가 신인神人에게 물어
본 것과 같다.

"북쪽에서 세운 4교(四敎, 四宗)는 경전의 뜻에 부합합니까, 아닙니
까?"

신인이 대답했다. "잃은 것이 많고 얻은 것이 적다."

또 물었다. "성실론 스승들은 5교五教를 세웠는데, 부처의 뜻이라 할 수 있습니까, 없습니까?"

신인이 대답했다. "4교보다는 조금 나으나, 오히려 허물이 많다."

(『열반경종요』)

곧 원효는 시기 나눔을 즐기지 않는다. 지자 대사智者大師는 천태종을 세운 수나라 지의(智顗, 538~597) 선사이다.

[3시연한] 부처 법의 시기를 3시기로 나누기도 한다. 3시연한三時年限 또는 정상말正象末이라 한다.

정正은 정법正法, 바른 법의 시대이고, 상象은 상법象法, 비슷한 법의 시대이며, 말末은 말법末法, 말세의 시대이다. 상象은 상像으로도 쓰는데 정법과 비슷하다는 뜻이다.(『삼매경』)

다른 분의 글을 참조하면 『아함경』, 『대비경』 등은 부처님 입멸 후 정법이 천년, 상법이 천년, 말법이 만년 이어진다고 한다.

정법시대正法時代는 교教, 행行, 과果, 곧 경전과 수행과 깨침이 모두 왕성해서 성불하는 이가 많으나, 상법시대像法時代는 경전과 수행은 있으나 인욕과 정진력이 부족해 성불하는 이가 드물고, 말법시대末法時代는 경전만 있고 수행이 없어 성불하는 이가 없다.

정법시대 1천년은 해탈이 견고한 시대(해탈견고)와 선정이 견고한 시대(선정견고)로 나눠지는데, 이 시대는 선정이 확고해서 뒤에 반드시 해탈한다.

상법시대 1천년은 듣고 외움이 견고한 시대(독송다문견고)와 탑과 절을 많이 세우는 시대(다조탑사견고)로 나눠지는데, 윗대는 경전을 독송하고 염불하는 이가 많으나 아랫대는 탑과 절을 세우는 등 불사가 많다.

말법시대 1만년은 모두 투쟁이 많이 일어나는 시대(투쟁견고)이다. 이 시대는 인욕과 정진은 적고 얄은 경전 풀이만 많아 각자 옳다고 주장해서 시비가 그치지 않는 것이다.

원효는 「서당화상비」에서 "나는 옳고 너는 틀린다고 말하며, 혹은 나는 그러하나 너는 그러하지 않다고 말해, 드디어 시비의 큰 강을 이루었다"고 했는데, 곧 말세의 표현이다.

지금이 어느 시대인가? 이는 스스로 결정해야 한다. 누가 무슨 시대라 하든 상관 않고 지금의 생애가 두 번 다시 오지 않는다고 생각하고 노력해서 결실을 맺어야 한다.

남과 비교할 겨를이 없다. 천상천하유아독존! 이 세상에서 내가 가장 존귀하기 때문이다.(참조: 서화동 지음, 『산중에서 길을 물었더니』, 은행나무, 2002, 100쪽.)

〈3시연한三時年限〉

정법시대(1천년) – 해탈견고解脫堅固 – 전기 500년

　　　　　　　　　　 선정견고禪定堅固 – 후기 500년

상법시대(1천년) – 독송다문견고讀誦多聞堅固 – 전기 500년

　　　　　　　　　　 다조탑사견고多造塔寺堅固 – 후기 500년

말법시대(1만년) – 투쟁견고鬪爭堅固

[글귀]

① 무릇

  2진리의 가운데 길은, 길이라 할 수 없는 것의 나루터요,

  아주 그윽한 법의 문은, 문이라 할 수 없는 것의 진리이다.

  길이라 할 수 없기 때문에, 마음 닦음이 있을 수 없고,

  문이라 할 수 없기 때문에, 닦아 들어감이 있을 수 없다.

  그러나

  큰 바다는 나루터가 없으나,

  배들이 노를 저어 능히 건널 수 있고,

  빈 하늘은 사다리가 없으나,

  새들이 날개를 퍼덕여 높이 날 수 있다.

  이에

  길이 없는 길, 이것은 길이 아닌 것이 없고,

  문이 없는 문, 이것은 문이 아닌 것이 없음을 안다.

  原夫

  二諦中道 乃無可道之津 重玄法門 逾無可門之理

  無可道故 不可以有心行 無可門故 不可以有行入

  然以 大海無津 汎舟楫而能渡 虛空無梯 翩羽翼而高翔

  是知 無道之道 斯無不道 無門之門 則無非門(『본업경소』)

② 중생의 6뿌리(6근)는 한마음을 좇아 일어나서는,

  스스로 바탕을 저버리고 6대상(6진)으로 달아나 흩어진다.

  이제 목숨을 걸고 이 6느낌(6정)을 두루 거두어서,

본바탕인 한마음의 뿌리로 되돌아가기 때문에
목숨을 걸고 돌아간다고 했다.
衆生六根從一心起 而背自原馳散六塵
今擧命總攝六情 還歸本一心原故歸命(『기신론소』)

③ 목숨이란 목숨의 뿌리를 말하니
   모든 뿌리들을 통째 다스리는 것으로
   한 몸의 요체는 오직 목숨을 주인으로 한다.
   이 둘도 없는 목숨을 들고서 더할 수 없이 귀한 것을
   받듦으로 목숨을 걸고 돌아간다고 했다.
   命謂命根總御諸根 一身之要唯命爲主
   擧此無二之命以奉無上之尊 故言歸命(『기신론소』)

④ 마음의 몸체는 움직이지 않고
   단지 밝지 못한 것만 움직인다면
   곧 범부를 바꾸어 성인을 이루는(전범성성) 이치가 없어진다.
   밝지 못한 것은 한결같이 죽는 쪽으로만 향하고,
   마음의 몸체는 본디 범부를 짓지 않기 때문이다.
   따라서 마음의 몸체는 나고 죽는다.
   心體不動但無明動 則無轉凡成聖之理
   無明一向滅心體本不作凡 故心體生滅(『기신별기』)

⑤ 선禪이 곧 움직임이다.

264

움직임도 아니고 선도 아닌 것이, 생김 없는 선禪이다.

삼매에 들지도 않고, 좌선에 머물지도 않아야,

생김도 없고 움직임도 없게 된다.(『삼매경』)

진리는 머묾이 없기 때문에,

머묾이 있는 것은 진리에 어긋난다.(『삼매경』)

禪卽是動 不動不禪 是無生禪 不入三昧

不住坐禪 無生無行 理無住故 有住違理(『금강삼매경론』)

(2) 수행

[지관] 필자는 수행에 경험이 없음으로 수행과 다음에 말하는 마사魔事에 대해서는 말할 처지가 못된다. 따라서 『기신론』과 『기신론소』의 내용을 나름대로 소개함을 밝혀둔다.

　지止는 범어 사마타를 번역한 말로 그친다는 뜻이고, 관觀은 범어 비발사나(위빠사나)를 번역한 말로 본다는 뜻인데 이 둘이 함께해야 온전한 수행이 된다.

　지관止觀 2문에 대한 원효 『기신론소』를 본다.

진여문에 의해서는 그치는 수행(지행)을 닦고, 생멸문에 의해서는 보는 수행(관행)을 일으킨다.

그침과 보기(지관)가 함께 움직이면 만 가지 수행이 이에 갖춰지며, 이 2문에 들어가면 모든 문에 모두 통달한다.(『기신론소』)

곧 지와 관을 함께해야 함을 알 수 있다.

〈지관〉　　〈2문〉　　〈슬기〉

지止——진여문眞如門, 무분별지

관觀——생멸문生滅門, 후득지

진여문에 의하면 모든 대상의 모습을 그치기 때문에 분별함이 없어 곧 분별없는 슬기(무분별지)를 이루고, 생멸문에 의하면 모든 모습을 분별하여 모든 이치를 보아 곧 뒤에 얻은 슬기(후득지)를 이룬다.(『기신론소』)

진여문은 무분별이고 생멸문은 일체종지이다. 온전히 깨치려면 한량없는 공부와 한량없는 수행이 필요하다. 4홍서원은 이렇게 말한다.

법문이 한없으나 다 배우길 바라옵고,

부처도가 위없으나 다 이루길 바랍니다.

法門無量誓願學 佛道無上誓願成

그침(지)을 닦으려면 조용한 곳(정처)에 머물러, 단정히 앉아, 뜻을 바르게 해야 한다(단좌端坐, 정의正意).

숨쉬기에도 의하지 않고, 형색形色에도 의하지 않고, 공空에도 의하지 않고, 흙, 물, 불, 바람(지수화풍)에도 의하지 않고, 또한 보고 듣고 느끼고 앎(견문각지)에도 의하지 않는다.

일체 모든 생각을 생각날 때마다 모두 없애고, 또한 없앤다는 생각마저 보낸다. 모든 법은 본디 모습이 없어, 생각 생각마다 나지도 않고, 생각 생각마다 죽지도 않는다. 또한 마음 바깥 대상이란 생각도 따르지 않아, 뒤에는 마음으로 마음을 없앤다.

만약 마음이 달아나 흩어지면 곧 마땅히 거두어들여서 바른 생각에 머물게 한다. 이 바른 생각이란 오직 마음뿐이고 바깥 대상이 없음을 마땅히 아는 것이다. 곧 이 마음 또한 자기 모습이 없어 생각 생각마다 얻을 수 없음을 마땅히 아는 것이다.

만약 앉고 서고 가고 오고 나아가고 멈춤에 따라 함이 있더라도, 모든 때에 언제나 방편을 생각하여 순리에 따라 관찰하면, 오랜 습관이 맑게 무르익어 그 마음이 머물게 된다.

이 마음이 머물기 때문에 점점 무섭게 날카로워져서, 순리에 따라 진여삼매에 들어가, 번뇌를 깊이 굴복하고, 믿는 마음을 더욱 키워, 물러서지 않는 자리(불퇴)를 빨리 이룬다.

오직 의심하는 사람, 믿지 않는 사람, 헐뜯는 사람, 죄가 무거운 사람, 업이 두터운 사람, 거만한 사람, 게으른 사람은 제외되니 이런 사람은 능히 들어갈 수 없다.(『기신론』)

또 만약 사람들이 오직 그침(止)만 닦는다면, 마음이 가라앉고 혹 게으름이 일어나 여러 착한 일을 좋아하지 않고 큰 자비를 멀리 떨친다. 따라서 무상無常, 고苦, 유전流轉, 부정不淨 등 보기(觀)를 닦는다.(『기신론』)

그침과 보기 2닦음이 이미 서로 이뤄지면, 마치 새의 양 날개 같고 수레의 두 바퀴 같다.

두 바퀴가 다 갖춰지지 않으면 실어 나를 능력이 없다. 만약 한쪽
날개라도 빠지면 어찌 하늘을 날 기세가 있겠는가?
따라서 "그침과 보기가 함께하지 않으면 능히 깨달음의 길로 들어
가는 일은 없다"고 한다.(『기신론』)

[원음일음] 원음일음圓音一音은 둥근 소리, 한 소리다.
　이는 부처님의 말씀을 뜻하는데 부처님이 한 소리로 말씀하시면
6도중생이 모두 다 알아듣는다. 왜 그러한가? 원효는 『기신론소』에서
4가지로 설명한다.

　첫째, 무성현성은 소리가 없지만 소리를 나타낸다는 뜻이니 마치
『열반경』에서 말하는 것과 같다. "그 종류의 소리에 따라 중생들에
게 널리 알린다."
　둘째, 실성원만은 실제 소리가 있어서 두루하다는 뜻이니 마치
『유마경』에서 말하는 것과 같다. "부처님이 한 소리로 설법하시면,
중생들은 유형에 따라 각각 이해한다."
　셋째, 다성섭성은 실제 여러 소리가 있어서 일체중생의 소리를
다 포함한다는 뜻이니 마치 『화엄경』에서 말하는 것과 같다.
"일체중생의 말들은, 부처님이 한마디로 이야기하면 끝까지 다해
남는 것이 없다. 깨끗하고 비밀스런 소리를 모두 다 알아듣게
하시니, 보살들이 이로 인해 처음 마음을 피우게 하신다."
　넷째, 6쌍등편은 일체중생과 일체법 등에 두루하다는 뜻이니 마치
『화엄경』의 3종무애三種無礙 중에서 말하는 것과 같다.

"하나하나의 소리가 이 6쌍에 널리 두루하지만 그 소리의 높낮이는 언제나 어지럽지 않다."(『기신론소』)

〈원음일음圓音—音 4설〉: 한 소리, 둥근 소리

무성현성無聲現聲, 실성원만實聲圓滿, 다성섭성多聲攝聲, 6쌍등편六雙等偏

지관법으로 수행해야 원음일음에 이를 수 있고 6도중생을 제도할 수 있다.

수행이 어느 경지에 이르면 어떤 경계가 보인다(관). 그러면 그 경계를 그친다(지). 그리고 더 나아간다. 그러면 더 높은 경계가 보인다(관). 이 경계도 그친다(지). 그리고 더 나아간다. 그러면 더 높은 경계가 보인다(관). 물론 이 경계도 그치고 더 나아간다.

이렇게 해서 나아가면 3계 곧 욕계, 색계, 무색계를 모두 보아, 6도 곧 지옥에서 멸진정까지 모두 본다.

따라서 그가 한 말씀 하시면 3계6도 모든 중생이 다 알아듣는다. 왜냐하면 모두 자기가 거쳐 온 길이기 때문이다. 이것이 부처님의 수행법이고 중생제도법이다.

이런 수행은 무한한 노력과 많은 기간을 요한다. 『기신론』은 누구든지 3아승기를 지나야 깨친다고 했다. 기간이 길거나 짧은 사람이 없다고 했다.

[늦고 빠름] 능력 있는 사람이 빨리 깨치는 것도 좋지만 서두를

것은 없다. 늦지만 크게 깨치는 것도 중요하다.

석가도 늦게 크게 깨쳤을 수도 있다. 547번의 전생을 거치면서 온갖 경험을 다 했다. 그의 몸과 마음에는 이 모든 경험이 다 쌓여 있다. 따라서 그가 한 말씀 하시면 모든 중생이 다 알아듣는다. 곧 원음일음이다.

혼자 건너느냐 함께 건너느냐도 문제가 된다. 소승이냐 대승이냐가 중요하다. 원효 『중변소』에 이런 글이 있다.

무소뿔에 비유되는(서각유) 성문은 60겁에 건너고, 기린 뿔에 비유되는(인각유) 독각은 100겁에 건너지만, 보살은 한량없는 기간 곧 3무수三無數를 지나야 건넌다.

아래 열등한 사람은 두렵고 괴로운 마음이 급박해, 주변을 둘러볼 여유가 없어 단지 자기의 건넘만 구하기 때문에 적은 생애를 지나나, 뿌리가 뛰어난 사람은 두려운 마음에 차이가 있어, 주변을 둘러보아 모두 함께 건너기 때문에 많은 생애를 지난다.

마치 『지도론』에서 말하는 것과 같다.

"성문은 악한 생사를 두려워해, 중생이 비었다(중생공)거나 4가지 참된 진리(4진제)를 들어도, 한결같이 자기만 벗어나려고 해서 다시 다른 생각이 없다.

마치 우리 속 사슴이 독화살을 맞고, 한결같이 벗어나려고만 해서 다시 다른 생각이 없는 것과 같다. 벽지불은 비록 늙고 병들고 죽는 것을 싫어하지만, 오히려 능히 깊고 깊은 인연법을 조금은 보아서, 능히 중생을 조금은 구한다.

마치 우리 속에 있는 무소가 비록 독화살을 맞아도, 오히려 능히 그 자식을 그리워해서 돌아보는 것과 같다.

보살은 비록 늙고 병들고 죽는 것을 싫어하지만, 능히 모든 법의 진실한 모습(제법실상)을 보아, 12인연에 끝까지 깊이 들어가서, 법이 비었음(법공)을 통달해, 한량없는 법의 성질(무량법성)에 들어간다.

마치 수렵장 속에 있는 임금 코끼리가 비록 독화살을 맞아도, 엽사를 돌아보고도 마음에 두려움이 없으며, 인솔자를 따라 여유 있게 걸어가는 것과 같다."(『석화엄교분기원통』)

빨리 깨쳐 한소리 하는 것도 좋지만, 다소 늦더라도 크게 깨치는 것도 좋다.

〈보살, 독각, 성문의 건너는 시기〉(『중변소』)

보살－3무수三無數　　　　　　　　－함께 건넘　－코끼리
독각－100겁, 4생四生－인각유麟角喩－함께 건넘　－무소
성문－ 60겁, 3생三生－서각유犀角喩－자기만 건넘－사슴

[마음 중시] 석가는 경전과 계율을 중시한다. 죽음에 임했을 때 아난이 울면서 앞으로 어떻게 해야 합니까라고 묻자, 법과 계율을 스승으로 삼으라며 마지막으로 설법했다. 그러면서 생겨난 자는 반드시 죽으니, 게으름 피지 말고 노력해서, 수행을 완성하라고 했다.(法戒爲師 法戒爲師 生者必滅 不怠精進 修行完成.)

이렇게 중요한 법과 계율도 마음 아래 둔다. 가르침의 최종목표가 생사번뇌의 고통을 벗어나는 것이기 때문이다.

3해탈은 허공해탈, 금강해탈, 반야해탈을 말하는데 범행 장자가 이를 갖췄다. 부처가 이를 인정하고 속인인 범행 장자를 칭찬하자 대력보살이 의아해서 부처께 여쭈었다. 『금강삼매경』의 글이다.

"불가사의합니다. 이런 사람(법행 장자)은 출가出家한 것도 아니고 출가하지 않은 것(在家)도 아닙니다.
어떻게 열반 집에 들어가 여래 옷을 입고 보리좌에 앉습니까?
이런 사람도 사문에 이르며 마땅히 사문의 공양을 받습니까?"
부처님이 말씀하셨다. "그러하다. 왜냐? 열반 집에 들어가면, 마음이 3계를 일으켜도, 여래 옷을 입으며, 법이 빈 곳에 들어가, 보리좌에 앉아서, 바른 깨침의 한 땅에 오른다.
이런 사람은 마음이 인법 2본질(아)을 뛰어넘는다. 어찌 사문이 받들고 공양하지 않겠느냐?"(『금강삼매경』)

또 본래부터 보살 씨의 성질을 갖춘 사람, 곧 보살종성인菩薩種性人을 두고도 이렇게 말한다. 역시 『금강삼매경』의 글이다.

대력보살이 아뢰었다. "이런 사람(보살종성인)은 마땅히 계율을 지니지 않으니, 저 사문들이 마땅히 우러러 받들지 않을 것입니다."
부처님이 말씀하셨다. "계율을 말하는 것은 선하지 않고 교만하기 때문이고, 마음 바다가 물결치기 때문이다.

저 같은 마음의 땅은 8가리새의 바다가 맑고, 9가리새의 흐름도 깨끗해, 바람이 능히 움직이지 않고, 물결도 일어나지 않는다. 계율의 성질 등도 비어서, 계율을 지닌다는 것은 어둡게 뒤바뀐 것이다. 저런 사람은 7, 6가리새가 생기지 않아, 모든 모인 것이 없어진 선정이다.

3부처를 떠나지 않고 보리(깨침)를 피우며, 3가지 없는 모습(3무상) 중에서, 마음을 따라 그윽함에 들어가며, 3보를 깊이 받들어, 위엄 있는 모습을 잃지 않는다. 저 사문들의 공경함이 없지 않겠는가?

보살아, 저 어진 이는 세간의 움직이고 움직이지 않는 법에 머물지 않아, 3가지 빈 층(3공취)에 들어가서, 3계의 마음을 없앤다."(『금강삼매경』)

(3) 마사

[마귀] 마사, 마귀의 일은 수행 중에 나타나는 나쁜 모습들이다. 따라서 수행은 객관적으로 인정받은 장소나 사람의 지도 아래 하는 것이 좋다. 아니면 반드시 경전에 의거해야 한다. 독자적으로 하는 것은 매우 위험하다.

『기신론』은 4마四魔, 4마귀를 이야기한다.

번뇌마, 음마, 사마, 천마인데, 번뇌마는 번뇌에서 오는 마귀이고, 음마는 우리 몸에서 오는 마귀이며, 사마는 죽음에서 오는 마귀이고, 천마는 하늘 마귀이다. 이들 모두 수행에 방해가 된다.(『기신론소』)

〈4마四魔〉 4마귀

번뇌마煩惱魔, 음마陰魔, 사마死魔, 천마天魔

3종귀三種鬼, 3귀신이 있다. 퇴척귀, 정미귀, 마라귀인데, 퇴척귀는 공부를 방해하는 귀신이고, 정미귀는 시간대별로 찾아오는 소, 말, 돼지, 양 같은 12지신十二支神이며, 마라귀는 악마惡魔이다.(『기신론소』)

〈3종귀三種鬼〉: 3가지 귀신

퇴척귀退惕鬼, 정미귀精媚鬼, 마라귀摩羅鬼

[모습] 앞서 말한 것처럼 필자는 수행에 경험이 없음으로『기신론』과 『기신론소』의 내용을 나름대로 소개하는 데 그친다.

혹 어떤 사람에게 좋은 뿌리의 힘이 없다면 곧 여러 마귀와 외도外道 귀신에 의해 홀리고 어지럽히는 바가 있게 된다.
만약 앉아 있는 중이라면 모습을 나타내어 두렵게 하기도 하고, 혹은 깔끔한 남녀 등의 모습을 나타내기도 한다.
이때는 오직 마음뿐임을 생각하면 모습들이 곧 없어져서 드디어 번거롭지 않게 된다.(『기신론』)

혹은 하늘의 모습(천상)과 보살의 모습을 나타내고, 또한 여래의 모습을 지어 좋은 모습들(상호)을 다 갖추고, 혹은 다라니를 말하고, 혹은 베풂, 계율, 참음, 정진, 선정, 슬기(6바라밀)를 말한다.

혹은 평등하고 비었으며, 모습도 없고 바람(원)도 없으며, 원한도 없고 친함도 없으며, 원인도 없고 결과도 없어, 끝내는 텅 비고 그윽하니(공적), 이것이 진짜 열반이라고 한다.

혹은 사람으로 하여금 오랜 옛 목숨(숙명)이나 과거 일을 알게 하고, 또한 앞날의 일도 알게 하며, 다른 사람의 마음을 아는 지혜도 얻게 해서, 말재간에 막힘이 없어, 능히 사람들로 하여금 이 세상의 이름과 이익을 탐해 달라붙게 한다. …(중략)…

외도가 가지고 있는 삼매는 모두 보고 좋아하며 나에 대한 교만한 마음을 떨치지 못한 것임을 마땅히 알아야 하니, 이 세상의 이름이나 이익이나 공경을 탐해 달라붙기 때문이다.

진여삼매는 보이는 모습에도 머물지 않고 얻는 모습에도 머물지 않아, 드디어 삼매에서 나와도 또한 게으름이나 교만함이 없어, 가지고 있는 번뇌가 점점 아주 엷어진다.

만약 모든 범부가 이 삼매 법을 익히지 않으면, 여래 씨의 성질(여래 종성)에 들어가는 일, 그런 것은 없다.(『기신론』)

이 20가지 그른 선정(사정)법은, 그것이 일어남을 따라 만약 가려 내지 못하면 마음속에 애착이 생긴다.

이로 인해 혹은 마음을 잃고 미쳐 날뛰기도 하고, 혹은 울거나 혹은 웃기도 하고, 혹은 놀라 멋대로 달아나기도 하고, 혹 어떤 때는 스스로 바위에서 뛰어내리거나 불에 뛰어들려고 하고, 혹 어떤 때는 병을 얻어, 혹 그 때문에 죽기도 한다.

또 이와 같은 것을 좇아 하나라도 그른 법을 내어서, 만약 95가지 외도外道 귀신 법 중 어느 하나의 귀신 법과 응했는데도 깨닫지 못하면, 다시 저 외도를 생각하고 저 외도 법을 행하며 그로 인해 문득 귀신 법문으로 들어간다.(『기신론소』)

[선근간별] 수행 중 어떤 현상이 나타났을 때 그것의 진부眞否를 가리기가 여간 어렵지 않다. 선신善神의 작용일 수도 있고, 마귀의 장난일 수도 있다.

이는 반드시 가려내야 하는데 그 기준은 집착 여부이다. 집착하면 잘못될 수 있지만, 집착하지 않으면 잘못되지 않는다. 원효는 이렇게 말한다.

옳고 그름의 구별은 집착하느냐 집착하지 않느냐에 있다. 집착하지 않는 사람은 떨치지 못할 장애가 없다.(『기신론소』)
邪正之分 要在著與不著 不著之者 無障不離

그러면서 『기신론』은 좋은 뿌리의 구별법으로 3가지를 이야기한다. 곧 선근간별 3법이다.

첫째는 선정으로 연마해 보는 것(이정연마)인데, 이른바 선정 중에 대상의 모습이 나타나는 경우는 옳고 그름을 알기가 매우 어렵다. 당연히 선정의 마음으로 깊이 들어가서, 그 경지에서 취하지도 않고 버리지도 않고, 다만 평등하게 고요함에 머물면, 만약 이것이 좋은 뿌리에서 일어난 것이라면 선정의 힘이 더욱 깊어져서 좋은 뿌리가 더욱 피어나고, 만약 마귀의 짓이라면 오래지 않아 스스로 부서진다.

둘째는 바탕에 의해 닦아서 다스리는 것(의본수치)인데, 우선 본디 우리 몸은 깨끗하지 못하다는 견해(부정관)의 선禪을 닦는 것과 같다.

이제 본바탕에 의해 깨끗하지 못하다는 견해를 닦으면, 만약 이와 같이 닦은 경지가 점점 밝아지면 잘못된 것이 아니고, 만약 본바탕에 의해 닦은 것이 점점 부서져 없어지면 그릇된 것임을 아는 것이다.

셋째는 지혜로 살피는 것(지혜관찰)인데, 그 일어난 모습을 살펴서 그 밑바탕을 미루어 시험하는 것이다.

생겨난 곳을 보지 못하면 비고 고요한 것(공적)임을 깊이 알아 마음이 머물러 달라붙지 않는데, 이때 그릇된 것(사)이면 당연히 스스로 없어지고, 올바른 것(정)이면 당연히 스스로 모습을 나타낸다.(『기신론소』)

〈선근간별善根簡別 3법三法〉(비유)

이정연마以定研磨－삼매 자리에서 닦음　 －갊(磨)

의본수치依本修治－바탕에 의해서 다스림－두드림(打)

지혜관찰智慧觀察－지혜로서 살핌　　 －태움(燒)

[산지대사] 『금광명경』에 산지대사散脂大士가 나온다. 산지귀신散脂鬼神, 산지귀신대장군散脂鬼神大將軍이라고도 하는데 모든 귀신을

굴복시킨 뒤 성불할 것을 서원한 사람이다. 원효『금광명경소』(『현추』)의 글이다.

『대집경』제21은 말한다. 산지대사는 시기불 등에 앞서서 크고 넓은 바람을 세웠으니, 다음 세상에는 귀신 몸이 되어, 중생에게 있는 모든 악귀를 교화하기 바라면서 이렇게 서원했다.
"나는 마땅히 3수레 법을 연설해서 저들(나쁜 귀신)을 굴복시키겠습니다. 그런 뒤에 마땅히 삼보리(바른 깨침)를 이루겠습니다."

지장보살과 비슷한 면이 있다. 지장보살地藏菩薩은 석가불이 열반하신 뒤 미륵불이 출현하기까지 중생을 교화하는 임무를 맡은 보살인데, 지옥 중생이 성불할 때까지 자기 성불을 멈춘 보살이다.

[글귀]
① 범부의 수행(행동)을 버리고 부처 집안에 태어나
　　보살 자리를 이어받아 성인의 무리 중에 들어가면
　　4마귀가 이르지 못하고, 있고 없는 2가지 치우침이 평등해
　　함께 비침을 기쁨의 자리(환희지, 41)라 한다.
　　捨凡夫行生在佛家　紹菩薩位入聖衆中
　　四魔不到有無二邊　平等雙照名歡喜地(『본업경』)

② 산지대사는 (시기불에 앞서) 큰 바람을 세웠다.
　　다음 세상에는 귀신 몸이 되어,

중생에게 있는 모든 악귀를 교화하겠다.

나는 마땅히 3수레 법을 연설해서

저들을 굴복시킨 뒤에 삼보리(바른 깨침)를 이루겠다.(『대집경』)

散脂大願來世鬼身 教化衆生有諸惡鬼

我當演說三乘之法 調伏之後成三菩提(『금광명경』)

6. 아뇩다라삼먁삼보리

범어 아뇩다라삼먁삼보리는 무상정등각, 무상정진도, 무상정변지 등으로 옮기는데, 위없는 바르고 고른 깨침, 위없는 바르고 참된 도, 위없는 바르고 두루한 슬기 정도로 번역된다. 곧 부처님의 온전한 깨침이다.

『금강삼매경론』의 글을 본다.

아뇩다라삼먁삼보리에서 아뇩다라는 위없다(무상)는 말이며, 삼 먁은 바르다(정)는 말이고, 삼은 고르다(등)는 말이며, 보리는 깨침(각)이란 말이다.

통틀어 말하면 이른바 바르고 고른 깨침(정등각)이다. 곧 이는 둥글고 가득한 위없는 깨침(원만무상보리)이다.

三藐曰正 三者云等 菩提言覺

總而言之 謂正等覺 卽是圓滿無上菩提

이런 깨침은 반야바라밀다에 의해서 얻을 수 있다. 따라서 『반야심경』은 이렇게 말한다. "삼세 모든 부처님은 반야바라밀다에 의지해 최상의 깨달음을 얻는다."

〈아뇩다라삼막삼보리阿耨多羅三藐三菩提〉

정등각正等覺, 무상정등각無上正等覺, 무상정진도無上正眞道, 무상정변지無上正徧知

(1) 깨침

깨침(각)의 반대가 못 깨침(불각)이다. 그러나 깨침과 못 깨침은 결국 같다(不覺卽同本覺).

자기가 본디 부처인데 그것을 모르고 부처를 찾겠다고 헤매다가 결국 자기가 부처인 것을 확인했기 때문이다. 이렇게 한탄한다.

천만겁을 돌았으나 한 꿈이고 헛꿈이네
내가 본디 부처인데 무얼 찾아 헤맸던고.
廻廻千萬一夢虛夢 我是本佛求何遍詣

우리 마음은 본래 청정하다. 곧 본디 깨친 상태(본각)에 있다. 그런데 번뇌에 물들어 못 깨친 상태(불각)가 되었다. 그러다 다시 수행을 시작해서 깨치기 시작한다. 그랬더니 불각, 상사각, 수분각, 구경각 4각四覺의 과정이 되었다.

본디 깨끗한 거울이 있다. 본각本覺이다. 이 거울에 때가 묻었다. 그래서 거울을 닦기 시작했다. 물론 처음에는 잘 닦기지 않았다.

불각不覺이다. 계속해서 닦았더니 조금 닦여졌다. 상사각相似覺이다. 더 닦았더니 더러운 곳도 있지만 깨끗한 곳도 있다. 수분각隨分覺이다. 그래도 더 닦았더니 모두가 깨끗해져 본래와 같이 되었다. 구경각究竟覺이다.

우리 마음도 이와 같다. 본디 깨끗했다. 곧 본디 깨친 상태, 본각이다.

그러다가 번뇌에 물들어 더러워졌다. 그래서 닦기 시작했다. 물론 처음에는 잘 닦기지 않았다. 곧 못 깨친 상태, 불각이다.

계속해서 닦았더니 조금 닦여졌다. 곧 비슷하게나마 깨친 상태, 상사각이다.

더 닦았더니 더러운 곳도 있지만 깨끗한 곳도 있다. 어떤 부분은 더럽지만 어떤 부분은 깨끗했다. 곧 부분적으로 깨친 상태, 수분각이다.

그래도 더 닦았더니 모두 깨끗해져 본래와 같이 되었다. 곧 끝까지 깨친 상태, 구경각이다.

이 구경각을 비로소 깨친 상태, 곧 시각이라 한다. 따라서 본각本覺, 시각始覺, 구경각究竟覺이 결국 같은 뜻이고, 나아가 불각, 상사각, 수분각과도 결국 같은 것이다. 그래서 한 꿈이고 헛꿈이다.

원효는 『기신론소』에서 이렇게 말한다.

본디 밝지 못한 것(무명)의 못 깨친 힘에 의해, 생기는 모습(생상) 등 여러 가지 꿈같은 생각을 일으켜서는, 그 마음 바탕을 움직여 죽는 모습(멸상)까지 굴려서, 3계에 오랫동안 잠자기도 하고 6도에 흘러 다니기도 했다.

이제 바탕 깨침(본각)이 불가사의하게 배어드는 힘에 의해서,
싫어하고 좋아하는 마음을 일으켜서는 점점 본바탕으로 나아가,
죽는 모습부터 생기는 모습까지 비로소 그쳐서는, 환하고 크게
깨닫는다(낭연대오).

자기 마음은 본디 움직인 적도 없었고, 이제는 고요함도 없어서
본디부터 똑같이 한결같은 침상에 머물렀음을 모두 깨치는 것
이다.

마치 『금광명경』에서 "꿈에 큰 강을 건넌 것"에 비유해서 이야기하
는 것과 같다.(『기신론소』)

이를 일심4상一心四相, 일념4상 一念四相, 곧 한마음이 4가지 모습이
고, 한 생각이 4가지 모습이라 한다.

또 이렇게 말한다.

마음 근원에 이르지 못해 꿈같은 생각이 다하지 아니해서, 이러한
움직임을 없애고 저 언덕(피안)에 이르기를 바랐던 것이다.

그러나 이제는 이미 마음 바탕을 보아 꿈같은 생각도 모두 다하고,
자기 마음도 본디 흘러 구른 적이 없었음을 깨달은 것이다. 이제는
조용히 쉼도 없고 언제나 스스로 한마음뿐이어서, 한결같은 침상
에 머물기 때문에 "마음 바탕을 보아 마음이 언제나 머문다"고
했다.(『기신론소』)

[글귀]

① 처음 깨침이 바탕 깨침과 같다.

처음 깨침의 4모습이 오직 한마음이며,

못 깨침이 곧 바탕 깨침과 같다.

따라서 본디부터 평등해서 한 깨침과 같다.

以始覺者卽同本覺 始覺四相唯是一心(『기신별기』 정리)

不覺卽同本覺故言 本來平等同一覺也(『기신별기』)

② 일체 삼세는 모두 끊는 것이 아니다.

다만 이 다스리는 도道로 자기 성질을 해탈해서

삼세를 두루 다녀도 항상 얽매임과 묶임(계박)을

떠나기 때문에 삼세를 통틀어 끊는다고 하는 것이다.

一切三世並非所斷 但是治道自性解脫

逕歷三世恒離繫縛 是故得說通斷三世(『이장의』)

③ 만약 물들고 깨끗함이 같은 뜻이 아니라는 문으로 나아가면,

막힘(장)이 능히 도道를 찾고, 도道도 능히 막힘(장)을 없앤다.

곧 막힘이 도와 다르다.

만약 물들고 깨끗함이 장애가 없는 문으로 나아가면,

막힘(장)이 도道를 장애하지 못하고 도道도 막힘을 벗어나지

못한다.

막힘이 도와 다름이 없다.

若就染淨非一義門 障能尋道道能除障 障卽異道

若就染淨無障碍門 障非碍道道不出障 障無異道(『이장의』)

④ 여래는 이미 몸이 이와 같은 도리이기 때문에
일체 모든 법이 곧 자기 자체가 된다.
어떤 끊기는 것이 있고 어떤 끊는 것이 있겠는가?
나고 죽음과 도道가 합치면, 도가 곧 나고 죽음이다.(『본업경』)
如來旣體如是道理 一切諸法卽爲自體
有何所斷有何能斷 生死道合道卽生死(『이장의』)

⑤ 거리낌 없는 도(무애도) 중의 수행을 보살이라 하고,
벗어난 도(해탈도) 중에서 모든 장애 떠남을
여래라 한다.(『마하반야바라밀경』)
수행이 10지十地를 지나가면, 이해함이 부처와 같다.
이를 고르게 깨침(등각) 또는 때가 없는 자리(무구지)라 한다.
(『본업경』)
無碍道中行名菩薩 解脫道中離障如來
行過十地解與佛同 是名等覺及無垢地(『이장의』)

⑥ 사람과 법의 있고 없음이 가지런히 같다(인법유무제등),
이것이 (『이장의』) 끝 되는 뜻이다.
있고 없음(유무)을 말하는 것은 편리한 대로 말한 것이다.
2막힘의 도리는 오직 부처만이 끝까지 안다.
(우리는) 단지 우러러 믿어서 모름지기 짐작해 볼 뿐이다.

人法有無齊等是究竟義 說有無隨宜說(『이장의』)

二障道理唯佛所窮 但依仰信聊須斟酌(『이장의』)

(2) 해탈

[3해탈] 해탈解脫은 벗어남인데 3해탈, 8해탈 등이 있다.

3해탈도 여러 경전에서 설명하나 『금강삼매경』만 본다.

큰 수레 중 3해탈도는 한몸으로 성질이 없다. 그 성질이 없기 때문에 비었고, 비었기 때문에 모습이 없으며, 모습이 없기 때문에 지음(作)이 없고, 지음이 없기 때문에 구함(求)이 없으며, 구함이 없기 때문에 바람(願)이 없다.

이 업 때문에 마음을 깨끗이 하고, 마음이 깨끗하기 때문에 부처를 보며, 부처를 보기 때문에, 앞날에는 깨끗한 땅에 태어난다.(『금강 삼매경』)

원효는 『금강삼매경론』에서 이를 이렇게 설명한다.

그 몸체 성질을 잊었다는 뜻에 의하면 빈 해탈(공해탈)을 세우고, 몸체 모습을 잊었다는 뜻에 의하면 모습 없는 해탈(무상해탈)을 세우며, 몸체의 작용을 잊었다는 뜻에 의하면 지음 없는 해탈(무작 해탈)을 세우는데, 또한 바람 없는 해탈(무원해탈)이라 한다.(『금강 삼매경론』)

마음을 체상용體相用, 곧 몸체와 모습과 작용 3대三大로 나누는데,
몸체가 빈 것이 공해탈이고, 모습이 빈 것이 무상해탈이며, 작용이
빈 것이 무작해탈이다.

공해탈은 빈 것인데 하늘과 같이 비었다는 뜻으로 허공해탈이라고
도 한다.

무작해탈은 지을 것 없는, 뜻하는 것이 없는 것이니, 구함이 없는
무구해탈無求, 바람이 없는 무원해탈無願이라고도 한다.

법신, 반야, 해탈을 열반3사라 하는데 만약 해탈을 기준하면 열반은
허공해탈이 되고, 법신은 금강해탈이 되며, 반야는 반야해탈이 된다.

따라서 열반도 비었다. 빈 것을 열반이라 한다.

〈3해탈三解脫〉: 3가지 해탈

─공해탈空解脫, 무상해탈無相解脫, 무작해탈無作解脫(無求, 無願)

─허공해탈虛空解脫, 금강해탈金剛解脫, 반야해탈般若解脫

─문혜聞慧, 사혜思慧, 수혜修慧

[8해탈] 8해탈은 8해八解, 8선정八禪定이라고도 하는데 몇 가지
설이 있다.

첫째, 아라한의 8종정을 8해탈이라 하는데 곧 8가지 선정으로 초선,
제2선, 제4선, 4무색정, 멸진정을 말한다.

4무색정은 무색계 4처로 공무변처, 식무변처, 무소유처, 비상비비
상처이다. 멸진정은 마음의 작용이 다 없어진 선정이다.

〈아라한의 8종정八種定〉

초선初禪, 제2선第二禪, 제4선第四禪, 4무색정四無色定(4가지), 멸진정滅盡定

둘째, 3혜와 연계해서 8해탈을 설명하기도 한다.

3혜三慧는 문사수聞思修 3지혜인데 들어서 아는 지혜(문혜), 생각해서 아는 지혜(사혜), 닦아서 아는 지혜(수혜)이다.『중변론』의 글을 본다.

사람이 듣는 지혜(문혜)에 의해 사유를 수행하면, 일체 선한 뿌리세계의 성질이 커진다.
생각하는 지혜(사혜)에 의해 사유를 수행하면, 들은 이름이나 글귀 같은 이치가 뜻에 들어가니 나타남이 생기기 때문이다.
닦는 지혜(수혜)에 의해 사유를 수행하면, 구하려는 바른 일을 이루는 것처럼 10지地에 들어가니 다스려 깨끗하게 하기 때문이다.(『중변론』)

〈3혜三慧와 사유수행思惟修行〉
문혜聞慧 — 선한 뿌리 세계의 성질이 커짐
사혜思慧 — 이치가 뜻에 들어가서 나타남이 생김
수혜修慧 — 10지地에 들어가서 다스려 깨끗함

『본업경』은 3혜와 연계해서 8해탈을 이렇게 설명한다.

불자야, 여섯째 정심주正心住는 모든 부처가 보호하는 것이니 이른바 8해탈관八解脫觀이다.

듣는 지혜(문혜)를 얻으면 안의 거짓, 밖의 거짓 2모습을 얻지 않기 때문에 첫째 해탈이다.

생각하는 지혜(사혜)는 안의 5법(5온), 밖의 일체법을 얻지 않기 때문에 둘째 해탈이다.

닦는 지혜(수혜)는 6보기(6관)가 다 충족돼 색계 5음이 공空이니 셋째 해탈이다. 4공5음(무색계 4처) 및 멸정관도 모두 얻지 않기 때문이다.(『본업경』)

듣는 지혜(문혜)는 요샛말로 하면 배워서 얻는 지혜이다. 옛날에는 쓰고 읽는 것이 없이, 오직 듣고 외우는 것뿐이었다. 이를 듣는다(문)고 하는데, 곧 배운다는 뜻이다.

이 배움만을 통해서도 나와 바깥이 진실이 아니고 거짓임을 알 수 있다. 이를 첫째 해탈이라 한다.

또 이 배움을 통해 사유하고 사색하다 보면 나의 몸과 마음, 그리고 바깥의 일체법이 공함을 알게 된다. 이를 둘째 해탈이라 한다.

이 첫째, 둘째 해탈은 전문적 수행가가 아닌 일반인도 할 수 있다. 누구든지 열심히 공부하고 사색하며 좌선하다 보면 이 경지에는 이른다.

나머지 6가지는 실제로 수행해야 이르는 곳이니, 몸과 마음 일체가 사라지는 곳이기 때문이다.

〈3혜와 8해탈〉

문혜聞慧(1) ─내가외가內假外假 2모습 안 얻음

사혜思慧(1) ─내5음법內五陰法 외일체법外一切法 안 얻음

수혜修慧(6) ─색계5음공色界五陰空, 4공5음공四空五陰空(4가지),

　　　　　　　멸정관공滅定觀空

[8자재] 8자재八自在가 있다. 참된 나(人我)의 8가지 자재함인데 인공人空을 터득한 경지이다. 원효『열반경종요』의 설명을 들어본다.

곧 많고 적음이 자재하고(다소자재), 크고 작음이 자재하며(대소자재), 가벼움과 무거움이 자재하고(경중자재), 같고 다름이 자재하며(일이자재), 대상에 대응함이 자재하고(대경자재), 법을 얻음이 자재하며(득법자재), 널리 말씀함이 자재하고(연설자재), 넓게 나타남이 자재하다(보현자재).(『열반경종요』)

〈인아人我 8자재八自在〉

　다소자재多少自在, 대소자재大小自在, 경중자재輕重自在, 일이자재一異自在, 대경자재對境自在, 득법자재得法自在, 연설자재演說自在, 보현자재普現自在

7. 죄업

(1) 죄업

[3업10악] 업은 범어로 갈마(羯磨, karman, kamma)인데 원래는 일체 행위를 뜻한다.

이 중 잘못된 것이 업業이고 더 잘못된 것이 죄罪와 악惡이다. 그 반대는 덕이라 할 수 있다.

3업은 신업, 구업, 의업인데 곧 몸과 입과 뜻으로 짓는 3가지 업이다.

몸으로 짓는 업(신업)에 3가지가 있는데 살생, 투도(도둑), 사음이고, 입으로 짓는 업(구업)에 4가지가 있는데 망어, 기어, 악구, 양설이다. 이를 신3구4(身三口四: 몸 셋, 입 넷)라 하고 합쳐 7악이라 한다.

망어는 거짓말하는 것이고, 기어는 비단같이 말을 잘하는 것이니 교묘하게 남을 속이거나 은근히 자기를 자랑하는 것이며, 악구는 악담하는 것이고, 양설은 혀가 2개이니 이간질하는 것이다.

뜻으로 짓는 업(의업)에 3가지가 있는데 곧 탐, 진, 치이다.

탐은 탐욕, 게염이고, 진은 진에라고도 하는데 성냄이며, 치는 우치라고도 하는데 어리석음이다. 치癡 대신에 견見(사견邪見)을 쓰기도 한다.

이상 10가지를 10악이라 한다. 이 10악을 어기면 삼악도에 떨어진다. 10악의 반대는 10선十善이다.

〈3업三業 7악七惡 10악十惡〉(『보살계본사기』)

3업-신업身業3, 구업口業4, 의업意業3

7악－신3구4身三口四

10악－신업3(신3)－살생殺生, 투도偸盜(도둑), 사음邪淫

구업4(구4)－망어妄語, 기어綺語, 악구惡口, 양설兩舌

의업3－탐貪(탐욕), 진瞋(진에瞋恚), 치癡(우치愚癡)

　　　치癡 대신에 견見(사견邪見)을 넣기도 함.

『범망경』은 10중계＋重戒 곧 10중금계＋重禁戒를 이야기하는데, 무겁게 금하는 10가지 중죄라는 뜻이다. 위에 말한 10악과 같은 것도 있고 다른 것도 있다.

　살생, 투도(도둑), 사음, 망어 4가지는 10악과 같다. 다만 이들을 하지 말라는 뜻으로 불살계, 불투도계, 불음계, 불망어계 등으로 표현한다.

　나머지는 불교에 특별한 것이 많다.

　불고주계는 술 팔기를 금하는 것이고, 불설죄과계는 남의 허물을 말하지 말라는 것이며, 불자찬훼타계는 나를 기리고 남을 헐뜯지 말라는 것이고, 불간석가훼계는 인색하지 말라는 것이며, 불진타결한계는 원한을 맺고 성내어 때리지 말라는 것이고, 불방3보계는 불법승 3보를 비방하지 말라는 것이다.(『보살계본사기』)

　『본업경』은 이를 10불가회계＋不可悔戒라 한다. 곧 지으면 참회할 수 없는 10가지 죄란 뜻이다.(『본업경』)

〈10악과 10중계＋重戒〉: 살생, 투도, 사음, 망어는 공통

　10악－살생, 투도, 사음, 망어, 기어, 악구, 양설, 탐, 진, 치

10중계 — 불살계不殺戒, 불투도계不偸盜戒, 불음계不淫戒, 불망어계不妄語戒, 불고주계不酤酒戒, 불설죄과계不說罪過戒, 불자찬훼타계不自讚毀他戒, 불간석가훼계不慳惜加毀戒, 불진타결한계不瞋打結恨戒, 불방3보계不謗三寶戒

[5역 7역] 5역과 7역이 있다.

5역五逆은 5역죄로 5가지 반역죄이다. 곧 부처 몸에 피를 내는 것, 아버지를 죽이는 것, 어머니를 죽이는 것, 아라한(성인)을 죽이는 것, 부처 법을 헐뜯는 것이다.

7역七逆은 7가지 반역죄이다. 5역죄 중 앞의 3가지 곧 부처 몸에 피를 내는 것, 아버지를 죽이는 것, 어머니를 죽이는 것은 7역죄와 같다

나머지 4가지는 스님을 죽이는 것, 스승을 죽이는 것, 성인을 죽이는 것, 교단을 파괴하는 것이다. (『범망경』)

〈5역五逆 7역七逆〉

5역 — 부처 몸에 피를 냄, 아버지 죽임, 어머니 죽임, 아라한(성인) 죽임, 부처 법 헐뜯음.

7역 — 출불신혈出佛身血, 살부殺夫, 살모殺母, 살화상殺和尙, 살아사리殺阿闍梨, 살성인殺聖人, 파승단破僧團

(2) 계율

계율은 지켜야 할 덕목으로 악을 짓지 말라는 뜻이다.

수계受戒는 계율을 받는 것이고, 지계持戒는 계율을 지니는 것, 지키는 것이며, 수지受持는 계율을 받아 지니는 것이니 지계와 비슷하고, 금계禁戒는 금하는 계율이며, 범계犯戒는 계율을 어기는 것이고, 지범持犯은 계율을 지니거나 어기는 것이다.

바라제목차波羅提木叉가 있는데 계본戒本, 계율戒律이라 번역한다.

바라제가 해탈이고, 목차가 하나하나, 각각이란 뜻이니, 원효는 처처해탈處處解脫이라 옮기고, 법장은 별해탈別解脫이라 옮긴다.

계율에도 중계와 경계가 있다.

중계重戒는 무겁게 금하는 계율로 5계五戒, 8계八戒, 10계十戒 등이 있다. 5악, 8악, 10악 등의 반대로 생각하면 되는데 내용은 경전마다 약간씩 다르다.

경계輕戒는 경구계輕垢戒라고도 하는데 가벼이 때 묻는 정도의 계율이다. 41가지, 45가지, 48가지, 246가지 등 여러 설이 있다.

〈계율〉

5계五戒—5악五惡의 반대. 살생殺生, 투도偸盜, 사음邪淫, 망어妄語, 음주飮酒

8계八戒—8계재八戒齋. 재가신자의 8가지 금계. 살생, 도둑, 술, 화장, 가무, 높은 자리 앉음

10계十戒—10악의 반대. 살생, 투도, 사음, 망어, 기어, 악구, 양설, 탐, 진, 치의 반대

[3취계] 3취계는 3계, 3취정계라고도 하는데 3층의 계율, 3종류의

깨끗한 계율 정도로 해석된다. 섭률의계, 섭선법계, 섭중생계로 보살이 닦는 3종류의 계율이다.

섭률의계는 행동의 계율이고, 섭선법계는 섭정법계라고도 하는데 바른 법의 계율이며, 섭중생계는 중생을 포섭하는 계율이다.

경전마다 설명이 다르나 두 가지만 본다. 먼저 『보살계본사기』의 글이다.

행동의 계율(섭률의계)은 3선근으로 악을 끊는 덕목이고, 바른 법의 계율(섭정법계)은 3혜로 슬기의 덕목이며, 중생의 계율(섭중생계)은 4무량으로 은혜의 덕목이다.(『보살계본사기』)

3선근三善根은 3독三毒 곧 탐진치貪瞋癡가 없는 것이고, 3혜三慧는 문사수聞思修 곧 듣고 생각하고 닦는 지혜이며, 4무량심四無量心은 자비희사慈悲喜捨이다.

〈3취계三聚戒〉: 3계三戒, 3취정계三聚淨戒
섭률의계攝律儀戒: 행동의 계율ーーー끊는 덕목. 3선근
섭선법계攝善法戒(攝正法戒): 바른 법의 계율ー슬기 덕목. 3혜
섭중생계攝衆生戒: 중생 포섭의 계율ー은혜의 덕목. 4무량

[10대수]『승만경』은 10대수十大受를 말한다. 10가지 크게 받음, 10가지 큰 계율이란 뜻인데 승만부인이 부처님께 맹세한 내용이다.

이때 승만부인이 깨침의 약속(수기)을 듣고 나서, 공경해 일어서서 10가지 큰 계율(10대수)을 받았다.

"세존이시여, 저는 오늘부터 보리(깨침)까지, 받은 계율을 어기는 마음(범심)을 일으키지 않겠습니다.

세존이시여, 저는 오늘부터 보리까지, 모든 어르신께 교만한 마음(만심)을 일으키지 않겠습니다.

세존이시여, 저는 오늘부터 보리까지, 모든 중생에게 성내는 마음(에심)을 일으키지 않겠습니다."

이렇게 나아가서 질투하는 마음(질심) 안 냄, 아끼는 마음(간심) 안 냄, 재물 보시, 중생 포교, 중생 편안함, 계율 지킴, 섭수정법까지 10가지를 맹세한다.

이 중 섭수정법은 섭선법계라고도 하는데, 바른 법을 받아 지니는 것으로 3원三願으로 나눠진다.

곧 3가지 큰 서원으로 바른 법의 지혜를 얻는 것(득정법지), 중생을 위해 설명하는 것(위중생설), 정법을 보호해 지키는 것(호지정법)이다.

원효는 이를 3취계에 대비해서 설명한다. 정리하면 아래와 같다.

〈『승만경』 10대수十大受〉: 10가지 큰 계율(『승만경소』)

〈3취계三聚戒〉　　　　　　　　　〈10대수十大受〉

섭률의계攝律儀戒(5) -- 어기는 마음(범심) 안 냄. 교만한 마음(만심) 안 냄. 성내는 마음(에심) 안 냄. 질투하는 마음(질심) 안 냄. 아끼는 마음(간심) 안 냄

섭중생계攝衆生戒(4) -- 재물 보시, 중생 포교, 중생 편안, 계율 지킴

섭선법계攝善法戒(1) -- 섭수정법攝受正法―삼원三願, 곧 득정법지,
위중생설, 호지정법

[6취계] 6취계는 『범망경』에서 이야기하는 6종류의 계율이다.
바라이는 가장 무거운 중죄로 선근善根의 근기가 끊겨 승려가 될
수 없고, 승잔은 잘못이 있으나 뉘우치면 다시 승려가 될 수 있으며,
투란차는 바라이가 될 수 있는 죄이고, 바일제는 뉘우치지 않으면
지옥에 떨어지는 죄이며, 제사니는 고백하면 해결되는 죄이고, 돌길
라는 가장 가벼운 죄이다.

〈6취계六聚戒〉: 6종류의 계율

바라이波羅夷, 승잔僧殘, 투란차偸蘭遮, 바일제波逸提, 제사니提舍
尼, 돌길라突吉羅

[불살계] 『범망경』의 10중죄 중 불살계不殺戒를 본다.

부처님이 말씀하셨다. "부처의 아들딸아, 만약 내가 죽이고, 다른
사람으로 하여금 죽이도록 시키며, 방편으로 죽이고, 죽음을 기리
며, (죽임) 짓는 것을 보고 따라 기뻐하며, 나아가 주문으로 죽이
고, (또) 죽이는 원인, 죽이는 여건, 죽이는 법, 죽이는 일을
(짓고), 나아가 일체 목숨 있는 것을 고의가 없지만 죽인다면,
이 보살은 마땅히 자비의 마음과 받들고 따르는 마음을 일으켜

항상 머물게 하고, 방편으로 모든 중생을 건져 보살펴야 함에도 불구하고, 자기 멋대로 마음에 죽으려는 결정적 뜻이 생긴 것이니, 이 보살은 바라이죄(가장 무거운 죄)이다."(『보살계본사기』)

번역이 다소 어렵지만 주된 내용은 살생죄를 넓게 인정한다는 것이다.

자기가 직접 죽이는 것은 물론 남으로 하여금 간접적으로 죽이게 하는 것, 나아가 죽이는 여건이나 죽이는 환경을 만드는 것까지도 살생죄에 포함된다. 심지어 남이 죽이는 것을 보고 기뻐하는 것도 살생죄에 해당된다.

주범 종범, 정범 종범 같은 말을 쓰는데 여기는 이런 개념이 없다. 살생의 의지가 있느냐 없느냐만 따지기 때문이다. 만약 조금이라도 살생의 의지가 있으면 모두 살생죄다. 마음을 중시하는 불교의 당연한 결과라 할 수 있다.

『범망경』에 자살自殺이라는 말이 나오는데 이는 우리가 흔히 말하는 자살이 아니다. 내가 직접 죽이는 것으로, 남이 죽이는 것에 반대되는 개념이다.

이 내가 죽이는 것에도 2가지가 있는데, 하나는 내가 남을 죽이는 것이고, 둘은 내가 나를 죽이는 것이다. 앞에 것이 타살他殺이고, 뒤에 것이 우리가 흔히 말하는 자살自殺 곧 내가 나를 죽이는 것이다.

물론 이 자살도 살생이고 살인이다. 자살로 모든 것이 끝나는 것이 아니기 때문이다. 또 다른 윤회 고통이 시작되기 때문이다. 따라서 어렵더라도 견뎌내고 참아내야 한다. 그렇게 해서 살다보면 풀릴

때도 있다. 그게 인생이고 수행이다.

자살로 모든 것이 끝난다고 보는 것이 단견斷見이고, 자살을 해도 윤회가 계속된다고 보는 것이 상견常見인데, 이 둘을 모두 뛰어넘어야 한다. 그러기 위해 마음을 다잡고 마음을 수행해야 한다.

[수계] 수계受戒는 계율을 받는 것인데 재가 불자는 5계, 출가 스님은 구족계具足戒를 받는다. 출가한 비구는 250계를 받고, 출가한 비구니는 348계를 받는다고 한다.

『본업경소』의 수계3종을 소개한다.

불자야, 계율을 받음에는 3가지(수계3종) 받음이 있다.

하나는 제불보살이 현재 계시는 앞에서 받는 것이니, 진실한 상품 계를 얻는다.

둘은 제불보살이 멸도하신 뒤, 천리 안에 먼저 계율 받은 보살이 계셔서, 그분이 법사가 되어 나에게 계율을 가르쳐 줄 것을 청하는 것이다. 나는 먼저 발에 예를 하고 마땅히 이렇게 말해야 한다.

'대존자께 청하오니, 스승이 되시어 저에게 계를 주십시오.'

그 제자가 정법계를 얻으면 이것이 중품계이다.

셋은 부처님이 멸도하신 뒤, 천리 안에 법사가 없을 때는, 마땅히 제불보살의 형상 앞에서 오른쪽 무릎을 꿇고 합장하며 스스로 서원하며 계를 받는데, 마땅히 이렇게 말해야 한다.

'나 아무개는 시방 부처와 대지보살 등에게 아룁니다. 저는 일체 보살계를 배우겠습니다.'

이는 하품계이다.(『본업경소』)

〈수계3종受戒三種〉: 계율 받음 3가지

상품계 – 제불보살 앞에서 받음

중품계 – 먼저 계율 받은 보살에게서 받음

하품계 – 제불보살의 형상 앞에서, 스스로 서원하며 계를 받음

[글귀]

① 보살계는

흐름(윤회)을 되돌려 근원으로 돌아가는 큰 나루터요,

그릇됨을 버리고 바름으로 나아가는 긴요한 문이다.

그러나

그릇됨과 바름의 모습은 쉽게 뒤섞이고,

죄와 복의 성질도 구분하기 어렵다.

어째서 그러한가.

혹 속뜻은 실제 그릇되나,

바깥 자취는 옳은 것 같고,

혹 겉 업은 모두 물들었으나,

가운데 마음은 맑고 깨끗하며,

혹 업을 지어 적은 복에 합치되나,

큰 어려움에 이르고,

혹 마음을 닦아 깊고 먼 것을 따르나,

얕고 가까움에는 어긋난다.

菩薩戒者 返流歸源之大津 去邪就正之要門

然 邪正之相易濫 罪福之性難分

何則 或內意實邪 而外迹似正 或表業同染 而中心淳淨

或有作業合少福 而致大患 或有心行順深遠 而邇淺近(『지범요기』)

② 만약 어떤 사람이 비록 몰골은 볼품없으나
영락으로 몸을 장엄하게 하면, 모든 사람에게 존경받는다.
선하지 못한 수행을 닦았기 때문에 계율 수행은 볼품없으나,
만약 3취계를 지니면 인천에서 존경받는다.

若有人雖身狀隨醜 瓔珞嚴身諸人所尊

習不善行故戒醜行 持三聚戒人天所尊(『보살계본사기』)

③ 계율은 일체 수행과 공덕의 근본이다.(『본업경』)
단지 계율의 말을 이해하는 것만으로도
계戒를 잃지 않는다.(『본업경』)
10가지 다함없는 계(10중계)를 받으면,
4마四魔와 3계 괴로움을 뛰어넘는다.(『본업경』)
항상 수행인처럼 따르면 드디어 성불한다.(『본업경』)

戒一切行功德根本 但解戒語得戒不失

受十無盡越四魔三界苦 常隨行人成佛(『본업경소』)

④ 음란은 무거우니 범죄를 일으키는 근본이기 때문이고,
삼보를 헐뜯으면 바라이죄가 된다.

무거운 죄를 지어 지옥에 떨어진 사람은,

하루 중에 8만 4천 번 나고 죽는다.(『본업경』)

婬戒爲重起犯罪本 謗三寶者波羅夷罪

犯重墮地獄入者 一日中八萬四千生死(『보살계본사기』 정리)

(3) 참회

참회懺悔는 참괴慙愧, 회개悔改, 반성反省이라고도 하는데 곧 뉘우침이다. 그러나 불교에서 원하는 정확한 바람은 참괴이다.

참慙은 나에게 부끄러워하는 것이니 마음으로 진심으로 뉘우치는 것이고, 괴愧는 상대방에게 부끄러워하는 것으로 남에게 진심으로 사죄하는 것이다. 이 둘을 함께해야 명확한 참회가 된다. 원효『이장의』는 이렇게 말한다.

남에게 부끄러워하기(괴)는 모든 것에 통하나, 나에게 부끄러워하기(참)는 반드시 모든 것에 통하지는 않는다.
곧 남에게 부끄러워하기(괴)가 더 진실한 참회임을 알 수 있다.(『이장의』)(『산일문』)

〈참괴慙愧〉: 부끄러워 함

　참慙(나에게 부끄러워함) - 모든 것에 통하지는 않음

　괴愧(남에게 부끄러워함) - 모든 것에 통함

[죄업참회] 참회에는 죄업참회와 6정참회가 있다.

죄업참회罪業懺悔는 내가 지은 업이나 죄에 대한 참회로 이를 통해 숙세 업장을 소멸한다. 10악 참회 같은 것이 그 예다.

『천수경』은 죄는 본디 뿌리가 없다고 한다. 이렇게 말한다.

죄는 자기 성질이 없이 마음을 좇아 일어난다. 마음 만약 없어지면 죄도 또한 없어진다.

죄도 없고 마음도 없어 둘이 모두 텅 비면, 이를 곧 참된 뉘우침이라 한다.

罪無自性從心起 心若滅時罪亦亡

罪亡心滅兩俱空 是則名爲眞懺悔

[글귀]

① 지난 세상으로부터 내려온 무거운 죄 때문에,

　사악한 마귀나 여러 귀신들의 괴롭힘과

　어지럽힘을 받기도 하고,

　혹은 세상의 일들로 인해 여러 가지로 얽혀서

　끌려다니기도 하며, 혹은 병으로 인해 번거로울 때도 있다.

　從先世來多有重罪 爲邪魔諸鬼所惱亂

　或爲世間事務種種牽纏 或爲病苦所惱(『기신론』)

② 참회가 모든 업장을 멸해 없앤다.

　신업(몸의 업) 셋, 구업(입의 업) 넷,

　의업(뜻의 업) 셋 등 3업을 이제 다 참회합니다.

10가지 악업, 일체를 참회합니다.

懺悔除滅一切業障 身業三種口業有四(『금광명경』)

意三業行今悉懺悔 十種惡業一切懺悔(『금광명경』)

③ 혹 어떤 중생이 선하지 못한 업을 지었다면,

악도惡道에 떨어져 받는 괴로움이 끝이 없다.

그러나 부처 이름만 일컬어도 생각 생각 중에

80억겁의 나고 죽는 죄를 없앤다.(『관무량수경』 정리)

或有衆生作不善業 應墮惡道受苦無窮

然稱佛名於念念中 除八十億劫生死罪(『유심안락도』 15)

④ 여인이 몸을 바꾸어 남자 몸이 되려면,

마땅히 따라 기뻐하는 공덕을 닦아야 한다.

무릇 모든 여성은 질투심이 많아,

날 때마다 여성 몸을 떨치지 못하기 때문이다.(『현추』)

女人欲轉以爲男身 應當隨喜修功德者

凡諸女性多有嫉妬 生生而不離女身故(『금광명경』)

⑤ 천년동안 쌓인 땔감이 그 높이가 100리이지만

콩같이 작은 불로 태우면 하루 만에 모두 없어진다.

또 몸이 불편한 사람이 만약 남의 배를 타면

하루 사이에 천리를 간다. 참회도 이러하다.

千年積薪其高百里 豆計火燒一日都盡

又如矕者若寄他船 一日千里懺悔如是(『유심안락도』)

⑥ 뉘우쳐라!
　모든 죄업 내가 지어
　괴롭고도 괴론 결과 그림자 돼 따르나니.
　슬프구나!
　자기 홀로 고달프고 자기 홀로 괴로우나
　돌보는 이 없구나.
　내 스스로 부처님과 한 몸 되는 큰 자비도,
　괴롬 바다 뛰어넘을 신통 꾀도 없는데,
　그 누가 묵고 묵은 나의 빗장 열어서는,
　나 같은 이 연꽃세계 오르도록 하겠는가?
　悔哉 罪業自造苦果影追 痛哉 獨困獨厄無人救護
　自非同體大悲 弘濟祕術 誰能遠開幽鍵 超昇華臺(『유심안락도』)

⑦ 그러나 내 비록 남의 공덕 받을 이치 없지마는,
　인연으로 일어나는 부사의함 있느니라.
　부처님 법 만나면 인연 있음 알게 되지.
　이 법을 입지 않고 어떤 논리로 벗겠는가?
　무릇
　큰 자비는 걸림 없어
　아무리 얘기해도 어려움이 전혀 없고.
　아니 닦고 안 믿으면

훗날 새삼 뉘우쳐도 돌이킬 길 전혀 없다.

아니 닦고 안 믿는 이,

깊은 은혜 입었으나 갚을 날만 멀어지고,

순응해서 잘 닦는 이,

자기 영혼 연꽃세계 편안하게 맞이한다.

雖無他作自受之理 而有緣起難思之力

則知以遇咒沙卽有緣 若不被沙何論脫期

惟夫

大悲無方 長舌無雜 不行不信 後悔無反

然則

不信行者 徒負厚恩 報日轉遠

有順行者 接魂華蓮 孝順便立(『유심안락도』)

⑧ 천만 다행 부처 법 만났으니

그 누구가 천만 죄업 안 벗겠나?

수백수천 군자인들

그 누구가 안 받들고 그 누구가 안 닦겠나?

다 흩어진 무덤서도

이 세상을 뛰어넘어 극락세계 나가는데

하물며 부처 법을 따르는 사람이야.

모름지기 읊을 지어다!

幸逢眞言 令出不難 凡百君子 誰不奉行

散沙墓上 尙超逝界 況乎 咒衣著身 聆音誦字(『유심안락도』)

[6정참회] 6정은 6근인데 안이비설신의, 곧 우리 몸을 말한다. 6정을 참회하는 것은 우리 몸을 참회하여 해탈하는 것이다. 『금광명경』은 이렇게 비유한다.

이 몸은 거짓이지만, 마치 빈 것들이 모여서, 6근(감각 기관)이라는 마을을 만들어서는, 도둑을 결성해서, 모두 스스로 머물지만, 서로를 알아보지 못하고 (서로 잔인하게 죽이는) 것과 같다. 마치 지수화풍 4뱀이, 한 상자 속에 있으면서, 서로를 알아보지 못하고, 서로 잔인하게 죽이는 것과 같다.(『금광명경』)
是身虛僞猶如空聚 六入村落結賊所止
一切自住各不相知 猶如四蛇一篋相殘

우리 몸이 이러하기 때문에 이를 참회해서 해탈해야 한다. 이를 6정참회, 곧 6근의 참회, 우리 몸의 참회라 한다. 원효『대승육정참회』를 본다.

[글귀]
① 나와 뭇 중생들은 처음이 없는 때로부터
　밝지 못한 것(무명)에 취한 바 되어
　지은 죄가 한량없습니다.
　이미 지은 죄에 대해서는
　깊은 부끄러움을 일으키고
　아직 짓지 않은 죄에 대해서는

감히 다시는 짖지 않도록 하겠습니다.

我及衆生 無始以來 無明所醉 作罪無量

已作之罪 深生慚愧 所未作者 更不敢作(『대승육정참회』)

② 이런 모든 죄는 실제로 있는 것이 아니다.

여러 인연이 어우러진 것을 짐짓 업이라 했을 뿐이다.

곧 인연에는 업이 없으며 인연을 떠나도 역시 (업이) 없다.

안에도 없고 밖에도 없으며 중간에도 머물지 않는다.

지난 것은 이미 없어졌고, 미래 것은 아직 생기지 않았으며,

지금 것은 머물러 있지 않기 때문이다.

따라서 (업이) 지어진 적이 없다.

如此諸罪 實無所有 衆緣和合 假名爲業

卽緣無業 離緣亦無 非內非外 不在中間

過去已滅 未來未生 現在無住 故無所作(『대승육정참회』)

③ 본디 없는 것이 지금 있는 것은,

까닭 없이 생긴 것이 아니다.

지은 것도 없고 받아들인 것도 없으나

시절이 어우러졌기 때문에

결과를 받는 것뿐이다. (가짜 죄는 있다.)

만약 수행자들이 뉘우친다면,

4가지 중한 죄나 5가지 반역죄라도

능히 활동하지 못한다.

本無今有 非無因生 無作無受 時節和合
故得果報 行者懺悔 四重五逆 無所能爲(『대승육정참회』)

④ 그러나 만약 그것을 게을리 해서 부끄러워하지 않고
　　업의 참모습을 생각하지 아니한다면
　　비록 죄의 본바탕은 없다 하더라도
　　장차 지옥에 떨어지는 것이
　　마치 마술사의 호랑이가
　　도리어 마술사를 삼켜버리는 것과 같다.
　　如其放逸 無慚無愧 不能思惟 業實相者
　　雖無罪性 將入泥梨 猶如幻虎 還呑幻師(『대승육정참회』)

8. 다라니

[총지] 다라니는 주呪, 주문呪文, 진언眞言이라 하는데 총지總持, 능지能持, 능차能遮로 한역한다. 모든 공덕을 통째 지님, 능히 지님, 모든 번뇌를 능히 막음 정도로 해석된다.

　수행의 한 방법으로 밀교에서 많이 사용하나 현교에서도 사용한다. 「신묘장구대다라니」가 그 대표적이다.

　밀교密教는 비밀종교로 대일여래大日如來를 모시며 언어와 문자로 설명하지 않으나, 현교顯教는 드러내는 종교로 석가모니불을 모시며 언어와 문자로 명확히 설명한다. 우리나라는 대부분 현교이다.

　『금광명경소』는 다라니의 2뜻을 이야기한다.

다라니(총지)는 『지도론』에 의하면 2가지 뜻풀이가 있다. 하나는 능히 지님(능지)이니 모든 공덕을 지니기 때문이고, 둘은 능히 막음(능차)이니 모든 번뇌를 막기 때문이다.(『금광명경소』)

〈총지2의總持二義〉: 다라니의 2가지 뜻(『지도론』)
- 모든 공덕을 능히 지님(능지能持)
- 모든 번뇌를 능히 막음(능차能遮)

총지에는 법총지, 의총지, 주총지, 인총지 4가지 유형이 있다.
법총지는 법을 모아 지니는 것이고, 의총지는 뜻을 모아 지니는 것이며, 주총지는 주문을 모아 지니는 것인데 이 셋은 초지初地에서 얻는다.
인총지는 수행을 모아 지니는 것인데 이는 10회향에서 얻는다.(『금광명경소』)

〈4종총지四種總持〉: 4가지 다라니
법총지法總持, 의총지義總持, 주총지呪總持─초지에서 얻음
인총지忍總持ㅡㅡㅡㅡㅡㅡㅡㅡㅡㅡㅡㅡㅡ10회향에서 얻음

『반야심경』에는 '아제 아제 바라아제 바라승아제 모지 사바하'라는 진언이 나온다. 곧 다라니로 일반적으로 번역하지 않는다.
그러나 굳이 번역하면 아제揭諦는 가자이고, 바라波羅는 저 너머이며, 승僧은 모두이니, 아제 아제는 가자 가자가 되고, 바라아제는

건너가자가 되며, 바라승아제는 모두 건너가자가 된다.

모지는 보리菩提이고, 사바하娑婆訶는 충만, 성취이니, 모지 사바하는 깨달음이여, 충만하여라가 된다.(참조: 대안,『반야심경』, 보광출판사, 2000.)

[다라니 10공덕]『금광명경소』는 다라니의 10공덕功德을 이야기한다.

다함없고 멸함 없는 해인(진리 바다)이 나오는 묘한 공덕이 다라니이고, 다함없고 멸함 없는 중생의 뜻과 행동과 말을 통달함이 다라니이다.

다함없고 멸함 없는 둥근 해 같은 때 없는 모습의 빛남이 다라니이고, 다함없고 멸함 없는 보름달 모습 같이 빛남이 다라니이다.

다함없고 멸함 없는 일체 의혹의 일을 능히 굴복시키는 공덕의 흐름이 다라니이고, 다함없고 멸함 없는 견고한 금강산을 파괴함이 다라니이다.

다함없고 멸함 없는 말할 수 없는 인연 세계를 말함이 다라니이고, 다함없고 멸함 없는 진실한 말과 법칙의 소리에 통달함이 다라니이다.

다함없고 멸함 없는 허공 같이 때 없는 마음으로 증명을 수행함(행인)이 다라니이고, 다함없고 멸함 없고 가없는 부처 몸이 능히 나타남이 다라니이다.(『금광명경소』)

곧 다라니를 통해서 깨침을 얻고 부처가 될 수 있다.

〈다라니 10공덕〉

해인(진리 바다)이 나오는 묘한 공덕, 중생의 뜻과 행동과 말을
통달함, 둥근 해의 때 없는 모습이 빛남, 보름달 모습이 빛남, 일체
의혹을 굴복시킴, 견고한 금강산을 파괴함, 말할 수 없는 인연 세계를
말함, 진실한 말과 법칙의 소리에 통달함, 허공의 때 없는 마음으로
증명을 수행함, 가없는 부처 몸이 나타남

9. 경

[경의 뜻] 경經은 부처님의 말씀이고, 논論은 경을 풀이한 글이며,
소疏는 논을 풀이한 글이다. 대체로 논은 보살이 짓고, 소는 조사나
대사가 짓는다.

원효가 『금강삼매경』을 풀이하여 소疏라고 했으나 중국 사람들이
대장경을 편집하면서 논論으로 고쳤다. 곧 『금강삼매경론』金剛三昧經
論이라 했다. 원효의 글을 보살의 글로 본 것이다.

원효는 『열반경종요』에서 경을 이렇게 말한다.

경經이란 말은 큰 성인의 모범이 되는 말이니 시방(공간)을 꿰어서
한 진리로 했으며, 천 대(시간)를 지나도 2가지가 아니다. 법이
또 항상하기 때문에 경이라 한다.(『열반경종요』)

또 『화엄경』소에서는 이렇게 말한다.

경이란 말은 둥글고 가득한 법의 바퀴가 시방에 두루해 남김이
없고, 세계에 두루 구르는 도道가 삼세에도 끝이 없어, 중생의
지극한 진리가 되어 항상하기 때문에 경이라 한다.(『화엄경소』)

[경의 덕] 부처님은 법을 설하실 때 상대방의 근기에 따라 최선을
다해 말씀하신다. 한 가지도 허투루 말씀하신 예가 없다.
　그래서 끝에는 항상 이렇게 말씀하신다. 이 경전이 가장 수승하다.
이 경전만 공부하면 된다. 다른 경전은 보지 않아도 된다. 심지어
『금광명경』에서는 이렇게까지 말씀하신다.

이 금광명미묘경전은 뭇 경전의 왕이다.(『금고경』)
是金光明微妙經典 衆經之王故

　이는 부처님이 상대방의 근기에 따라 최선을 다해 설법하셨다는
뜻이다.
　『금강삼매경』에는 9명의 보살이 나온다. 곧 아가타보살, 해탈보살,
심왕보살, 무주보살, 대력보살, 사리불, 범행장자, 지장보살, 나아가
아난존자까지 나온다.
　이들이 차례로 돌아가며 부처님께 질문한다. 그런데도 부처님은
끝까지 답변하신다.
　사실 서로 비슷한 질문이다. 크게 차이가 없다. 본질인 공空을

설명하는 것이기 때문이다. 따라서 앞의 이야기를 참조하라 하시면 될 터인데 그렇지 않다. 상대의 근기를 알아차리고 이해할 때까지 설명하신다. 중생을 제도하겠다는 원을 세운 사람이 아니면 불가능하다.

하나하나 이렇게 애써 설명하신 경이니 경전마다 어찌 복덕이 없겠는가? 한량없는 복덕이 있다.

(4종승능) 예를 들어 『금강삼매경』은 4가지 뛰어난 능력이 있다.

곧 한량없는 복을 얻게 하고(득무량복), 지닌 이로 하여금 모든 매듭을 영원히 끊게 하며(영단제결), 풀이되는 뜻이 바탕 깨침의 이로움이 되게 하고(소전본각), 능히 풀이하는 가르침이 모든 어려움을 헤아리게 하는 것이다(난가사량).(『금강삼매경론』)

〈『금강삼매경』 4종승능四種勝能〉
득무량복得無量福, 영단제결永斷諸結, 소전본각所詮本覺, 난가사량難可思量

(수지4덕) 이런 『금강삼매경』을 받아 지니면 4가지 뛰어난 덕이 있다.

곧 부처님의 뛰어난 덕을 지니게 되고(지불승덕), 넓고 큰 뛰어난 덕을 얻게 되며(광대승덕), 깊고 깊은 뛰어난 덕을 얻게 되고(심심승

덕), 비길 데 없이 뛰어난 덕을 얻게 되는 것이다(무비승덕).(『금강삼
매경론』)

〈『금강삼매경』 수지受持 4종승덕四種勝德〉
지불승덕持佛勝德, 광대승덕廣大勝德, 심심승덕甚深勝德, 무비승덕
無比勝德

(현세5복) 또 이 경을 받아 지니면 현세에도 5가지 복을 받는다.

곧 대중에게 존경받고(중소존경), 몸이 애꿎게 죽지 않으며(신불횡
요), 그릇된 이론을 변론해 대답하고(변답사론), 중생을 즐거이
제도하며(낙도중생), 성인의 길에 능히 들어가는 것(능입성도)이
다.(『금강삼매경』)

〈『금강삼매경』 수지受持 현세5복現世五福〉
중소존경衆所尊敬, 신불횡요身不橫夭, 변답사론辯答邪論, 낙도중생
樂度衆生, 능입성도能入聖道

(5종심행) 이렇게 복이 있는 『금강삼매경』을 받아 지니려면 5가지
마음을 수행해야 한다.

곧 마음에 얻고 잃음이 없고(심무득실), 항상 깨끗한 수행을 닦으며
(상수범행), 항상 즐겁고 깨끗한 마음이고(상락정심), 마음이 항상

선정에 있으며(심상재정), 3계에 집착하지 않는 것(불착3유)이다.
(『금강삼매경론』)

『금강삼매경』뿐만 아니라 모든 경이 다 이러하다.

〈『금강삼매경』 수지受持 5종심행五種心行〉

심무득실心無得失, 상수범행常修梵行, 상락정심常樂靜心, 심상재정
心常在定, 불착3유不著三有

[글귀]

① 만약 어떤 선남자 선여인이
　『금광명경』을 듣고 믿어 이해하면,
　지옥 등 삼악도에 떨어지지 않고,
　항상 사람과 하늘(인천)에 태어나 아래로 열등하지 않게 된다.
　若有善男子善女人　金光明經聽聞信解
　不墮地獄等三惡道　常生人天不爲下劣(『금광명경』)

② 지옥에 있어서, 큰 불이 활활 타올라도
　금고 소리만 들어도, 곧 부처님을 찾아 예불한다.
　이 묘한 경전을 유포하면,
　인천人天의 대작불사로서, 무량 중생을 이익 되게 한다.
　處在地獄大火熾然　若聞金鼓卽尋禮佛
　流布妙典　人天大作佛事利益無量衆生(『금광명경』)

제5장 원융

사리자여,

색이 공과 다르지 않고 공이 색과 다르지 않으며,

색이 곧 공이요 공이 곧 색이니, 수상행식도 그러하니라.

舍利子 色不異空 空不異色 色卽是空 空卽是色

受想行識 亦復如是

1. 비일비이

[색즉시공] 『반야심경』 앞부분에 이런 글이 있다. "색이 공과 다르지
않고 공이 색과 다르지 않으며, 색이 곧 공이요 공이 곧 색이다(색즉시공
공즉시색)."

이게 무슨 말인가? 공과 색이 같으면 같다고 하고, 다르면 다르다고
해야지. 애매모호한 말로 헷갈리게 한다. 이는 공이다 색이다 하는

말로는 설명할 수 없다는 뜻이다.

공과 색이 같은 것도 아니고 다른 것도 아니기 때문이다. 같기도 하고 다르기도 하기 때문이다. 같다고도 할 수 없고 다르다고도 할 수 없기 때문이다. 같다고도 할 수 있고 다르다고도 할 수 있기 때문이다. 그러면 어떻다는 말인가? 더 이상은 설명할 수 없는 것이다.

원효 『기신별기』의 글을 본다.

만약 마음의 몸체(심체)가 한결같이 나고 죽기만 한다면 곧 이는 물든 마음이니 알기가 어렵지 않다. 또 만약 한결같이 머물기만 해도 이는 오직 깨끗한 마음이니 역시 알기가 어렵지 않다. 설사 마음의 몸체는 실제 깨끗하나 마음의 모습은 물든 것 같다 해도 역시 쉽게 알 수 있다. 가리새 몸체가 움직이지만 그 비어 있는 성질은 조용하다 해도 어찌 알기가 어렵겠는가? 그런데 이제 이 마음은, 몸체가 깨끗하면서도 몸체가 물들었고, 마음이 움직이면서도 마음이 조용하다. 물듦과 깨끗함이 둘(다름)이 아니고 움직임과 조용함도 구별이 없다. 둘도 없고 구별도 없으나 또한 하나(같음)도 아니다. 이와 같이 절묘하기 때문에 알기 어렵다.(『기신별기』)

원효 『열반경종요』는 이렇게 말한다.

마음으로 나아가서 말하면, 마음은 원인도 아니고 결과도 아니며, 참됨도 아니고 속됨도 아니며, 사람도 아니고 법도 아니며, 일어남도 아니고 엎드림도 아니다.

만약 그것을 인연에 의해서 말하면, 마음은 일어나기도 하고 엎드리기도 하며, 법도 짓고 사람도 지으며, 속됨도 되고 참됨도 되며, 원인도 짓고 결과도 짓는다.

이를 그런 것도 아니고 그렇지 않은 것도 아닌 뜻이라 한다. 때문에 모든 말씀은 모두 틀리기도 하고 모두 맞기도 한다.(『열반경종요』)

또 『열반경종요』는 이렇게 말한다.

슬기로운 이는 하나임을 다 안다.

따라서 범부와 성인, 생사와 열반이, 같은 것도 아니고 다른 것도 아니며(불일불이), 있는 것도 아니고 없는 것도 아니며, 들어가는 것도 아니고 들어가지 않는 것도 아니며, 나오는 것도 아니고 나오지 않는 것도 아님을 당연히 안다.

모든 부처의 뜻은 오직 여기에 있다. 다만 얕은 지식을 위해서 이런저런 이야기를 드러내 풀이했을 뿐이다.(『열반경종요』)

색즉시공 공즉시색色卽是空空卽是色도 이러하다. 이해하기가 어렵다.

가령 공이라 하면 없는 것이고, 색이라 하면 있는 것이다. 그런데 이 공과 색이 한데 어우러져 한 덩어리가 되었다. 이를 원융圓融, 곧 둥그스레하다고 한다.

그러면 이 원융에는 공과 색이 나눠지는가, 나눠지지 않는가. 나눠지면 둘이지만 나눠지지 않으면 하나다. 원융은 이 서로 상반되는

두 성질이 적절히 어우러져 있다는 뜻이다.

이를 비일비이非一非異, 곧 같은 것도 아니고 다른 것도 아니라고 한다. 불이不二라 하기도 하고 중도中道라 하기도 한다.

불이不二는 둘이 아니라는 말이다. 그러면 하나인가? 하나도 아니다. 이를 뭐라고 말을 할 수가 없어 억지로 둘이 아니라고 했을 뿐이다.

중도中道는 가운데 길이다. 이 뜻이 무엇인가? 이는 비유이다. 그 진실을 말로 표현할 수 없기 때문에 억지로 가운데 길이라는 비유를 쓴 것이다.

원효는 제齊, 등等의 말을 쓴다. 가지런하다, 고르다 등의 말인데 역시 비일비이를 뜻한다.

그러나 그 어느 것도 정확한 표현이 못된다. 표현할 수가 없기 때문이다.

45년간 끊임없이 설법한 석가도 결국 끝에는 "나는 한마디 말도 하지 않았다(『이야경二夜經』)"고 딱 잡아떼었다. 이는 모든 진리는 말로 표현할 수 없음을 뜻한다.

그럼에도 불구하고 석가는 끊임없어 설법했다. 이는 그렇게라도 하지 않으면 우리 같은 중생은 알아들을 수가 없기 때문이다. 그것이나마 알아들으라고 그렇게 설법한 것이다. 이것이 부처님의 대자대비이다.

[글귀]
① 자기 성질의 맑고 깨끗한 마음도 끝까지 알기 어렵고,
   마음이 번뇌에 의해 물든 것 또한 끝까지 알기 어렵다.

일체 괴로움 없앰은 오직 부처만이 증명을 얻으니,

일체 번뇌 세계를 깨고, 일체 괴로움 없애는 도를 닦는다.

自性淸淨心難了知 心煩惱所染亦難了

一切苦滅唯佛得證 壞一切煩修滅苦道(『승만경』)

② 물드는 법의 배어듦은 진리에 어긋나게 일어났다.

진리와 어긋나기 때문에 다 없어짐이 있다.

깨끗한 법의 배어듦은 진리에 맞게 생겨났다.

진리와 서로 응하기 때문에 다 없어짐이 없다.

染法之熏違理而起與理乖離 故有滅盡

淨法之熏順理而生與理相應 故無滅盡(『기신론소』)

③ 물드는 법(염법)이나 깨끗한 법(정법)

모두가 서로 의지하는 것으로 자기 모습이 없다.

일체 모든 법은 빛깔도 아니고 마음도 아니며(비색비심),

슬기도 아니고 가리새도 아니며(비지비식),

있는 것도 아니고 없는 것도 아니어서(비유비무)

모습을 설명할 수가 없다.

染法淨法皆悉相待無有自相 一切諸法

非色非心非智非識非有非無 不可說相(『기신론』)

[인법유무제등] 원효『이장의二障義』는『기신론』과 유식론을 종합
적으로 해설한 야심작이다. 그러나 너무 난해해 나 같은 사람은 접근할

수가 없다.

원효는 『이장의』에서 『이장의』 최후 결론이 인법유무제등人法有無齊等이라 밝히고 있다.

사람과 법의 있고 없음이 가지런히 같다는 것이다. 나와 우주의 있고 없음이 가지런히 같다는 것이다.

있다(유)는 것은 지금의 내 몸과 지금의 우주가 분명히 있다는 것이고, 없다(무)는 것은 지금의 내 몸과 지금의 우주가 분명히 없다는 것이다.

현상은 색이나 본바탕은 공이라는 말이니, 내 몸이 있지만 본질도 공이고 우주가 있지만 본질은 공이라는 말이다.

가지런히 같다는 말은 이 둘이 똑같지는 않지만 똑같다고도 할 수 있다는 말이다. 떼어지지 않은 나무젓가락이 있을 때 이것이 하나라고도 할 수 없고 둘이라고도 할 수 없는 것과 같다.

이와 같이 내가 있고 없는 것이 가지런히 같은데 무슨 거리낌이 있는가? 내가 살아있는 것과 죽은 것이 가지런히 같은데 무슨 거리낌이 있는가?

우주가 있고 없는 것이 가지런히 같은데 무슨 거리낌이 있는가? 지금 우주가 있는 것과 무너져 없어지는 것이 가지런히 같은데 무슨 거리낌이 있는가?

여기에 거리낌 없는 마음이 나온다. 일체 자유자재함이 나온다. 이를 대자유大自由라 한다.

또 여기에 거리낌 없는 행동이 나온다. 도무지 거리낄 것이 없다. 이를 무애행無碍行이라 한다. 앞서 이야기한 바 있다.

2. 화쟁

고려 숙종肅宗은 왕 6년(1101년) 8월에 원효대사(元曉大師, 617~686)
에게 화쟁국사和諍國師, 의상대사(義湘大師, 625~702)에게 원교국사
圓教國師라는 칭호를 내렸다.

화쟁和諍은 모든 쟁론, 쟁점을 화합한다는 뜻이고, 원교圓教는 둥근
가르침, 원만한 가르침이니 『화엄경』을 말한다.

불교 승려로서 사회에도 통하는 칭호를 받은 예는 드물다. 원효가
이런 칭호를 받은 것은 그가 『십문화쟁론』을 지어 불교이론을 회통시
킨 면도 있지만, 그의 사상과 학문이 불교라는 특정 종교를 넘어서
사회 전체를 회통시킨 면도 있기 때문이다.

원효는 어느 특정 종교나 종파, 이론이나 사상에 얽매이는 분이
아니다. 그는 이 모든 것을 뛰어넘어 서로 통하게 했다.

신라 고선사 「서당화상비高仙寺誓幢和尙碑」에는 이런 말이 나온다.

참서, 비기, 〔음양〕 외서 등을 보는 것이 세상에서 배척되었으나
〔오히려〕『십문론』 중으로 나아갔다.(「고선사 서당화상비」)
口讖記口口外書等見斥於世口就中十門論者

글자가 마멸되어 정확한 뜻을 알 수가 없으나 원효는 당시 배척되었
던 학문까지 섭렵했음을 알 수 있다. 곧 그는 모든 종교와 종파를
다 섭렵해 거리낌이 없었다.

중국 『송고승전宋高僧傳』은 원효를 이렇게 표현했다.

뜻이란 성곽을 용감히 공격하고, 글이란 진지를 영웅처럼 휘저어,
씩씩하고 굳세어서 앞으로 나아가서 물러섬이 없었다.
계정혜 3학에 모두 넓게 통했으니, 저 나라 사람들은 만 사람을
대적한다고 했다. (『송고승전』「원효전」)
勇擊義圍雄橫文陣 仡仡桓桓進無前却
戒定慧三學之淹通 彼土謂爲萬人之敵

뜻이란 성곽(의위)은 어느 종교나 종파를 말하고, 글이란 진지(문진)
는 특정 주장이나 견해를 말한다. 원효는 이런 모든 종교나 종파,
주장이나 견해를 뛰어넘어 한데 넣고서는 휘저어서 융합했음을 알
수 있다. 그러니 어찌 만 사람을 대적하지 못하겠는가? 계정혜 3학에
두루 통했으니 어찌 보살의 경지가 아니겠는가?

김시습(金時習, 1435~1483)은 원효를 두고 「무쟁비無諍碑」라는 시
를 지었다.
무쟁無諍은 쟁론 곧 다툼이 없다는 뜻이니, 화쟁和諍 곧 다툼의
화합보다 한 걸음 더 나아간 것이다.
또 김시습은 원효를 원욱씨元旭氏라 했다. 원효元曉와 원욱元旭은
모두 처음으로 빛난다는 것으로 같은 뜻이나, 다분히 중국의 시조
신농씨, 복희씨, 전욱씨 등을 염두에 둔 표현이다.
이는 김시습이 원효를 중국의 시조들과 대등한 위치에 놓았음을

뜻한다. 외래종교에만 매달리는 사람들은 눈여겨볼 일이다. 그래야
이 땅에 태어나서 세계를 풍미한 우리의 대사상가를 알아보게 된다.
「무쟁비」를 본다.

그대는 보지 못했는가? 신라의 신이한 스님 원욱씨를!
머리 깎고 신라 저잣거리에서 도를 행하고
당나라에 들어가 법을 배워서는 고향으로 돌아왔네.
승려와 세속(검고 흼)을 함께해서 마을에서 수행하니
길거리 어린아이, 아낙들도 쉽게 알아듣는 것이
아이를 가리키며 누구 집 아이라고 말하는 것 같구나.
그러나 크게 무상無常함을 몰래 닦아서는
소를 타고 법을 펴서 으뜸 뜻을 풀이했네.
모든 경전 풀이서가 저자 서점에 가득하니
후세 사람들이 그를 보고 다투어 따르기를 바라네.
국사로 추봉되니 이름이 무쟁(다툼 없음)이라.
저 비석에 새긴 글씨 참으로 아름답다 칭찬할 만하구나.
비석 위의 금빛 글은 번쩍번쩍 빛이 나고
법의 그림과 좋은 말씀 또한 기뻐할 만하도다.
우리들 역시 진실로 허깨비 같은 무리지만
그 허깨비 같은 말을 어느 정도는 헤아릴 수 있구나.
단지 스스로 옛것만 좋아해서 뒷짐만 지고 있다면
아뿔싸, 서쪽에서 온 대사를 알아보지 못하리.(『매월당집』)

원효는 중국에 들어가려고 두 번 시도했으나 모두 실패했다. 결국 우리나라 땅에서만 공부해서 대성했다.

대각국사大覺國師 의천(義天, 1055~1101)은 「독해동교적讀海東教迹」, 곧 '원효 가르침의 자취를 읽다'라는 시에서 이렇게 말한다.

논을 짓고 경을 풀이하여 큰 법을 드러냈으니
업적이 마명보살, 용수보살, 그들의 무리로구나.
오늘날 학문이 게을러
(원효를) 도무지 알아보지 못하는 것이,
마치 (공자가 누구인지 모르는 사람이) 우리 집 동쪽에
공구(공자)라는 사람이 살지요라고 하는 것 같구나.
著論宗經闡大猷　馬龍功業是其徒
如今惰學都無識　還似東家有孔丘

[글귀]
① 그렇지 않은 것이 아니기 때문에 모두가 인정되지만,
　　그런 것도 아니기 때문에 모두가 인정되지도 않는다.
　　이는 그렇지 않은 것이 그렇다와 다르지 않은 것으로,
　　비유하면 그 있다가 비었다와 다르지 않은 것과 같다.
　　由非不然故得俱許　而亦非然故俱不許
　　此之非然不異於然　喩如其有不異於空(『십문화쟁론』)

② 있는 것도 아니고 없는 것도 아니며,

다른 것도 아니고 같은 것도 아니다.

물들기도 하고 청정하기도 한 것, 이것은 공空의 분별이다.

어느 자리가 공空이 깨끗지 못한 것이고,

어느 자리가 공空이 깨끗한 것인가?

때(垢)가 있기도 하고 또한 때가 없기도 하다.

非有非無不異不一染亦淸淨是空分別

何處位空不淨何處位空淨 有垢亦無垢(『중변론』)

③ 일체 다른 사람들의 뜻, 모두가 부처의 뜻이다.

백 개 집안의 이야기가 옳지 않은 것이 없다.

8만 법문이 모두 진리에 들어간다.

갈대 대롱으로 하늘을 봐야 한다고 해서는 안 된다.

一切他義咸是佛義 百家之說無所不是

八萬法門皆可入理 不可說言葦管窺天(『지범요기』)

④ 500비구가 각각 2가지 치우침과 중도中道의 뜻을 말했다.

모두 도리가 있다.

부처가 도를 얻은 밤부터 열반하신 밤까지, 이 2밤 사이에

말씀하신 경의 가르침 일체 모두가 진실이다.(『이야경』)

五百比丘各各說二邊中道義 皆有道理

初夜至夜二夜中間 所說經教一切皆實(『대혜도경종요』)

⑤ 천하에 있는 것이, 약이 아닌 것이 없다.

보살 또한 이러해서 일체법이 보리(깨침) 아닌 것이 없다.
따라서 일체 모든 법이 모두 수레의 몸체임을 안다.(『화엄경문
의요결문답』)

天下所有莫非是藥 菩薩亦爾說一切法

莫非菩提 以是故知一切諸法皆是乘體(『산일문』)

3. 회향

회향廻向은 끝마침을 뜻하나 원뜻은 자기가 공부한 것, 수행한 것을
중생들에게 되돌려준다는 뜻이다. 일종의 보살행인데, 많은 사람들이
열심히 공부해서 회향하기를 바란다.

[글귀]
① 무릇 부처의 도道가 도道가 됨은,
　　맑아서 깊고 그윽하다. 그윽해서 틈이 없다.
　　커서 넓고 멀다. 멀어서 가없다.
　　이에
　　함이 있고 함이 없음이, 허깨비가 변한 것 같이 둘이 없고,
　　생김 없고 모습 없음이, 안팎을 아울러 모두 없앤다.
　　모두 없앤 이는 2가지 얽매임을 벗어나 이해를 나타내며,
　　둘이 없는 이는 한맛과 같아져 신이하게 된다.
　　原夫 佛道之爲道也
　　湛爾沖玄 玄於無間 泰然廣遠 遠於無邊

爾乃

有爲無爲 如幻化而無二 無生無相 括內外而偕泯

偕泯之者 脫二縛而懸解 無二之者 同一味而澹神(『해심밀경소서』)

② 따라서 능히

3세에 노닐며 평등하게 보고, 시방에 흐르며 몸을 나타내며,

법계에 두루해 만물을 구제하고,

미래가 다해도 더욱 새로워진다.

이에 여래는

다음 일생의 큰 선비(미륵보살)를 상대로

저 깊고 깊은 숨은 뜻을 풀이해서

18둥근 땅에 계시면서

이 온전한 뜻의 법의 바퀴를 굴리셨다.

故能

遊三世而平觀 流十方而現身

周法界而濟物 窮未來而彌新

於是如來

對一生之大士 解彼甚深密義

居二九之圓土 轉此了義法輪(『해심밀경소서』)

③ 그 가르침은 지극히 정치하고 순수하다.

번거롭고 화려함을 버리고 진실만을 썼으며

요점과 묘함만을 살펴서 끝까지 풀이했다.

있고 없는(유무) 법의 모습을 열어서

뛰어난 뜻이 치우침 떠남을 보였고,

그침과 보기(지관)의 본질과 끝을 밝혀서

세우고 깬 것이 참과 비슷함을 밝혔다.

其爲教也 極精粹焉

棄繁華而錄實 撮要妙而究陳

開有無之法相 示勝義之離邊

明止觀之本末 簡立破之似眞(『해심밀경소서』)

④ 무릇

막힘도 없고 걸림도 없는 법계 법문은,

법이 없으나 법 아닌 것이 없고,

문이 없으나 문 아닌 것이 없다.

이에

크지도 않고 작지도 않으며,

좁지도 않고 넓지도 않으며,

움직임도 아니고 조용함도 아니며,

하나도 아니고 여럿도 아니다.

原夫 無障無碍法界法門

無法而無不法也 無門而無不門也

爾乃 非大非小非促非奢 不動不靜不一不多(『화엄경소』)

⑤ 크지 않기 때문에 아주 작게 해도 보낼 것이 없고,

작지 않기 때문에 아주 크게 해도 남는 것이 있다.

좁지 않기 때문에 능히 3세 오랜 시간을 포함하고,

넓지 않기 때문에 능히 몸을 들어 한 찰나에 들어간다.

움직임도 아니고 조용함도 아니기 때문에,

삶 죽음이 열반이 되고, 열반이 삶 죽음이 되며,

하나도 아니고 여럿도 아니기 때문에,

하나의 법이 모든 법이 되고, 모든 법이 하나의 법이 된다.

由非大故作極微而無遺 由非小故爲大虛而有餘

非促之故能含三世劫波 非奢之故能擧體入一刹

不動不靜故 生死爲涅槃 涅槃爲生死

不一不多故 一法是一切法 一切法是一法(『화엄경소』)

⑥ 이와 같이 막힘도 없고 걸림도 없는 법이

곧 법계法界 법문法門을 만드는 술법이니,

모든 큰 보살들이 들어가는 곳이고,

3세 모든 부처들이 나오는 곳이며,

2승 4부류가 벙어리, 봉사가 되는 곳이고,

범부나 낮은 선비들이 깜짝 놀라는 곳이 된다.

如是無障無礙之法 乃作法界法門之術

諸大菩薩之所入也 三世諸佛之所出也

二乘四果之所聾盲 凡夫下士之所笑驚(『화엄경소』)

⑦ 만약 사람들이 이 법문에 들어가면

한 생각도 지나지 않아서 능히 가없는 3세를 두루 나타내며,
시방세계를 하나의 작은 먼지 안으로 모두 들어가게 한다.
이런 등등의 도술을 어찌 생각이나 해 볼 수 있겠는가?
若人得入是法門者 卽能不過一念 普現無邊三世
復以十方世界 咸入一微塵內 斯等道術豈可思議(『화엄경소』)

⑧ 깨침을 이루는 도리는 생각하기 매우 어렵다.
스스로 웃으며 물리치지 않으면 조금은 쉽게 이해하리라.
이제 성인 경전에 의해서 한 귀퉁이를 드니,
부처 도에 통해서 삼세에 흐르기를 바란다.
證成道理甚難思 自非笑却微易解
今依聖典擧一隅 願通佛道流三世(『판비량론』)

참고문헌

『국역원효성사전서』, 대한불교원효종,

길상 지음, 『불교대사전(상하)』, 홍법원, 2003(개정판).

은정희·송진현 역주, 『금강삼매경론』, 일지사, 2002.

고익진 지음, 『현대한국불교의 방향』, 운주사, 1984.

이기영 역해, 『반야심경, 금강경』, 한국불교연구원, 1978.

대안 지음, 『반야심경』, 보광출판사, 2000.

서화동 지음, 『산중에서 길을 물었더니』, 은행나무, 2002.

강승환 편역, 『한 권으로 만나는 원효전서』, 운주사, 2022.

강승환

1950년 경북 상주에서 태어났다. 서울대학교 지리학과를 졸업하고 건설회사에서 근무하다 부동산 중개업을 하였다. 이때의 경험을 바탕으로 소설 『땅따먹기』를 펴내기도 하였다.

이후 원효의 저서와 대승기신론 관련 경전 번역에 매진하는 등 우리 문화 연구에 전념하고 있으며, 『한 권으로 만나는 원효전서』, 『이야기 원효사상』, 『우리도 잊어버린 우리 문화 이야기』, 『불교에서 본 우주』, 『죽음이란 무엇인가』 등을 펴내기도 했다.

인터넷 블로그 「http://blog.naver.com/kp8046, 원효대사 이야기」에서 연구 성과들을 확인할 수 있다.

원효의 눈으로 바라본 반야심경

초판 1쇄 인쇄 2023년 10월 13일 | **초판 1쇄 발행** 2023년 10월 20일
강승환 편저 | 펴낸이 김시열
펴낸곳 도서출판 운주사

(02832) 서울시 성북구 동소문로 67-1 성심빌딩 3층
전화 (02) 926-8361 | **팩스** 0505-115-8361
ISBN 978-89-5746-763-3 03220   값 18,000원
http://cafe.daum.net/unjubooks 〈다음카페: 도서출판 운주사〉